Sr. Zoe Maria Isenring
P. Theodosius Florentini (1808–1865)

Sr. Zoe Maria Isenring

P. Theodosius Florentini (1808–1865)

«Den Strom nicht stauen,
sondern ihm ein Bett anweisen»

Academic Press Fribourg

Bibliografische Information der Deutschen Bibliothek

Die Deutsche Bibliothek verzeichnet diese Publikation in der Deutschen Nationalbibliographie; detaillierte bibliografische Daten sind im Internet über http://dnb.ddb.de abrufbar.

Umschlagbild: Rombach, Müstair
© Valentin Pitsch

Die PDF-Daten für die Herstellung dieses Buches wurden von der Autorin geliefert.

© 2016 by Academic Press Fribourg

ISBN 978-3-7278-1798-4

Inhaltsverzeichnis

Zum Geleit	9
Hinführung	11
Der Lebensweg des Pater Theodosius Florentini 1808-1865	13
1. Jugend und Studien 1815-1820	13
2. Eintritt in den Kapuzinerorden und Studium der Theologie in Sitten 1825-1830	14
3. Solothurn und Baden: Novizenmeister, Lektor der Theologie und Philosophie, Guardian 1831- Januar 1841	15
4. Elsass: Illfurth und Ribeauvillé	18
5. Altdorf: Ostern 1841-1845	18
6. Hofpfarrer in Chur 1845-1858; 1859-1860	21
7. Generalvikar von Chur 1860-1865	26
8. Die letzten Tage im Leben von P. Theodosius	27
P. Theodosius und die Wiedergeburt der katholischen Kirche in der zweiten Hälfte des 19. Jahrhunderts	30
1. Zusammenprall zweier grundsätzlicher Gesellschaftsvisionen	30
2. Der Orientierungsrahmen von P. Theodosius	33
3. Sein Erneuerungsprogramm	37
Wirken aus der Mitte seiner Berufung als Priester und Seelsorger	45
1. Als Pfarrer in Chur	45
2. Als Prediger, Exerzitienmeister und Volksmissionar	47
3. Seelsorge durch Vereine und Presse	52
4. Aufbau des kirchlichen Lebens in der Diaspora	56
5. Einsatz für die Einigung der katholischen Kirche durch die Bischofskonferenz	59
6. Vorbote der Ökumene	60
Der Schulreformer und Erzieher	65
1. Der Ruf nach einer grundlegenden Schulreform	65
2. Bildung als Ernstfall der Freiheit der katholischen Kirche	68
3. Auseinandersetzung mit Bildungs- und Schulfragen	68
4. Pädagogische Schriften von P. Theodosius	71
5. Bildungs- und Erziehungsideal des P. Theodosius	72

6. Einsätze für die Volksschule und praktische Lehrtätigkeit	75
7. Einsatz für die Konfessionsschule	76

Die Gründung des Lehrschwesterninstituts vom heiligen Kreuz   **84**
Menzingen (1844)
    1. Erste Schritte zur Verwirklichung seiner Pläne   85
    2. Entstehen eines Institutsplanes in Menzingen   88
    3. Die Gründung des Lehrschwestern Instituts Menzingen   91
    4. Die Konstitutionen von 1844/1845/1852   94
    5. Die ersten Jahre des jungen Instituts   96

Der Entscheid für das neuartige Ordensmodell von Frauen   **104**
    1. Der Aufbruch von Frauen im 19. Jahrhundert   104
    2. Merkmale des neuartigen Ordensmodells   107
    3. Berufsarbeit und Entfaltungsmöglichkeiten für Frauen   113
    4. Auf der Basis eines Zusammenspiels   117
        zwischen Superior und Vorgesetzter der Schwestern

Freund der Armen und Kranken   **122**
    1. Entwicklungen im Sozial- und Gesundheitswesen   122
    2. Entwicklung eines sozialen Katholizismus   127
    3. Einsatz des P. Theodosius für die Armen durch das Wort   130
    4. Einsatz für die Armen und Kranken durch die Tat   136
    5. Öffnen der katholischen Kirche für die soziale Frage   141

Gründer des Instituts der Barmherzigen Schwestern   **143**
vom Heiligen Kreuz 1852-1856
    1. Der Anschluss des Churer Spitals an das Institut   143
        der Lehrschwestern 185
    2. Entstehen eines neuen Zentrums in Chur 1852-1854   146
    3. Ungestümes Wachstum des sozial-karitativen Zweiges   149
        zwischen 1852 und 1856
    4. Die Errichtung des Mutterhauses in Ingenbohl   153
    5. Restauration des Nigg'schen Hofes, Bau der ersten Mutterhauskirche   157
        und Umzug von Leitung und Noviziat von Chur nach Ingenbohl 1857/1858
    6. An die neue Ausrichtung angepasste Konstitutionen 1860   160

Integration des sozialkaritativen Zweiges ins Lehrschwesterninstitut? 162
1852-185
   1. Wichtige Ereignisse zwischen 1852 und 1856 163
   2. Mutter Bernardas Gründe zur Trennung von der Einflussnahme des 176
      P. Theodosius und für die Eigenständigkeit beider Institute
   3. Die Vorstellungen von P. Theodosius 180

Gründer von Erziehungsheimen für Kinder und Jugendliche 186
   1. Orientierung an zeitgeschichtlichen Situationen und Projekten 186
   2. Katholische Erziehungsheime nach der Vision v. P. Theodosius 191
   3. Verbindung von Erziehungsheim, Schule und industrieller 194
      Beschäftigung
   4. Fabrikheime von Unternehmern für Kinder und 197
      schulentlassene Jugendliche

Anwalt der Würde des arbeitenden Menschen 204
   1. Begegnung und Auseinandersetzung mit der Arbeiterfrage 204
   2. Karitative Bestrebungen zur Lösung der Arbeiterfrage 207
      durch Beschaffung von Arbeit für Arme
   3. Sozialreform durch christliche Musterfabriken 209
   4. Auf der Suche nach neuen Wegen der Sozialreform 220
   5. Hinweise zur Beurteilung der Fabrikunternehmen 221

Persönlichkeit und Spiritualität von P. Theodosius Florentini 222
   1. Zur Persönlichkeit 222
   2. Erfüllt von einer Vision, die alle Kräfte in Anspruch nahm 229
   3. Glaube an die Gestaltungskraft der christlichen Liebe 235

   Quellen und Literatur 241

Zum Geleit

Im Jahr 2015 jährte sich der 150. Todestag unseres Gründers, P. Theodosius Florentini. Über dem Jubiläumsjahr stand das Leitwort „Unterwegs auf den Landstrassen der Welt". Dieses Leitwort ist bezeichnend für P. Theodosius. Zeitlebens war er unterwegs. Physisch hat er unzählige Kilometer zu Fuss oder mit Fahrzeugen zurückgelegt, geistig aber war er unendlich mehr unterwegs. Er verfolgte das Geschehen und die Zeitideen genau und reflektierte sie auf dem Hintergrund seines tief überzeugten Christseins. Er war kein gleichgültiger Beobachter, sondern aktiver Mitgestalter der Gesellschaft. Er besann sich ernsthaft und lange auf die Grundlagen wahrer Gesellschaftsordnung. Viele theoretischen Überlegungen und Kontakte mit Menschen aus allen Schichten und Ständen bestimmten sein unermüdliches Handeln.

Anders und doch ähnlich wie damals, ist die Gesellschaft heute von tiefgreifenden Veränderungen gekennzeichnet. Mehr noch als damals sucht heute der christliche Glaube seine Botschaft einzubringen unter den vielen Stimmen und Strömungen unserer Zeit. Das Jubiläumsjahr war für uns ein Anlass, mit P. Theodosius intensiver in Kontakt zu kommen und uns von ihm und seinen Antworten und Lösungen auf die Fragen der Zeit erneut ansprechen und Impulse geben zu lassen. Dabei wurde uns bewusst: Es fehlt uns eine neuere, fundierte Darstellung seines Lebens und Wirkens. Sr. Zoe Maria Isenring hat sich mit Freude und Kompetenz dieser Herausforderung gestellt. Für diese wertvolle Arbeit gilt ihr unser grosser Dank. Heute können wir das Buch auf den Weg schicken und ihm viele interessierte Leser und Leserinnen wünschen.

Sr. Marija Brizar
Generaloberin

Wanderstock und Rosenkranz von P. Theodosius

Hinführung

P. Cajetan Krauthahn, der Mitbruder und frühe Biograph von P. Theodosius nennt einen von ihm oft wiederholten Ausspruch: „Man muss den Strom nicht stauen, sondern ihm ein Bett anweisen." (S. 50). Von seiner Heimat im Münstertal GR hatte P Theodosius die Erfahrung, was ein Fluss anrichten kann, wenn ihm kein Bett zugewiesen wird. Der Rombach, der durch das Münstertal fliesst und bei Unwettern viel Geröll mit sich trägt, bereitete den Bewohnern bis in die neueste Zeit Sorge. Immer wieder überschwemmte er das Tal und richtete grossen Schaden an. Wie immer, wenn P. Theodosius einer Not begegnete, galt sie ihm als Anruf, sie zu beheben. Der Fluss musste korrigiert werden. Seine Landsleute verweigerten ihm die Zustimmung. Er begriff nicht, schlug sein Käppchen über den Tisch und rief entrüstet aus: „Vu eschat asens" - ihr seid Esel! P. Theodosius gab nicht auf, intervenierte beim Kloster und erreichte, dass dieses den geschädigten Bauern zum jährlichen Pachtzins von 390 Franken Land vermietete.

Wie P. Theodosius hier in einer konkreten Situation handelte, ist ein Bild für das, wie er mit Menschen und Situationen umging. Er erlebte den Übergang von der geschlossenen, weltanschaulich einspurigen Gesellschaft in die moderne, offene pluralistische Gesellschaft. Er spürte, dass moderne Institutionen die Zukunft bestimmen werden und sich zum Wohl der Menschen auswirken können. Er erkannte aber auch, dass sie zugleich Momente in sich trugen, die Schaden anrichten werden, wenn sie sich lösen vom Grundstrom des christlichen Glaubens. Der christliche Glaube war für ihn der Grundstrom, aus dem er selber lebte und handelte. Dieser Grundstrom sollte in alle Bereiche hineinwirken, sie beleben und modifizieren, ihnen Richtung weisen und Tiefe verleihen. Für sie schuf er „Bachbette", sei es in der Pastoral, seien es Gottesdienstformen, Vereine, Ordensgemeinschaften, Schulen und Erziehungsstätten für Jugendliche, Fabriken...Sie sollten sich zum Wohl der Menschen auswirken.

Obwohl es von Beginn an ein vergebliches Unterfangen ist, das Leben und Werk von P. Theodosius Florentini auf einigen Seiten einzufangen, habe ich versucht, von der Mitte seiner Überzeugung her wesentliche Themen darzustellen. Beim Erarbeiten der Quellen und Literatur stützte ich mich vor allem auf zeitgenössische Zeugnisse, liess sie, wenn immer möglich, selber zu Worte kommen. Für die Quellen bot mir das Generalarchiv in Ingenbohl wertvolle Unterlagen; für das Bereitstellen von Archivmaterialien danke ich der Generalarchivarin, Sr. Agnes Maria Weber, herzlich. Herzlich danke ich Sr. Christiane Jungo, einer Kennerin von P.

Theodosius, für ihre wertvollen Hinweise. Ich danke aber auch weiteren Personen, die mir kostenlos Bilder zur Verfügung gestellt haben. Einen besonderen Dienst erwies mir Markus Näpflin, der Archivar der Mutterprovinz Schweiz, durch sein Korrekturlesen und das Bearbeiten von Bildern. Ich danke aber auch meiner Ordensgemeinschaft, die mir Vertrauen und Zeit für ein ruhiges Arbeiten schenkte.

Ingenbohl, im Juni 2016   Sr. Zoe Maria Isenring

Der Lebensweg des Pater Theodosius Florentini
1808-1865

Die Heimat von P. Theodosius ist Müstair im Münstertal, im Ostzipfel des Kantons Graubünden. Geboren wurde er am 23. Mai 1808 und erhielt bei der Taufe den Namen Anton Crispin - Anton, weil sein Pate so hiess, und Crispin, weil es gerade das Fest des heiligen Kapuzinerbruders Crispin von Viterbo war. Sein Vater Paul Florentini war ein Kleinbauer, seine Mutter Anna Fallet war dessen zweite Frau, eine vortreffliche Frau. Anton Crispin war das zweitjüngste von sieben Kindern und wuchs in einer Pfarrei auf, die von Tiroler Kapuzinern geführt wurde. Mit acht Jahren verlor er den Vater. Die Erziehung oblag nun der Mutter.

1. Jugend und Studien 1808-1825
Erste Schule: Münster, Taufers, Bozen 1815-1820

Der talentierte Knabe genoss seinen ersten Unterricht an der Münsterer Dorfschule in seiner Muttersprache (ladinisch). Die inzwischen verwitwete Mutter schickte Anton Crispin in seinem 9. Lebensjahr (1817) nach Taufers, wo er die deutsche Sprache erlernen sollte. Beim Dorfpfarrer, einem Kapuziner aus Tirol, erhielt er mit 10 Jahren den ersten Lateinunterricht. In seinem 11. Lebensjahr (1819) kam er für ein Jahr ans Franziskanergymnasium nach Bozen im Südtirol. Es war eine Art Realschule, die auch als Vorbereitung für das Gymnasium gedacht war. Offenbar lag es in der Absicht der Familie, den Weg in das dortige Gymnasium zu ebnen. Dieser Schulbesuch war ein Misserfolg. Die Leistungen befriedigten nicht. Wegen fehlendem Fleiss und jugendlichem Übermut wurde er mit einem anderen Münsterer Knaben entlassen. Florentini nennt später selbst als Ursachen des Versagens den eigenen Leichtsinn und Mangel an Überwachung.[1]

---

[1] Lebensabriss von P. Theodosius bis 1855, GenArchiv SCSC 03-051; abgedruckt bei Gadient Veit OSFCap., Der Caritasapostel Theodosius Florentini, Luzern 1946, 501f. (Zweite, verbesserte Auflage)

Stans, Baden, Chur 1820-1825

Zum Glück nahm sich der um Jahre ältere Bruder des zwölfjährigen Knaben an. Dieser wirkte als P. Florian an der Lateinschule in Stans. Auf dem Weg nach Stans empfing Anton Crispin am 21. September 1820 in Chur die Firmung durch den Fürstbischof Karl Rudolf (1794-1833). Da die Kapuziner in Stans noch über keinen Konvikt verfügten, logierte der Student im Gasthaus Dreikönigen und fand Anschluss im Hause der Familie Deschwanden. In diesem Haus verspürte er den Puls der Zeitaufgeschlossenheit. Die beiden Brüder Melchior und Karl Deschwanden förderten eifrig das Schulwesen und waren Mitinitianten der „Ersparniskasse Nidwalden", deren Reingewinn sie in hohem Masse den Schulen zugutekommen liessen. Schon hier muss der junge Student erkannt haben, wie sich moderne Institutionen zum Wohl der Menschen auswirken können.[2]

Geburtshaus in Müstair – Foto: GenArchiv SCSC

1821 folgte Anton Crispin seinem Bruder P. Florian nach Baden, um das Studium der Rhetorik am Stadtgymnasium fortzusetzen. Am 6. April 1822 starb P. Florian plötzlich an den Folgen des Typhus. Anton Crispin blieb vermutlich bis zum Ende des Schuljahres in Baden, schloss dann aber mit 17 Jahren 1825 am katholischen Gymnasium und Lyzeum in Chur seine Studien (Rhetorik, Philosophie und Physik) mit den besten Noten ab.

2. Eintritt in den Kapuzinerorden und Studium der Theologie 1825-1830

1825 sollte Anton Crispin in Chur in die Theologie eintreten, um sich zum Geistlichen ausbilden zu lassen. Weil ihm die bestehenden Verhältnisse im Seminar in Chur nicht zusagten, wollte er sich – ohne jemandem etwas zu sagen – vorerst in Solothurn umsehen.[3]

---

[2] Vgl. Bünter Adelhelm, Pater Theodosius Florentini. Wegbereiter aus christlicher Leidenschaft, Freiburg 1985,12
[3] Theodosius hatte wahrscheinlich früh die Neuordnung des Bildungswesens in Solothurn verfolgt, hatte er doch im Sinn dort Theologie zu studieren.

Unterwegs nach Solothurn, ereilte ihn Ende September oder anfangs Oktober 1825 in Baden der Ruf Gottes, wie er selbst erzählt: „Auf meiner Reise nach Solothurn kam ich nach Baden. Ich liess mir das Grab meines Bruders zeigen, und an demselben entschloss ich mich, in den Kapuzinerorden einzutreten, was in 14 Tagen bewerkstelligt war. Das war der Wendepunkt meines Lebens."[4] Peter Conradin Planta schreibt dazu: „Da schien es ihm, aus der Gruft die Stimme seines Bruders zu vernehmen: ‚Folge mir nach'!"[5]

Am 20. Oktober 1825 trat Anton Crispin in Sitten ins Noviziat der Kapuziner ein und feierte am 22. Oktober 1826 die Ordensprofess als Pater Theodosius. Das Kloster in Sitten wurde während der nächsten fünf Jahre zur prägenden Bildungsstätte für ihn.[6] Hier übte P. Sigismund Furrer von Unterbäch einen nachhaltigen Einfluss auf ihn aus. Ihm stellte Theodosius ein hohes Lob aus: „Dieser Mann hat mich studieren gelehrt. Er hat mein geistiges Auge geöffnet."[7] P. Sigismund hat ihm wohl einerseits das geistige Auge für die drängenden sozialen Probleme der Zeit geöffnet. Anderseits wurde er durch ihn erstmals mit der Theologie und Pädagogik von Johann Michael Sailer (1751-1832) bekannt.[8] Am 25. November 1830 empfing P. Theodosius in Sitten die Priesterweihe.

3. Solothurn und Baden: Novizenmeister, Lektor für Theologie und Philosophie und Guardian 1831- Januar 1841

Der Provinzialminister Raymund Koller vertraute dem knapp 24jährigen Theodosius das Noviziat in Solothurn und dann in Baden an. In Baden kam zusätzlich das Lektorat über die Klerikerstudenten dazu. 1838 wurde er Guardian des Klosters und Spiritual des Frauenklosters Maria Krönung. In mehrfacher Hinsicht wurde Baden wegweisend für sein späteres Leben.

Legen einer soliden, zeitgemässen theologischen Grundlage

Baden war der Ort, wo P. Theodosius seine Studien weiter verfolgen und wo er seine gesammelten Kenntnisse weiter vermitteln konnte. Hier legte er seine solide,

---

4 Lebensabriss; GenArchiv SCSC 03-051
5 Planta Peter Conradin, Pater Theodosius ein menschenfreundlicher Priester, Bern1893,6
6 Schweizer Christian, Theodosius Florentini und die Schweizer Kapuziner, des 19. Jahrhunderts, in: Schweizer Christian/ Ries Markus (hrsg.), Theodosius Florentini (1808-1865), Vir famosus. Festschrift zum 200. Geburtstag, HF 38/1 2009, 43-74,53
7 Elsener Honorius OSFCap, R.P. Theodosius, Kapuziner, Generalvikar, Luzern 1865,15
8 Samson Lothar, Pater Theodosius Florentini. Das Reformwerk des grossen Erziehers. 2005 (Manuskript) 6f.

zeitgemässe theologische und philosophische Grundlage. Die Zeitaufgeschlossenheit von Johann Michael Sailer musste Theodosius angesprochen haben. Dafür spricht das Verzeichnis seiner Privatbibliothek, d.h. jener Bücher, die er als Guardian zu seinem Privatgebrauch in der Zelle hatte; sie wurden 1841 polizeilich beschlagnahmt. Darunter befanden sich sieben Sailerbücher, von denen in diesem Zusammenhang besonders zwei Bände interessieren „Neue Beiträge zur Bildung der Geistlichen" und „Über Erziehung für Erzieher".[9] Daneben fanden sich Schriften zur franziskanischen Spiritualität, die Hauptwerke von Aloys Gügler, Werke der sogenannten Tübinger Schule, von denen Adam Möhler und Johann Baptist Hirscher für Theodosius wichtig wurden.

Nach einer Zeichnung des Jugendfreundes und Kunstmalers Melchior Paul von Deschwanden in Stans – Foto: IKO PAL

Einblick in Bildungs- und Erziehungsfragen

In Solothurn und Baden verfolgte P. Theodosius auch die Neuordnung des Bildungswesens. Der Präsident der Erziehungskommission der Stadt Solothurn, Ratsherr Urs Vigier von Steinbrugg, bat den Kapuziner und Schulmann, P. Grégoire Girard (1765-1850), um ein Gutachten über den Plan der Verbesserung der Stadtschulen. 1832 kam dieser selbst in die Aarestadt. Es ist möglich, dass ihn P. Theodosius hier persönlich kennen gelernt hatte.[10]

In seiner Badener Zeit kam P. Theodosius in Kontakt mit dem Braunschweiger Lehrer Johann Karl Christian Lippe (1779-1853), der auf Schloss Lenzburg eine Erziehungsanstalt gegründet hatte. Hier entspann sich zwischen den beiden Schulmännern, dem Ordensmann Florentini und dem protestantischen Lippe, ein Vertrauensverhältnis. Der 60jährige Lippe erkor den 30jährigen P. Theodosius zu seinem persönlichen Seelsorger und wurde durch ihn am 12. Juli 1839 in die katholische Kirche aufgenommen.[11]

---

9 Stäger M. Josepha SCSC, Die pädagogischen Grundsätze von Pater Theodosius Florentini und die Pädagogik seiner Zeit. Maschinengeschriebenes Manuskript, Ingenbohl 1973, 51f.
10 Ebd. 70
11 Ebd. 74

Schule und Fürsorge als Gegenmittel gegen den Zeitgeist

In den Jahren des Badener Aufenthaltes legte P. Theodosius auch die Keime seiner späteren Unternehmungen.[12] Er spürte, wie der Kampf um eine neue Schweizerische Gesellschaft, die er selbst herbeiwünschte, zu einem Kampf gegen die katholische Kirche und die Klöster wurde. Im Lebensabriss erwähnt er diese Erkenntnis: „Während meines Aufenthaltes an diesem Ort (in Baden) hatte ich Anlass genug zu beobachten, wie Demoralisation und Irreligiosität überhandnehmen, und glaubte, es könne beides nur durch die gleichen Mittel bekämpft werden, durch die es verbreitet worden – Schule und Armenpflege."[13]

Hineingezogen in den ersten Kulturkampf und des Landes verwiesen

In den Auseinandersetzungen zwischen Kirche und Staat spielte der Kanton Aargau eine bedeutende Rolle. 1841 hatte er eine neue Verfassung entworfen, nach der die konfessionelle Parität in der obersten Landesbehörde (im Grossen Rat) aufgehoben werden sollte. Diese wurde von der Mehrheit des Volkes, das zum grossen Teil aus Protestanten bestand, angenommen. In den katholischen Bezirken führte diese Diskriminierung zu gewaltigen Aufregungen.[14]

In diese Unruhen wurde P. Theodosius „gegen seinen Willen" hineingezogen.[15] Er wurde dazu gedrängt, mit der Volksbewegung Fühlung zu nehmen und zum Protest gegen die Diskriminierung zu ermuntern.[16] Obwohl er ein Feind von Revolutionen war, wurde er verdächtigt, die katholische Bevölkerung aufgehetzt zu haben und wurde am 18. Januar 1841 des Landes verwiesen. Die Gegner machten ihn zum Feindbild für eine reaktionäre katholische Kirche. Trotz innerem Widerstand - da er sich unschuldig fühlte - entschied er sich zu fliehen, zunächst in die Innerschweiz, dann, als die Lage auch dort unsicher wurde, unter dramatischen Umständen ins Elsass.[17]

---

12 Elsener, Theodosius 11
13 Lebensabriss; GenArchiv SCSC 03-051
14 Gadient, Caritasapostel 36f.
15 Lebensabriss; GenArchiv SCSC 03-051
16 Gadient, Caritasapostel 40
17 Gadient, Caritasapostel 40

4. Elsass: Illfurth und Ribeauvillé

P. Theodosius kam nach seiner Landesverweisung nach Illfurth im Elsass.

Seelsorge und Begegnung mit der katholischen Erneuerung und Sozialbewegung

Dort betätigte er sich in der Seelsorge und begegnete einem Zentrum der katholischen Erneuerung Frankreichs. Professor C. Decurtins sagt: „Er machte sich mit den führenden Geistern dieser Bewegung sowie mit der regen Tätigkeit der französischen Katholiken in der Schule, Armenpflege und Sozialreform vertraut. Eine vielseitige und dauernde Anregung nahm P. Theodosius von seinem Aufenthalt im Elsass mit sich in die Heimat zurück."[18] Und: „Der Aufenthalt in Frankreich hatte sehr wahrscheinlich P. Theodosius mit den christlich-sozialen Ideen von Félicité Lamenais und seiner Freunde, wie auch mit Buchez, dem Vorkämpfer der Arbeiterorganisation, sowie mit den Produktivgenossenschaften bekannt gemacht."[19] Lothar Samson vertritt die Meinung: „Es dürfte gerade die französische Sozialbewegung gewesen sein, die Florentini später ermutigte, über die traditionellen Formen der Armenpflege und Caritas hinauszugehen."[20]

Klärung der Ordensgestalt bei den Schwestern der göttlichen Vorsehung in Ribeauvillé/Elsass

Es kann als Zeichen göttlicher Vorsehung betrachtet werden, dass P. Theodosius in Ribeauvillé mit den neuen Formen klösterlichen Lebens in Berührung kam. Abbé Ignaz Mertian wurde von den Schwestern der göttlichen Vorsehung nicht nur als Superior geschätzt, sondern als zweiter Gründer (1819-1843). Er hatte 1824 für die Gemeinschaft die Konstitutionen verfasst. Die Erfahrungen in Ribeauvillé und die Kenntnis anderer Institute liessen in ihm den Plan eines Schule und Caritas umfassenden Instituts heranreifen und den Plan von Baden mit der Gründung eines Schulinstituts in der Heimat verwirklichen.[21]

5. Altdorf: Osterzeit 1841-1845

Der Aufenthalt von P. Theodosius im Elsass dauerte etwa ein Vierteljahr. Um die Osterzeit 1841 kehrte er - gesundheitlich angeschlagen - in die Schweiz zurück,

---

18 Decurtins Caspar, Pater Theodosius Florentini, Freiburg 1908,9
19 Ebd. 16
20 Samson, Reformwerk 12
21 Vgl. Die Gründung des Lehrschwesterninstituts Menzingen 86ff.

und zwar ins Kapuzinerkloster in Altdorf. Er schrieb am 29. Januar 1845 an den Landschreiber Herrn Franz Odermatt: „Es wäre mir in der Tat nicht – oder kaum - möglich gewesen meinen 14tägigen regelmässigen Unterricht zu geben so sehr war mein Organismus abgeschwächt. Diese Schwäche hatte auch zur Folge, dass in meine Mutation nach Stans nicht eingetreten wurde. Nun befinde ich mich wieder ziemlich wohl, ertrage wieder leicht die vorkommenden Arbeiten, wenn ich das Predigen ausnehme, das mir einstweilen noch untersagt ist. Ich hoffe auf eine vollkommene Restauration vom kommenden Frühling, so Gott will."[22]

Pastorale Aufgaben, praktische Lehrtätigkeit
In Altdorf entwickelte P. Theodosius trotz geschwächter Gesundheit eine rege Tätigkeit. Ihm oblagen pastorale Aufgaben. Er predigte beinahe in allen Urner Pfarreien. Im Benediktinerinnenkloster Seedorf wirkte er zwischen 1841 und 1844 als Seelsorger. Vor allem aber setzte er sich für die Verbesserung der Schule ein und gab dem Schulwesen neuen Aufschwung.[23] Zuerst machte er sich verdient um die Mädchenschule im Kapuzinerinnenkloster, so dass sie der Gemeinderat von Altdorf in seinem Dankesschreiben eine Musterschule nannte. Als die Gemeindebehörde eine Aushilfe suchte für einen erkrankten Lehrer, anerbot sich P. Theodosius als Primarlehrer und machte dies ausgezeichnet.[24] Zweieinhalb Monate stand er als Stellvertreter in der Realschule. Es scheint, dass die Altdorfer den Schulmann noch weiter in Anspruch nehmen wollten. Er sollte auch dem Gymnasium neuen Aufschwung geben.[25]

Auseinandersetzung mit Schul- und Bildungsfragen
Der Ruf von P. Theodosius als einem ausgezeichneten Schulmann und Lehrer ging auch nach Stans. Er reorganisierte die Volksschule und führte neue Unterrichtsmittel ein, ordnete den Unterricht und unterrichtete die Lehrer.[26] Mit einem Lehrer, Josef Maria Walker, der von P. Grégoire Girard (1765-1850) ausgebildet worden war, in Silenen unterrichtete und als der tüchtigste Schulmann seiner Zeit

---

22 GenArchiv SCSC 03-189
23 Vgl. Herger Thomas, Die Lehrerschaft des Kantons Uri : seit dem Anfang des 18. bis zur Mitte des 20. Jahrhunderts. Rechenschaftsbericht des Erziehungsrates Uri 1946, 6ff.
24 Elsener, Theodosius 26; Gadient, Caritasapostel 54f.
25 Vgl. Der Schulreformer und Erzieher 75f.
26 In einem Brief an den Landschreiber Odermatt in Stans von 29. Januar 1845 spricht er von einem aargauischen Lesebuch, das sich noch in den Händen von jemandem befinde. GenArchiv SCSC 03-189

in Uri galt, setzte sich Theodosius persönlich mit methodischen Fragen auseinander.[27]

Schriftstellerische Betätigung

P. Theodosius nahm sich auch Zeit zur Erlernung der italienischen Sprache und verfasste mehrere kleinere und grössere Werke. Er übersetzte französische religiöse Gebets- und Erbauungsliteratur, verfasste Gebetbüchlein für die ersten Elementarklassen. Unter diesen Arbeiten nahm der Goffiné, ein religiöses Hausbuch, die erste Stelle ein.[28]

Schritte zur Verwirklichung seines Plans, ein Lehrschwesterninstitut zu gründen 1841/1843

Sofort kümmerte sich P. Theodosius um die Weiterentwicklung seines Institutsprojektes. Er setzte sich mit der in Zug weilenden Sr. Seraphina Bochelen in Verbindung und eröffnete ihr und den Schwestern seinen Plan, die Pensionatsschule von Baden mit der Gründung eines Schulinstituts in der Heimat zu verbinden. Sr. Seraphina war überzeugt von der Richtigkeit des Plans. Eine Schwester wurde ins Elsass geschickt, um die Möglichkeit zu studieren, dort ein Kloster für ihre Mitschwestern zu eröffnen. Diese Initiative wurde im Herbst 1841 abgebrochen.[29]

Die drei aargauischen Kandidatinnen, die zu Hause weilten, wurden bereits 1841 zur Ausbildung zu den Ursulinen nach Freiburg im Breisgau geschickt. In den folgenden zwei Jahren hörte man nichts mehr vom Institutsplan. Wahrscheinlich erlaubte die geschwächte Gesundheit von P. Theodosius keine weiteren Schritte. Im Sommer 1843 bestand zudem die Aussicht, dass die exilierten Schwestern ins Kloster nach Baden zurückkehren konnten. Mit dieser Perspektive schickten P. Theodosius und Sr. Seraphina die drei Schweizerinnen im Mai ins Noviziat nach Ribeauvillé.

Die Gründung des Lehrschwesterninstituts Menzingen 1844

Im Sommer 1843 spielte sich ein Ereignis ab, das die Gründung eines Instituts auf anderem Weg erlaubte. Pfarrer Röllin in Menzingen und ein weiterer Kreis von

---

27 Stäger, Pädagogische Grundsätze 74
28 Gadient, Caritasapostel 350
29 Canonisationis Servae Dei Mariae Theresiae Scherer Confundatricis Sororum et Primae Moderatricis Generalis Congregationis Sororum a Caritate S. Crucis ab Ingenbohl, e Tertio Ordine S. Francisci. Positio super Virtutibus Vol I,2, Rom 1991; Deutsche Übersetzung von Sr. Cornelia Göcking, zit. Positio 1991 dt I,45f.

Herren plante die Eröffnung einer Mädchenschule.[30] Aber wieder gab es einen Strich durch die Pläne. Am 21. Dezember 1843 wurden die Frauenklöster im Aargau wieder eröffnet, und die Schwestern von Maria Krönung kehrten am 3. Januar 1844 nach Baden zurück. Die drei Novizinnen entschieden sich, in Ribeauvillé zu bleiben und dort, um Aufnahme zu bitten, falls alle Aussichten schwänden, in ihrem Vaterland als Schulschwestern wirken zu können.[31] Die Herren in Menzingen verfolgten die Verwirklichung des Institutsplans weiter. Es kam im Juni 1844 zur Begegnung mit dem damals kränklichen P. Theodosius in Altdorf.[32] Gleich nach dieser Zusammenkunft begab sich P. Theodosius aufs Rigi-Klösterli, um sich zu erholen und Statuten zu entwerfen.

Am 8. August 1844 fand in Menzingen die Gründungskonferenz des Lehrschwesterninstituts statt.[33] Vom Bischof von Chur wurde die Genehmigung für die Errichtung eines religiösen Instituts eingeholt. Am 16. Oktober 1844 feierten die drei ersten Schwestern in Altdorf ihre Erstprofess. Der 16. Oktober ist somit das eigentliche Gründungsdatum des Instituts der Lehrschwestern von Menzingen.

6. Hofpfarrer in Chur 1845-1858 und 1859-1860

Der Provinzial der Schweizer Kapuziner P. Alexander Schmid versetzte P. Theodosius im September 1845 nach Chur. In den Jahren 1858-1859 weilte P. Theodosius im Kapuzinerkloster Schwyz und krankheitshalber in Ingenbohl, bis er 1860 nach Chur zurückkehrte.

Superior des Kapuzinerhospizes und Seelsorger an der Hofpfarrei

Er wurde zunächst Superior des dortigen Kapuzinerhospizes und übte die Seelsorge an der Hofpfarrei aus, die die Kapuziner seit 1624 wahrnahmen, unterstützt von den Herren des Domkapitels. Die Stadt hatte zu jener Zeit etwa 6 000 Einwohner; davon waren ca. 900 katholisch.

P. Theodosius wurde in Chur nicht mit offenen Armen aufgenommen. Man sah die Ankunft des Störenfrieds nicht gerne. Die Kunde von seiner Ausweisung aus dem Aargau und von seiner Verbannung im Elsass war ihm vorausgeeilt. P. Theodo-

---

30 Vgl. Die Gründung des Lehrschwesterninstituts Menzingen 1844,88
31 Doka Sr. Maria-Crucis, Pater Theodosius Florentini. Sein Beitrag zur Gründung der Schwestern vom hl. Kreuz Menzingen, Baar 2003,37
32 Doka, Pater Theodosius Florentini 45
33 Ebd. 46

sius, von allen Vorgängen in der Stadt unterrichtet und das Schlimmste befürchtend, fand für gut, dem heranbrausenden Sturm nicht Front zu machen, sondern zu weichen. Er ging nach Feldkirch, von wo er nach Herstellung der Ruhe durch eidgenössische Truppen wieder in sein Hospiz auf den bischöflichen Hof zurückkehrte.[34]

Notwendigkeit der Arbeitsbeschaffung
In Chur lernte P. Theodosius als Seelsorger einer vorwiegend ärmlichen Pfarrgemeinde die Not und das Elend der unteren Bevölkerungsschichten kennen. 1849 wurde er vom Bischof zum Präsidenten eines zu gründenden katholischen Armenvereins ernannt und trat in Kontakt mit der kantonalen Armenkommission. Er wurde im Jahr 1853 als Mitglied der Unterkommission der Regierung berufen mit dem anerkennenden Hinweis auf seine „rühmlich bekannte Tätigkeit auf dem Gebiete des Armenwesens". In diesem Rahmen verfasste P. Theodosius ein Spezialgutachten über die Strafanstalt Realta und übernahm die Oberaufsicht über die Armenanstalt Truns.[35]

Chur von Osten - Foto: Albert Fischer

Die Verarmung hatte in diesem Kanton verheerende Folgen angenommen und war nicht zuletzt dem Mangel an geeigneter Beschäftigung zuzuschreiben. Die Notwendigkeit der Arbeitsbeschaffung war offensichtlich. P. Theodosius bemühte sich 1849 um die Einführung verschiedener Zweige der Heimindustrie. Über die Heimarbeit ist er in die Probleme des Industriezeitalters eingestiegen.[36]

---

34 Krauthahn Cajetan OFMCap, Pater Theodosius. Sein Leben, sein Wirken und seine letzten Lebensstunden, St. Gallen 1865,19-20; vgl. Schweizer, Schweizer Kapuziner 60
35 Fürer Cornelia, Leben und Wirken des Hochwürdigen Pater Theodosius Florentini O.Cap, Ingenbohl 1878, 32
36 Vgl. Anwalt der Würde des arbeitenden Menschen 207

Schwestern an der Hofschule in Chur

Ein erstes Anliegen von P. Theodosius war die Hebung der Hofschule. 1847 gelang es ihm mit der Unterstützung des Bischofs, Schwester Cornelia Mäder in Chur zu engagieren.[37]

Planierung des Hofplatzes

Durch den erfinderischen Geist von P. Theodosius wurde ein bequemer Weg und Zugang zur Kirche geschaffen und der Platz davor planiert und zwar auf eigene Kosten.[38] Der geräumige Platz war von Baracken umgeben, war voller Untiefen, Wasserpfützen und mit Gras überwachsen. Ein halsbrecherischer Fahr- und Fussweg führte zum Dom- und Pfarrplatz. Die Fuhrleute schickten unzählige Flüche zum Himmel, wenn sie eine schwere Last die steile Höhe nicht hinaufziehen konnten. Die Kirchengänger, zumal die älteren und gebrechlichen, liefen im Winter Gefahr, Arme und Beine zu brechen, wenn sie von der Stadt auf den Hof zum Gottesdienste gingen.

Aufgang zum Hof durch das dem Spinölturm vorgelagerte „Brillentor"
Foto: Albert Fischer

Religionslehrer an der Kantonsschule 1850-1853

1850 wurde in Chur die paritätische Kantonsschule eröffnet. Der Bischof Kaspar von Carl ab Hohenbalken (1844-1859) hatte seine Diözesanen von dem Besuch derselben abgemahnt und weigerte sich, zur Anstellung eines katholischen Religionslehrers an dieser Anstalt Hand zu bieten. P. Theodosius nahm aber keinen Anstand, als Pfarrer den katholischen Kantonsschülern Religionsunterricht zu erteilen bis es 1853 endlich gelang, sich mit der Kurie über die Anstellung eines Religionslehrers zu verständigen.[39]

---

37 Vgl. Der Schulreformer und Erzieher 77f.
38 Geschah nach 1858; vgl. Krauthahn, Pater Theodosius 37ff.; Fürer, Leben und Wirken 34
39 Gadient, Caritasapostel 332

Wende zur Caritas 1850

Schon zu Beginn seiner Tätigkeit in Chur hat P. Theodosius sein Augenmerk auf die Kranken gerichtet. Mit dem Jahr 1850 vollzog er die Wende zur Caritas. Im Frühjahr eröffnete er die Planaterra und im Herbst des gleichen Jahres gelangten die Gemeindebehörden von Näfels an P. Theodosius mit der Bitte zur Übernahme des Armenhauses.[40]

Koadjutorfrage 1853-1856

Der Besuch von P. Theodosius in Rom bei Papst Pius IX. 1852 brachte das Problem eines Koadjutors ins Rollen. Bei seiner Audienz hatte er ein sehr ungünstiges Bild von der Person des altersschwachen Bischofs Kaspar von Carl gemalt. Er riet dem Papst, einen Koadjutor mit Nachfolgerecht zu bestellen und schlug den Dekan von Haller als Koadjutor vor. Der Präsident des „Corpus catholicum" schrieb jedoch Mons. Bovieri, dem päpstlichen Geschäftsleiter in Bern, er kenne nur einen einzigen geeigneten Mann für diese Aufgabe, nämlich P. Theodosius. Der Bericht aus Rom für die Ernennung von P. Theodosius als Koadjutor fiel günstig aus.[41]

Bedenken aber hatte das Domkapitel. Bedenken hatte auch der bischöfliche Kommissar Gisler, Pfarrer in Bürglen, weil Theodosius bei den Liberalen „persona grata" sei. Mons. Bovieri und auch der Bischof von Basel Josef Anton Salzmann, so wie der Bischof von St. Gallen Johann Peter Mirer, hielten P. Theodosius für geeignet, fürchteten aber den Neid und die Eifersucht der Domherren. Gegen seine Ernennung sprachen auch seine Unternehmungen und die damit verbundenen Schulden. Die von den weltlichen Behörden eingegangenen Zeugnisse enthielten mit Recht volles Lob für seine Werke.[42]

Die Ernennung des P. Theodosius zum bevollmächtigten Mitarbeiter des Bischofs wurde aufgeschoben. Inzwischen wurde 1855 Dekan von Haller zum Generalvikar ernannt. Die Bündner Regierung gab sich damit nicht zufrieden. Papst Pius IX. liess durch Mons. Bovieri den Bischof nochmals befragen, was gegen die Wahl von P. Theodosius spreche. Der Bischof wiederholte die Vorwürfe der Gegner des P. Theodosius, seine Wahl würde zum Verderben der Diözese gereichen. Darauf wurde auf die Ernennung von P. Theodosius verzichtet.

---

[40] Vgl. Der Freund der Armen" 136f. und: Die Entstehung des Instituts der Barmherzigen Schwestern vom hl. Kreuz 150f.
[41] Positio 1991 dt I,147ff.
[42] Ebd. I,149

Eröffnung des Kollegium „Maria Hilf" in Schwyz 1856

Die Jesuiten hatten begonnen, in den Brennpunkten des wirtschaftlichen und politischen Lebens neue Mittelschulen zu errichten. So war 1844 unter Mitwirkung der Behörden in Schwyz eine Mittelschule entstanden. Bereits drei Jahre später wurden die Jesuiten aber vertrieben, nachdem die liberale Bewegung im Sonderbundskrieg den Sieg über die katholisch-konservativen Kräfte errungen hatte. P. Theodosius erfasste die Gelegenheit und schuf ein Konzept für eine Neueröffnung der Schule. Bereits 1856 konnte das Kollegium Maria Hilf in Schwyz neu eröffnet werden.[43]

Gründung einer Gemeinschaft von Lehr- und Krankenbrüdern in Ortenstein 1857-1859

1856 kaufte P. Theodosius das Schloss Paspels und das Schloss Ortenstein. Nach Paspels wurde das Erziehungsheim von Chur übersiedelt. 1857 gründete er im Schloss Ortenstein eine Gemeinschaft von Lehr- und Krankenbrüdern. Er dachte diesem Institut auch das Apostolat der Presse zu und richtete eine Druckerei ein. Da das Unternehmen nicht lebensfähig war, siedelte die Druckerei nach Ingenbohl um.[44]

Definitor der Schweizerischen Kapuzinerprovinz 1857-1860

In den Vierzigerjahren geboten die Provinzialminister „dem emsigen Treiben Florentinis in der Gründung und Leitung einer Frauenkongregation" Einhalt.[45] Unter den Provinzialministern P. Luzius Keller und P. Anizet Regli wurde das Wirken von P. Theodosius mehr geschätzt; er gelangte in hohe Ämter des Ordens und des Bistums Chur. P. Luzius Keller schützte und verteidigte P. Theodosius vor den Intrigen und Machenschaften des Churer Domkapitels und dessen Berufung zum Koadjutor. 1857 antwortete das Provinzkapitel der Kapuziner mit der glanzvollen Wahl des P. Theodosius zum Definitor in die Leitung der Kapuzinerprovinz für die nächsten drei Jahre.

P. Anizet Regli war zweimal Provinzialminister in den Jahren 1857-1860 und 1863-1866. Er gab 1860 die Zustimmung, dass P. Theodosius vom neuen Churer Bi-

---

43 Vgl. Der Schulreformer und Erzieher 78ff.
44 Gadient, Caritasapostel 352
45 Schweizer, Schweizer Kapuziner 59f.

schof Franziskus Nikolaus Florentini das Generalvikariat des Bistums Chur übernehmen dürfe. P. Theodosius und P. Anizet waren einander freundschaftlich verbunden und hatten Wichtiges gemeinsam.[46]

7. Generalvikar von Chur 1860-1865

Im Juni 1858 war Dekan Haller zum Weihbischof ernannt worden, starb aber bereits im November 1858. Bischof Kaspar von Carl war ihm im Tod am 18. April 1859 gefolgt. Im Mai 1859 wurde Domdekan Franziskus Nikolaus Florentini, ein Vetter von P. Theodosius, zum Bischof gewählt. Im September 1860 ernannte der neue Bischof P. Theodosius zum Generalvikar.

Das Amt des Generalvikars brachte P. Theodosius manche Pflichtenzusammenstösse: einerseits die Aufgaben im Bistum und anderseits die Fabrikangelegenheiten mit den ökonomischen Problemen. Er weilte häufig im Ausland.

Regelung der Diözesanverhältnisse

Seit dem Untergang des Konstanzerbistums 1821 bestand die Anschlussfrage der inneren Kantone. P. Theodosius suchte die Kantone Uri, Schwyz, Unterwalden und Glarus, welche früher zum Bistum Konstanz gehört hatten, definitiv dem Bistum Chur einzuverleiben. Da dies für die genannten Kantone mit Kosten verbunden gewesen wäre, vermochte P. Theodosius sein Ziel nicht zu erreichen. Er verzichtete darauf.[47]

Aufbau des kirchlichen Lebens in der Diaspora

P. Theodosius war Verfechter und Initiant der katholischen Diasporahilfe. Er ging das Problem der in der Diözese Chur zerstreut lebenden Katholiken an und baute in der Diaspora zweckdienliche Seelsorgestrukturen auf. Besonders die Katholiken in Winterthur und Zürich denken in Dankbarkeit an seine Tätigkeit.[48]

Schriftstellerische Tätigkeit

Es ist unbegreiflich, dass P. Theodosius während seines Generalvikariates bei seinen so mannigfaltigen und schweren Arbeiten und Sorgen noch Musse und

---

46 Ebd. 62f.
47 Gadient, Caritasapostel 393ff.
48 Vgl. Wirken aus der Mitte der Berufung als Priester und Seelsorger 56ff.

Sammlung fand zur Abfassung eines grossen religiösen Werkes, nämlich der vier Bände von zusammen 3 000 Seiten umfassenden „Leben der Heiligen Gottes".[49]

8. Die letzten Tage im Leben von P. Theodosius[50]

Das letzte halbe Jahr im Leben von P. Theodosius war hektisch. „Er teilte sich", sagt die Chronik von Böhmen, „sozusagen zwischen der Schweiz und Böhmen." Innerhalb weniger Wochen durcheilte er wie ein gehetztes Reh die weitesten Strecken: Wien, Prag, Oberleutensdorf, Berlin; dann wieder Linz, Wels, Innsbruck, Bozen, Brixen, Chur, Ingenbohl. Überall suchte er Hilfe, um die Fabrik in Oberleutensdorf vor dem Bankrott zu retten. Er konnte und wollte es nicht glauben, dass er der christlichen Gestaltung der Industrie entsagen müsse. In Chur wollte er seine Sachen in Ordnung bringen.

Schwierigkeiten mit der Papierfabrik in Thal riefen ihn am 11. Februar 1865 in die Ostschweiz. Dort hörte er von schiefen Beurteilungen seines Tuns. Er unterschrieb den Kauf- und Zessionsvertrag der Maisstrohfabrik in Thal an die Aktiengesellschaft. Es gab für sie keine Rettung mehr.[51]

Am 12. Februar 1865 fuhr er von Tablat SG mit dem Schlitten weg nach Wil. Dort hörte er morgens einige Beichten, feierte die hl. Messe mit Kommunion und schrieb 2-3 Briefe ins Ausland. Es wird überliefert, dass er sich auch selber in der Beichte der Barmherzigkeit Gottes anvertraut habe.[52]

Im Kloster hörte er vom Tod seines engsten Freundes P. Gotthard, Guardian in Sursee. Tiefer Schmerz ergriff ihn und er sprach darauf die bedeutungsvollen Worte: „Es ist das dritte Mal, dass ich beim Eintritte in ein Kloster mit einer solchen Todesnachricht überrascht werde; das sind Mahnstimmen an mich: Bereite dein Haus!"[53]

Am Montag 13. Februar begab er sich in Begleitung des ihm bekannten Anwalts Valentin Fässler nach Heiden, weil er mit dem Gasthofbesitzer Tobler Geschäfte, die Maisstrohfabrik in Thal betreffend, zu erledigen hatte.[54] Mutter M. Theresia

---

49 Gadient, Caritasapostel 335f., 354
50 Isenring Sr. Zoe Maria, „Allmählich wird alles in Ordnung kommen". Die letzten Stationen im Leben von P. Theodosius Florentini, in: Theodosia 130 (2015) 33-41; Schweizer Christian, Heimkehr des Theodosius Florentin. Vom Todesjahr 1865 bis zur Translation nach Ingenbohl 1906, in: HF 43/2 2014,247-284
51 Gadient, Caritasapostel 281
52 Rutishauser M. Clarissa SCSC, Liebe erobert die Welt. Mutter Maria Theresia Scherer. Leben und Werk, Ingenbohl 1967,160 (2. Aufl.)
53 Mürb Marzella SCSC, Geschichte des Institutes Ingenbohl bis 1933, 2 Bände, Ingenbohl 1935, I,77 (Manuskript)
54 Ebd.

spricht im Brief vom 20. Februar 1865 an die Gräfin Revertera von einem „Pfandbot" (Pfandbrief) von 5000 Franken, der ihn nach Heiden führte.[55] P. Theodosius wollte aber auch in dem durch Industrie belebten Dorf die Stickerei besuchen.[56] In Heiden waren zu jener Zeit bereits ca. 35 Baumwollfabrikanten tätig und die Beschäftigung in der Heimarbeit betrug im Appenzeller Vorderland 80%. Dem Gasthofbesitzer eröffnete P. Thedosius auch in dieser Situation den Plan, in Appenzell eine Stickerei-Fabrik zu eröffnen, um den armen Einwohnern Arbeit und Verdienst zu verschaffen.[57]

Am Nachmittag stattete er Pfarrer Germann im Nachbardorf Grub einen Besuch ab. Mit ihm vereinbarte er die hl. Messe für den folgenden Morgen. Heiden war damals ganz protestantisch und hatte keine katholische Kirche. P. Theodosius drängte zum Aufbruch. Er wollte am 15. Februar wieder in Böhmen sein. Es bestand nämlich Hoffnung, die Fabrik zu verkaufen.[58] Dort erwartete er Herren von Sachsen, um mit ihnen über den Verkauf der Fabrik zu verhandeln.

Aber der Gastwirt des „Schweizerhofes" hielt ihn zurück und veranlasste den Männerchor, dem Gast zu Ehren ein Ständchen zu geben. P. Theodosius, immer zum Wort bereit, hielt im Anschluss daran im Gedenken an ein Wort des Hl. Augustinus eine Ansprache. Der Dirigent des Chors, Reallehrer Schwarz, erbat sich den Satz

ins Notizbuch: „In necessariis unitas, in dubiis libertas, in omnibus caritas. - Im Notwendigen die Einheit, im Zweifelhaften Freiheit, in allem die Liebe." In vertrauter Gemütlichkeit unterhielt sich P. Theodosius mit den Sängern bis Mitternacht.

Auf dem Sterbebett in Heiden im Hotel Schweizerhof - Foto: IKO PAL

Am frühen Morgen des 14. Februars kam er wieder in den Speisesaal. Als Vorbereitung auf die heilige Messe betete er auf und ab gehend das Brevier. Da traf den müden Wanderer der Schlag. Er brach zusammen und stöhnte noch die Worte:

---

55 GenArchiv SCSC 02-087; Gadient, Caritasapostel 313
56 Gadient, Caritasapostel 472. Auch Sr. Clarissa Rutishauser sagt: „Hier wollte er die Stickerei- Fabrik besichtigen"; Liebe erobert die Welt 160
57 Gadient, Caritasapostel 313; beruft sich auf Krauthahn, Pater Theodosius 47
58 Ebd. 276,313

„Helft mir auf!" Dann war er der Sprache beraubt. Sofort wurden Priester und Arzt gerufen. Während der Spendung der hl. Ölung bezeichnete sich P. Theodosius wiederholt mit dem Kreuz.

Mit Blitzesschnelle verbreitete sich, was in Heiden geschehen war. Nebst den Pfarrherren von Eggersriet und Oberegg trafen im Laufe des 14. Februars noch andere Geistliche ein, auch Ordensmitbrüder, Verwandte und Freunde des Sterbenden. Neun Barmherzige Schwestern umstanden das Schmerzenslager. Von Rorschach eilte die Menzingerschwester Cölestina herbei.

Mehr als 30 Stunden dauerte die Agonie, die nur noch von einem Wort unterbrochen wurde: „Ach Gott, mein Gott!" Am 15. Februar 1865, nachmittags halb drei Uhr, wurde P. Theodosius erlöst.

Die protestantische Bevölkerung von Heiden geleitete am folgenden Tag den Verstorbenen nach Rheineck. Mit der Bahn erreichte der Sarg die Stadt Chur. In der Kapelle des Kreuzspitals wurde der Leichnam drei Tage aufgebahrt, wohin Tausende von Menschen kamen, beteten und ihn beweinten. Am Nachmittag des 18. Februars fand der grosse Menschenfreund unter der Beteiligung unzähliger Menschen im Schatten der Kathedrale seine letzte Ruhestätte. Zum 50-Jahr-Jubiläum des Instituts Ingenbohl 1906 wollte die Gemeinschaft der Barmherzigen Schwestern ihren Stifter in Ingenbohl haben. Ein Artikel in der Theodosia beschreibt dieses Ereignis unter dem Titel „Des Vaters Heimkehr".[59]

Grabplatte von P. Theodosius Florentini in der alten Klosterkirche Ingenbohl - Foto: GenArchiv SCSC

---

59 Theodosia 21 (1906) Fest-Nummer April

P. Theodosius und die Wiedergeburt der katholischen Kirche in der zweiten Hälfte des 19. Jahrhunderts

Leben und Wirken von P. Theodosius Florentini sind nur verständlich im Zusammenhang mit den Konflikten und Auseinandersetzungen zwischen katholischer Kirche und bürgerlicher Gesellschaft, in die er sich gestellt sah. Auf dem Hintergrund des christlichen Glaubens studierte er grundlegende Fragen und Probleme, erfasste sie in ihrer ganzen Tragweite, machte auf ihr Zusammentreffen mit den politischen, religiösen und bildungsmässigen Fragen seiner Zeit aufmerksam, und gab darauf kreative Antworten. Er hatte ein Gespür für den Pulsschlag seiner Zeit.

1. Zusammenprall zweier grundsätzlicher Gesellschaftsvisionen

Im 19. Jahrhundert vollzog sich in den europäischen Staaten ein wahrhaft dramatischer Wandel, der alle Lebensbereiche und alle Bevölkerungsgruppen einschloss: Politik, Wirtschaft, Technik, Soziales und Kultur. Es ging letztlich um die Herausbildung des modernen Staates und moderner Gesellschaften.

Auf weltanschaulich-ideengeschichtlicher Ebene prallten zwei grundsätzliche Anschauungen aufeinander, nämlich die der Liberal-Bürgerlichen auf der einen Seite und die der Katholisch-Konservativen auf der anderen Seite. Jede strebte eine anders geartete Gesellschaftsgestaltung an. Man spricht heute gerne von Modernisierungskonflikten. Markus Ries sagt über den Grundkonflikt, der zwischen katholischer Kirche und der modernen Bürgergesellschaft in der Mitte des 19. Jahrhundert bestand: „Von der katholischen Kirche war eine gesellschaftliche Neuorientierung verlangt, und den neuen bürgerlichen Eliten fiel es schwer, das Religiöse in das Gesellschaftliche zu integrieren."[60]

---

[60] Ries Markus, Religion als Herausforderung für die frühe Bürgergesellschaft. Theodosius als Beispiel, in: Theodosius Florentini (1808-1865), Vir famosus. Festschrift zum 200. Geburtstag, HF 38/1 11-24,11

Staats- und Gesellschaftsvision der Liberal-Bürgerlichen
Bei der Herausbildung moderner Gesellschaften nahm die Staatsbildung einen hervorragenden Platz ein. Liberale und nationale Bewegungen erstrebten durch Revolutionen einen Nationalstaat, was in den verschiedenen Ländern Europas zu verschiedenen Zeiten geschah. Auf dem Balkan kamen diese Bestrebungen erst in der Gegenwart zum Abschluss.

Den Liberalen ging es um den Aufstieg eines gebildeten und industriellen Bürgertums, die Gleichstellung aller Bürger, die Garantie bürgerlicher Freiheitsrechte, die Gleichberechtigung von Stadt und Land, die Erweiterung der politischen Partizipation durch die Ausdehnung des Wahlrechtes.

Die Liberal-Bürgerlichen strebten im Inneren eine nationale Einheit an und duldeten keine konkurrierende Macht. Deshalb suchten sie die Kirche zu entmachten; der Staat sollte auch über die Kirche regieren; ihm sollte in allem der Vortritt zukommen (Staatskirchentum). Der Liberalismus sah im römischen Zentralismus und der Herrschaft der Jesuiten eine Gefahr für die Nation. Er klagte die katholische Kirche an, sie zerstöre die nationale Einheit. Die Klöster gefährdeten vor allem den Nationalstaat, da sie von Rom „ferngesteuert" seien.[61]

Rückzug und Aufbruch der katholischen Kirche
Die katholische Kirche erlebte die zunehmende Autonomie der Gesellschaft als Abfall. Auch sah sie die liberalen Ideen als grundsätzlich glaubensbedrohend und kirchenfeindlich, verdammte den Liberalismus schlichtweg als Irrlehre. Die Verkündigung der Freiheit war für sie die Botschaft des Antichristen. Die Unterschiede betrafen auch die Kultur und die Glaubensinhalte. Deshalb werden diese Auseinandersetzungen als Kulturkämpfe bezeichnet. „Kulturkampf" ist ein gegen die römisch-katholische Kirche gerichtetes Schlagwort.

Der Sonderbundskrieg von 1847 mit der politischen und militärischen Niederlage der katholischen Kantone und die Gründung des Bundesstaates 1848 lasteten wie ein Trauma auf der katholischen Schweiz. Die kantonalen Konfessionsstaaten verschwanden im Bundesstaat. Die Katholiken stellten die kleinere und schwächere Konfessionsgruppe dar; sie sahen sich in eine ausgesprochene Minderheitslage versetzt. Sie fühlten sich im Bundesstaat diskriminiert, kamen sich als Hinterbänkler und Eidgenossen zweiter Klasse vor. Eine gewisse Lethargie und Stagnation trat ein. Die katholische Kirche schien im 19. Jahrhundert ausgedient zu haben.

---

61 Moser Mirjam, Frauen im katholischen Milieu von Olten 1900-1950, Fribourg, 2004,35-38

Die Minderheitssituation der Katholiken in der zweiten Hälfte des 19. Jahrhundert prägte ihr Bewusstsein und mobilisierte Defensivkräfte. Es begann ein Kampf um die eigene Identität in einer andersartigen Gesellschaft. Da sich die katholische Kirche nicht in den modernen Staat integrieren konnte, schuf sie sich einen „Staat im Staat" durch die Bildung einer katholischen Subgesellschaft. Es entwickelte sich eine kirchliche Erneuerungsbewegung, die ihre Identität im Anderssein und in Opposition zu dieser profanen Gesellschaft zu suchen bestrebt war.[62]

Diese katholische Erneuerungsbewegung betonte vor allem die Autorität des Papsttums gegenüber dem kirchlichen Partikularismus; denn sie war überzeugt: eine sich strikt an Rom anlehnende Kirche könnte die grossen Auseinandersetzungen mit dem Liberalismus und Sozialismus, dem Rationalismus und Atheismus am besten bestehen. Von dieser Bindung an das Papsttum „jenseits der Alpen" erhielt die Bewegung den Namen „Ultramontanismus".[63] Damit ging eine extreme Aufwertung des Klerus einher, ebenso eine polemische Abgrenzung von anderen Konfessionen. Zaghaft aufgebaute Brücken konfessioneller Toleranz wurden wieder aufgegeben. Es begann das „zweite konfessionelle Zeitalter".[64]

Rückzug ist nur die eine Seite dieser Erneuerungsbewegung; die andere Seite heisst Emanzipation, Sammlung der Kräfte. Die Katholiken begannen, sich in kirchlichen und katholischen Vereinen zu organisieren. Vereine waren die wichtigsten Säulen der katholischen Subgesellschaft. Auf politischer Ebene gelang der katholisch-konservativen Bewegung in der Schweiz keine Einigung in der Bildung einer gesamtschweizerischen Parteiorganisation.[65] Aber was den Schweizer Katholiken auf politischer Ebene nicht glückte, gelang ihnen im religiös-kirchlichen Bereich, wo die Reibungsflächen zwischen den verschiedenen Gruppierungen kleiner waren. Im Jahr 1857 kam die Gründung des religiös-kirchlichen Piusvereins zustande, dessen „Seele" P. Theodosius wurde.[66]

---

62 Altermatt Urs, Katholizismus und Moderne. Zur Sozial- und Mentalitätsgeschichte der Schweizer Katholiken im 19. und 20. Jahrhundert, Zürich 1991, 219-223. Es existiert eine grosse Forschungsliteratur zum katholischen Milieu.
63 Der Begriff entstand bereits im späten 18. Jahrhundert und suggeriert (ultra montes = lat. wörtl. jenseits der Berge, d.h. der Alpen) den Katholizismus als romzentrierte Papstkirche. Damit verbunden war eine Absage an nationalkirchliche Bestrebungen, an die Autonomie der Bischöfe und an jegliche Einflussnahme des Staates auf kirchliche Belange.
64 Ries, Religion als Herausforderung 23
65 Altermatt Urs, Der Weg der Schweizer Katholiken ins Ghetto Die Entstehungsgeschichte der nationalen Volksorganisationen im Schweizer Katholizismus 1848-1919, Zürich/Köln 1972 (2. Aufl. 1991) 44ff.
66 Vgl. Wirken aus der Mitte seiner Berufung als Priester und Seelsorger 52ff.

An der Konstituierung des katholischen Milieus nahmen zentral auch die Frauen teil. Ihre Beteiligung am Projekt der „Rechristianisierung" der Gesellschaft war weitaus mehr als nur eine Randerscheinung der Geschichte des Katholizismus. Gerade die Frauen begriffen ihre Umgebung als wandelbar und strebten nach einer aktiven Gestaltung sowie Teilhabe an der gesellschaftlichen Realität. Ihr Engagement lief auf eine gravierende Veränderung der bestehenden sozialen, ökonomischen und politischen Verhältnisse hinaus.[67]

In dieser Situation arbeitete P. Theodosius daran, „mit der ihm eigenen gewaltigen Energie die Regeneration der katholischen Schweiz herbeizuführen".[68] Er setzte sich ein für die Belebung und Erneuerung des christlichen Glaubens, für die Sammlung und Einigung der Kräfte der katholischen Schweiz. Aus der Perspektive der Neuen Zürcher Nachrichten wurde gerühmt, „dass wir Schweizerkatholiken diesem einzigen Mann die grössten, edelsten Werke katholischer Liebe, katholischen Geistes und Lebens verdanken, welche die Wiedergeburt der katholischen Schweiz in der zweiten Hälfte des 19. Jahrhunderts bewirkt und eingeleitet haben".[69] Mit dem Einsatz aller Kräfte gelang es der katholischen Kirche, dem christlichen Glauben neue gesellschaftliche Bedeutung zu verleihen.

2. Der Orientierungsrahmen des P. Theodosius

Ein erfolgreiches Erneuerungsprogramm erfordert eine ernste Besinnung auf die Grundlagen wahrer Gesellschaftsordnung. P. Theodosius war ein Mann der Tat, ein Praktiker, aber seine Praxis war fundiert und reflektiert. Regierungsrat und Nationalrat Dedual aus Chur bezeugt, dass er die gesellschaftlichen und sozialen Fragen „genau studiert und gekannt" hat.[70] Deshalb soll zunächst dargestellt werden, woran er sich in seinen Plänen und seinem Handeln orientierte.

Die katholische Kirche

Erster grundlegender Orientierungspunkt ist für P. Theodosius die katholische Kirche. Markus Ries sagt: „Tatsächlich war die katholische Kirche für ihn zeitlebens

---

67 Meiwes Relinde, „Arbeiterinnen des Herrn". Katholische Frauenkongregationen im 19. Jahrhundert, Frankfurt/Main 2000,17
68 Decurtins, Pater Theodosius Florentini 13
69 Zit. bei Gadient, Caritasapostel 499
70 In einem Nachruf auf P. Theodosius, in: St. Fidelis 9 (1921) 28; zit. bei Bünter Adelhelm, Die industriellen Unternehmungen von P. Theodosius Florentini 1808-1865. Eine soziologische Studie über Voraussetzungen und Grenzen der Sozialreform, Freiburg 1962,32

der nie angefochtene Orientierungsrahmen."[71] Immer wieder bekannte er sich entschlossen zur katholischen Kirche als der einzigen Heilsvermittlerin. Am 8. April 1853 formulierte er seine Grundhaltung in einem lateinischen Brief an den päpstlichen Geschäftsführer Bovieri in Luzern: „Während meines ganzen Lebens betrachtete, verehrte und bekannte ich privat und öffentlich die römisch-katholische Kirche als einzige wahre und heilsvermittelnde Kirche und als Mutter und Erzieherin der ganzen Menschheit, und ich betrachtete den Papst als sichtbaren Stellvertreter Christi, der die ganze Fülle der Amtsgewalt innehat. Deshalb verteidigte ich alle Lehren der Kirche wie auch ihre Institutionen und Gesetze...."[72]

In der Öffentlichkeit äusserte sich P. Theodosius nur sparsam über seine Leitgedanken, in katholischen Insider-Kreisen sprach er sie aber kompromisslos aus. Die katholische Kirche betrachtete er als einzigen Träger wahrer Erneuerung. In der Frankfurterrede sagte er 1863, dass von der katholischen Kirche die Erneuerung der Menschheit ausgeht: „Das Christentum erfüllte die ihm von Jesus Christus gegebene Mission in der von ihm gegründeten Kirche für und für. Durch sie sollte das Werk der Regeneration der menschlichen Sozietät vollführt werden...."[73]

P. Theodosius wurde zum katholischen Reformer aus Berufung. Er wollte als Wegbereiter vorangehen und zeigen wie lebenskräftig die katholische Kirche sei oder sein könnte. Er sah aber auch ihre Mängel, auch bei den Klöstern. Er war enttäuscht über die Kirche, die ihr Sendungsbewusstsein weitgehend verloren hatte, die unglaubwürdig und bedeutungslos geworden war in der Gesellschaft. Sie ist sich der von ihrem Stifter geschenkten Kraft nicht mehr bewusst. Die Klöster sind zu wenig engagiert für die Bedürfnisse der Zeit. In seinem Lebensabriss schrieb er: „Deshalb war ich damals gar nicht zufrieden mit den Leistungen der Klöster, weil für die Schule so wenig geschah."[74]

Die Umbrüche und Probleme der Zeit

Ein zweiter Orientierungsrahmen für P. Theodosius waren die Umbrüche und Probleme der Zeit. Wenn P. Theodosius über seine Zeit sprach, fand er zu einer recht pessimistischen Beurteilung der Kultur und Gesellschaft. Max Kully bemerkte einmal über P. Theodosius, er sei als ein echter Apostel stets auf der Strasse gewesen: „Das bewegte Leben, der ständige Verkehr mit Leuten aus allen Schichten und Ständen, die Erörterungen und Beratungen mit gebildetsten und erfahrensten

---

71 Ries, Religion als Herausforderung 11
72 GenArchiv SCSC 03-157 (Deutsche Übersetzung)
73 Frankfurterrede, abgedruckt bei Gadient, Caritasapostel 291
74 Zit. bei Gadient, Caritasapostel 501

Männern der Zeit bildeten eine Hochschule, aus der er fortwährend wertvolle Erkenntnisse und Anregungen erhielt"[75]

Er hatte ein Gespür für das, was verloren gegangen war. Ein Churer Korrespondent berichtete in der „Luzerner Zeitung" über eine Predigt, die P. Theodosius am Silvestertag 1853 in Chur hielt: „Vom individuellen Standpunkt ausgehend machte er mit gewaltiger Kraft den Übergang zur Universalkrankheit der Gesellschaft, die zu suchen sei im religiösen Indifferentismus und in einem langsamen Hinsiechen an der durch Glaubenslosigkeit und Sittenlosigkeit herbeigeführten Brandwunde des allgemein überhandnehmenden Pauperismus. Mit tief psychologischem Blick, mit mächtig anschwellender Stimme, gleich einem Waldstrom, der mit unwiderstehlicher Gewalt Alles mit sich fortreisst, deckte der muthige Redner das Übel der Zeit und die Flecken am sozialen Körper der Gegenwart auf und geisselt mit gewaltigen Hieben und schneidender Schärfe die religiöse Halbheit der Neuzeit im Gegensatz zur Glaubensinnigkeit des vielverschrieenen Mittelalters, und zwar dies so handgreiflich und klar, dass man gestehen muss, P. Theodosius schöpfe seine praktischen Lehren nicht aus Büchern, sondern tief aus dem wirklichen Leben."[76]

Als negative Zeiterscheinungen bezeichnete P. Theodosius den säkularisierten Staat, religiösen Indifferentismus, Irreligiosität und Unglaube, Sittenzerfall (Demoralisation), Verachtung und Bekämpfung von Christentum und Kirche, Materialismus, Kommunismus, Liberalismus, Sozialismus, Überhandnehmen des Pauperismus, eine rein innerweltliche Humanität.[77] Wie viele andere vermochte er im Liberalismus nur die problematischen, nicht die zukunftsweisenden Elemente zu erkennen. P. Theodosius blieb aber nicht bei der negativen Analyse stehen, sondern wollte eine Erneuerung von Kirche und Gesellschaft einleiten. Dies, weil er sich von einer Kraft getragen fühlte, die weiterführt.

Das Betroffensein von den negativen Seiten seiner Zeit war für P. Theodosius eine religiöse Erfahrung. Unter dem Blickwinkel des Glaubens betrachtete er den Menschen, die sozialen und politischen Realitäten. Bei ihm heisst es in die konfliktäre Situation des 19. Jahrhunderts hineingehen.

Solide, zeitgemässe Theologie

Baden war der Ort, wo P. Theodosius eine solide und zeitgemässe theologische und philosophische Grundlage legte. Lothar Samson studierte diese in mehreren

---

75 Kully, P. Theodosius Florentini, in: Allgemeine Rundschau (München) 1908, 358; zit. bei Gadient, Caritasapostel 247
76 Zit. bei Planta, Pater Theodosius 19
77 Vgl. Doka, Pater Theodosius Florentini 10

Arbeiten und wies dabei die dominante Rolle von Johann Michael Sailer (1751-1832) nach.[78] Sailer war ein führender katholischer Theologe in Deutschland, mit grosser Ausstrahlung auch in die Schweiz. In Luzern gab es eine Sailer-Schule, die das Denken Sailers verbreitete.[79]

Hier sollen nur einige Punkte erwähnt werden: Sailer nahm eine Mittelposition zwischen Aufklärung und Ultramontanismus (christlicher Tradition) ein. Er lehnte die scholastische Methode ab und wandte sich einer von der Mystik geschulten Lehrweise zu mit freiem und lebendigem Vortrag. Seine Theologie zielte auf eine religiöse Erneuerung, auf eine Erneuerung des Glaubens und der Kirche. Er strebte eine Erneuerung aus einem verinnerlichten Christentum, einer verinnerlichten Frömmigkeit an. Diese innere Erfahrung drängte auf einen äusseren, gemeinschaftlich verfassten Ausdruck, nämlich auf die Bildung von Kirche. Die Erneuerung sollte aus einer lebendigen Kirchlichkeit geschehen.[80]

Auch bei P. Theodosius werden wir in seinem Erneuerungsprogramm folgende Momente finden:

- Verwandlung der Gesellschaft von innen her
- Verchristlichung aller Lebensbereiche
- Katholische Kirche als Lebensraum
- Enge Verbindung zwischen Seelsorge und Pädagogik: Der Seelsorger ist Erzieher.
- Erste Formen der Ökumene

Die romantische Gesellschaftslehre (Sozialtheorie)

Ein vierter Orientierungsrahmen bei P. Theodosius ist die romantische Gesellschaftslehre. Er ist von ihr und ihrem Niederschlag auf die sozialen Ideen der deutschen Katholiken mitgeprägt.[81]

Lothar Samson nimmt an, dass das Gesellschaftsbild, das ihn bei seinen Tätigkeiten leitete, weitgehend von dem romantischen Schriftsteller und Publizisten Josef Görres (1776-1848) geprägt war.[82]

---

78 Samson Lothar, Theodosius und der Geist christlicher Mystik: Ein Beitrag zur Rezeption Johann Michael Sailers in der Schweiz, in: Theodosius Florentini (1808-1865), Vir famosus. Festschrift zum 200. Geburtstag, HF 38/1 105-163,105ff. Für seine Abhängigkeit in der Pädagogik vgl. Der Schulmann und Pädagoge 60ff.
79 Samson Lothar, Pater Theodosius Florentini. Das Reformwerk des grossen Erziehers. 2005,6ff. (Manuskript)
80 Samson, Geist christlicher Mystik 105ff.
81 Bünter, Industriellen Unternehmungen 32ff.
82 Samson, Geist christlicher Mystik 106

Der hervorstechendste Zug der Romantik lag im Versuch, das einseitige atomisierende Welt- und Menschenbild des Rationalismus zu überwinden und den Menschen wiederum in den grossen Lebenszusammenhängen zu sehen: Religion, Geschichte und Gemeinschaft als Organismus sind deshalb ihre Grundanliegen.[83] Die Theorie der romantischen Lehre von der organischen Gesellschaft hat der katholischen Soziallehre Züge gegeben, die in einem mehr oder weniger ausgeprägten Verwandtschaftsverhältnis zur politischen Romantik stehen. Die Sozialpolitik konnte den Anstoss geben zu einer zeitgemässen Restauration, indem sie den korporativen Gedanken in den Körperschaften der Selbstverwaltung neu belebte. Der mittelalterliche Organismusgedanke der Romantik fand bei P. Theodosius seinen theologischen Ausdruck und findet sich im ersten Punkt seines Erneuerungsprogramms.

3. Sein Erneuerungsprogramm
Regeneration der Gesellschaft durch Rechristianisierung der Gesellschaft
P. Theodosius wollte die christliche Grundlage der Gesellschaft erhalten. Sein höchstes Ziel war die Re-Christlianisierung der Gesellschaft, um sich den Säkularisierungstendenzen seiner Zeit machtvoll entgegenzusetzen. Er erkannte, dass die moderne Gesellschaft sich immer mehr von der Religion entfremdete. Er schrieb im Unterricht zum Fest des Kaisers Heinrich II. am 15. Juli: „Die Religion ist die Grundlage aller Staatswohlfahrt, sie muss den Staat durchdringen und beleben, wie die Seele den Leib."[84] Die ganze Gesellschaft kann „nur durch das Christentum gerettet werden".[85]

Nach seinem Tod sagte ein schweizerischer Abgeordneter an die deutsche katholische Generalversammlung: „Wie oft hat der Selige in Deutschland und in der Schweiz, dies- und jenseits des Rheins, Sie in Ihren grossen Katholikenversammlungen, uns in unsern bescheidenen Piusvereinen für die hohe Mission der christlichen Wiedergeburt unserer Zeit begeistert und geeinigt!"[86]

Er träumte von einer Gesellschaft, in der Gott der Vater aller ist, in der alle Menschen Brüder und Schwestern werden. Immer wieder wird der Familiencharakter der Gesellschaft betont. Sein Denken und Tun ist getragen von der Reich-Gottes-

---

83 Vgl. Bünter, Industrielle Unternehmungen 28f.
84 Leben der Heiligen Gottes. Gesammelt und bearbeitet v. P. Theodosius Florentini, 4 Bände. Ingenbohl 1888, III,106 (3. Aufl.)
85 Gadient, Caritasapostel 293
86 Zit. bei Planta, Pater Theodosius 24

Vision in der Sprache seiner Zeit. Diese Vision hat er programmatisch am 23. September 1863 in der Frankfurterrede formuliert: Die Verheissungen sollten in Erfüllung gehen, „vermöge welchen das ganze Menschengeschlecht durch den menschgewordenen Gottessohn erlöst, geheiligt und zum Bewusstsein gebracht werden sollte, dass es ein göttliches Geschlecht, eine göttliche Familie sei, in welcher Gott der Vater ist, in welcher alle Gottes Kinder sind, in welcher alle als Brüder und Schwestern sich zu betrachten haben, in welcher kein Unterschied des Standes, Alters und Geschlechtes mehr obwalten darf."[87]

Veit Gadient schreibt: „Durch 20 Jahre hindurch ringt er um das Ideal der christlichen Menschheits- und Arbeiterfamilie."[88]

P. Theodosius musste aber wohl mit der Zeit erkannt haben, dass die Rechristianisierung der Gesellschaft nicht mehr möglich war und die Säkularisierung nicht mehr rückgängig gemacht werden konnte. Es mussten und müssen Wege gesucht werden, wie die christliche Botschaft in die säkularisierte Welt eingebracht werden kann.

Re-Christianisierung der Gesellschaft durch die katholische Kirche

Das wahre Christentum fand P. Theodosius nur in der katholischen Kirche, denn diese ist eine göttliche Einrichtung, um den Menschen eine feste Richtschnur für ihren Glauben zu geben.[89] Die Gesundung bestehender Verhältnisse und die Richtlinien für die Gestalt der neuen Gesellschaft haben von der katholischen Kirche auszugehen und müssen von ihr getragen werden.

Im Brief am 23. August 1856 an den Bischof von Basel Karl Arnold schrieb P. Theodosius: „Es sollte durch ihre Vermittlung mit geistiger und körperlicher Pflege allmählich christliche Gesinnung und Gesittung in die Jugend und in die Häuser der ärmsten und verwahrlosesten Menschenkinder verpflanzt werden; man sollte eben durch diese heilsame Umwandlung und zugleich durch ökonomischen Gewinn zur Einsicht kommen, dass regenerative Kraft nur in der katholischen Kirche liege."[90]

Und in der Frankfurterrede sagte P. Theodosius: „Das Christentum erfüllte die ihm von Jesus Christus gegebene Mission in der von ihm gegründeten Kirche für und

---

87 Frankfurterrede, vgl. Gadient, Caritasapostel 290
88 Gadient, Caritasapostel 253
89 Leben der Heiligen I,10ff. Der Alleinanspruch der katholischen Kirche, die soziale Frage zu lösen, wird von P. Theodosius im vollen Umfang geteilt. Dieser Anspruch ist eine bedauernswerte Auffassung der damaligen Zeit.
90 Abgedruckt bei Gadient, Caritasapostel 516

für. Durch sie sollte das Werk der Regeneration der menschlichen Societät vollführt werden... ich erinnere nur daran, dass die Kirche zu jeder Zeit sich mit unerschöpflicher Liebe angenommen hat der Zustände der armen und arbeitenden Klasse. Sie hat sich stets bemüht, die materielle Wohlfahrt des Menschen zu fördern, ihre Not zu lindern, und zu dem Ende aus sich herausgeboren jene Institute und Anstalten, durch welche diese Zwecke erreicht werden konnten; aber indem sie für das zeitliche und irdische Wohl sorgte, hat sie zugleich als Grundlage und Seele aller zeitlichen Wohlfahrt hingestellt das Geistige und Ewige, den Glauben an Gott den Einen und Lebendigen, die Beobachtung seiner Gebote, und als Inbegriff derselben jenes grosse Gebot: ‚Du sollst Gott lieben aus deinem ganzen Herzen, aus deiner ganzen Seele und aus deinem Gemüt; das ist allerdings das erste und grösste Gebot; das andere aber ist diesem gleich: Du sollst lieben deinen Nächsten wie dich selbst'."[91]

P. Adelhelm Bünter meint zu diesem triumphalistischen Bild der katholischen Kirche: „In dieser Sicht ist der Anspruch enthalten, dass die römisch-katholische Kirche die einzig wahre heilsvermittelnde Religionsgemeinschaft ist. Diese Gedankengänge entsprachen der allgemeinen Auffassung der Zeit. P. Theodosius hat sie übernommen."[92]

Heilung des Menschen von innen heraus (Gesinnungsreform)
P. Theodosius führte die gestörten Lebensverhältnisse mit all ihren Erscheinungen auf den eigentlichen Grund, die Erbsünde zurück, so dass der Mensch erlösungsbedürftig ist. Die ursprüngliche Gottebenbildlichkeit des Menschen wurde durch die Sünde durchkreuzt. P. Theodosius wollte deutlich machen, dass die gestörten sozialen Lebensverhältnisse primär im Versagen der einzelnen Menschen lagen, die ihre Pflichten gegenüber dem Mitmenschen, der Familie, der Gesellschaft missachteten.[93] Deshalb müssen Reformen von innen heraus, nicht von aussen herein und nicht durch weltlichen Zwang erfolgen.[94] P. Cajetan Krauthahn schrieb über ihn: „Theodosius ging bei all seinen Schaffen prinzipiell zu Werke; es war ihm wie keinem bewusst, dass der Geist den Körper und nicht dieser jenen regiere.

---

[91] Frankfurterrede, vgl. Gadient, Caritasapostel 291
[92] Bünter, Der Wegbereiter 19
[93] Bünter, Industrielle Unternehmungen 45f.
[94] Leben der Heiligen I,646f. Unterricht zum Fest des Hl. Gotthard: „Mit blos äusseren Mitteln werden die Herzen nicht kuriert. Da das Übel von den Menschen, und zwar von ihrem Innern ausgeht, so müssen diese Menschen auch von Innen nach dem Geiste Jesu und seiner Kirche verbessert werden."

Gleichwie der Baum sein Wachstum von Innen, so erhält der Mensch seinen sittlichen Werth und sein Gedeihen aus der rechten Beschaffenheit des Herzens. Das Herz ist die Werkstätte guter und schlimmer Gedanken."[95]

Im Unterricht zum Fest des Hl. Gerhard am 3. Oktober schrieb P. Theodosius über „wahre und falsche Reform": „Eine Reform muss zuerst das Innere umgestalten, dann von innen nach aussen sich entfalten. Wer die Gesellschaft reformieren will, muss zuerst sich selbst, dann die einzelnen Glieder reformieren, auf dass die göttliche Gesinnung in ihnen lebt und aus ihnen spricht und handelt. Dann wird die Gesellschaft bald reformiert sein... Menschen, Kirche und Staat können als lebendige Organismen nicht von aussen her durch menschliche Tat allein, ebenso wenig von unten durch die Natur und durch die materielle Wohlfahrt wahrhaft verbessert werden. Dieselbe muss von da aus gehen, wo Mensch, Kirche und Staat ihren Ursprung haben....; durch göttliche Einwirkung muss der Verstand zur Erkenntnis der Wahrheit kommen, das Herz zur Liebe des Guten, der Wille zur Ausübung desselben gekräftigt werden.... Die Reform der Gesellschaft kann nur wahr sein, wenn sie göttlich, daher christlich, daher kirchlich ist. Alles andere ist falsch."[96]

Verchristlichung aller Lebensbereiche (Zuständereform)
Die Heilung des Menschen von innen heraus führt nach aussen in die Heilung, in die Verbesserung der Zustände. Kein Satz von P. Theodosius ist so bekannt und wird so häufig zitiert wie der Satz, mit dem er seinen Lebensabriss von 1855 beschliesst: „Was Bedürfnis der Zeit ist, ist der Wille Gottes. Wer also einem Bedürfnisse begegnet, erfüllt Gottes Willen."[97] Nach seiner Anschauung offenbart sich in den Problemen und Bedürfnissen der Zeit die Stimme Gottes. Damit verband P. Theodosius den Einsatz für die Mitmenschen mit der Gotteserfahrung. Er hat für das im göttlichen Gesetz enthaltene Gebot der Nächstenliebe diese Formulierung gefunden.

Das Konzept werktätiger Liebe des P. Theodosius zielte auf die Verchristlichung aller Lebensbereiche. P. Theodosius wählte das säkulare Umfeld, um es als konfessionell-christlich zu erhalten oder es erneut zu verchristlichen, zu rekatholisieren. Die Christen stehen in der Nachfolge dessen, der des Heiles der Menschen wegen Mensch wird und in alle Unheilssituationen der Welt und der Menschen

---

95 Krauthahn, Pater Theodosius 21
96 Leben der Heiligen IV,26-28; zit. nach Bünter, Industrielle Unternehmungen 49
97 GenArchiv SCSC 03-051

hinausgeht und sie zum Guten wendet. Alle Verhältnisse sollten verchristlicht werden: die Schule, die Caritas, die Sozialordnung.[98]

Philipp Anton Segesser schrieb im Nekrolog auf P. Theodosius: „Es ist leicht, den Gedanken zu formulieren, in der Theorie auszusprechen, dass keinem Lebensbereiche die religiöse Weihe fehlen soll; ebenso ist es nicht gerade schwierig, die Wahrheit zu erkennen, dass, wo Gott nicht mitarbeitet, die menschliche Arbeit nicht zum Segen ausschlägt. Aber unendlich schwer ist es, auf allen Gebieten der Thätigkeit einer Epoche das praktische Beispiel aufzustellen, wie alle Lebensbereiche sich mit religiösen Geiste zu ihrem Gedeihen verbinden und durchdringen können und müssen. Und gerade darin bestand der Segen dieses Lebens. In Fabrik und Handel, im Spital und im Zuchthaus, in der Schule und im Armenhaus, auf Brandstätten und in den verschiedenen Runsen der Wildbäche erschien das Kleid des demüthigsten Ordens der katholischen Kirche wie auf der Kanzel, im Beichtstuhl und am Altare."[99] Und Professor Caspar Decurtins sagte in seinem Vortrag vor Studenten in Fribourg 1908 über P. Theodosius: „Alles in Christus, dem Weltenheiland, erneuern. Dieses Alles war für Theodosius: Erziehung und Arbeit, Gesellschaft und Staat; ihm war kein Winkel menschlichen Elends zu klein, kein Arbeitsfeld war ihm zu gross."[100]

Gemeinsames Erreichen von Zwecken und Zielen
Die Caritas erhält von der übernatürlichen Kraft der göttlichen Gnade ihre Antriebskraft. Die Nächstenliebe drängt auf einen äusseren, gemeinschaftlich verfassten Ausdruck, ist ein gemeinschaftsbildendes Element. P. Theodosius schreibt: „Die übernatürliche Liebe bildet aus den Menschen eine Gottesfamilie, ein Gottesreich, wo sie nicht ist, natürliche Liebe waltet, da ist Teilung, Spaltung und Vereinzelung."[101] Trotz zeitbedingter Form liegen hier wertvolle Ansatzpunkte einer Sozialreform. P. Theodosius hatte Verständnis und Liebe für das Vereinswesen und -leben: „Vereinzelte Kraft hört allmählich auf."[102] Er erachtete Vereine, Zusammenschlüsse, Assoziationen als wirksames Mittel zur Erreichung von Zwecken und

---

98 P. Theodosius hatte irgendwie auch eine Zuständereform im Auge. Aber diese musste von der katholischen Kirche getragen werden. Er unterschätzte die Bedeutung einer Zuständereform durch das Schaffen einer Sozialordnung z.B. durch den Staat; vgl. Bünter, Industrielle Unternehmungen 49, Anm. 53
99 Segesser Philipp A. v., P. Theodosius Florentini, in: Sammlung kleine Schriften Bd. 2 (1847-1879), Bern 1879, 443-445,443f.
100 Decurtins, Pater Theodosius Florentini 24
101 Leben der Heiligen I, 352 Unterricht Hl Johannes von Matha
102 Kirchenzeitung für die katholische Schweiz 1850,364

Zielen. Da hinein gehören auch seine Bemühungen um die Einigung der katholischen Schweiz in der Schweizerischen Bischofskonferenz. An den Bischof von Sitten schrieb er: „Ich erhoffe mit Zuversicht von der Konferenz eine neue Kräftigung des katholischen Glaubens und Lebens unter den Geistlichen und Gläubigen unserer hl. Kirche."[103]

Beim Gründungsprozess der inländischen Mission sagte P. Theodosius: „Man erschrecke nicht, wenn schon wieder ein Verein angestrebt wird. Wir leben in einer Zeit der Assoziation; das Mittel, welches für alle Zwecke als das wirksamste erkannt wird, ist gewiss auch für kirchliche Zwecke und Zustände."[104]

In Frankfurt trat er für den Zusammenschluss der Arbeiter ein: „Ein gewisser Zusammenschluss der Arbeiter muss eintreten, weil der einzelne in der Gefahr ist, ausgenutzt zu werden: Die Assoziation geht aus dem Christentum hervor, und liegt in unserem eigenen Bedürfnis; der einzelne verschwindet, er hat weder Macht noch Einfluss und genügt nirgends."[105] Aber auch hier muss die treibende Kraft die christliche Caritas sein.

Klöster als Träger wahrer Erneuerung von Kirche und Gesellschaft
Der Zeitgeist der Romantik kehrte sich gegen manche Prämissen der Aufklärung. Die neue Sicht des Mittelalters, die mit ihr heraufzog, kann auch als „geschichtliche Rehabilitation der unübersehbaren kulturellen Leistungen der Klöster angesehen werden".[106] Der Katholikenführer Charles Montalembert gab den Anstoss zur literarischen Rehabilitation der Klöster. Aber er war überzeugt, dass geistliche Gemeinschaften zu den wirksamsten Institutionen der Kirche und Gesellschaft gehören. Sie bezeugen die Lebbarkeit des Glaubens in einem Lebensentwurf und im konkreten Alltag.

Klöster als Orte des Strebens nach Vollkommenheit und der Nachfolge Christi
Nach Aussagen von P. Theodosius wird in den Klöstern die Selbstheiligung und damit die Erlangung der christlichen Reife ins Zentrum gesetzt. Sie stellen die höchste Blüte christlicher Vollkommenheit dar, die Jesus in Wort und Tat gelehrt

---

103 Am 6. September 1861; vgl. Wirken aus der Mitte seiner Berufung als Priester und Seelsorger 59
104 Gadient, Caritasapostel 405
105 Zit. ebd. 293
106 Conzemius Viktor, „Es müssen die Fabriken zu Klöstern werden!". Die sozialen Initiativen von Theodosius Florentini in ihrer Zeit, in: Theodosius Florentini (1808-1865), Vir famosus. Festschrift zum 200. Geburtstag, HF 38/1,25-42, 26f.

hat.[107] Mit ihrem besonderen Einsatz zur Erlangung der christlichen Vollendung können sich Ordenschristen dem Dienst an der Gemeinschaft ungeteilt hingeben. Nach der traditionellen Auffassung vom Ordensleben als dem „Stand der Vollkommenheit" schreibt P. Theodosius im Unterricht zum Fest des Hl. Meinrad: „Es ist das Edelste, das Reinste, Erhabenste, was der Mensch anstreben kann, die vollkommene Nachahmung Jesu, ein wahrhaft geistiges Leben. Der Mensch führt in irdischer Hülle ein himmlisches Leben."[108]

Gesandt zur Erneuerung von Kirche und Gesellschaft
Alle Christen sind aufgerufen, gestaltend in das Geschick der Gesellschaft einzugreifen. Einen besonderen Auftrag haben die Orden. In religiösen Vereinen, Kongregationen und Klöstern sah P. Theodosius die Kräfte, denen die materiellen wie die geistigen Kräfte zu Gebote standen, den demoralisierenden Zuständen abzuhelfen.[109]
Orden sollten sich den zeitbedingten Reformen nicht entziehen und neue Wege suchen. Mit seinen Werken und Unternehmungen wollte P. Theodosius den Beweis dafür antreten. In einem Vergleich sprach er genau aus, welche Absichten ihn leiteten. Er vertritt die Meinung: Wie die Mönche des heiligen Benedikt in unsere Regionen kamen und durch ihre Lebens- und Arbeitsweise der bäuerlichen Kultur ein bestimmtes christliches Gepräge gaben, so sollen die Orden dem Industriezeitalter eine christliche Wendung verleihen und so eine neue Form von Kirche anbahnen, welche als Lebensprinzip die nüchterne Gesellschaft durchwaltet.[110] Genauso sind heute Ordenschristen berufen, die technische Welt des 19. Jahrhunderts zu verchristlichen.
Und in diesem Zusammenhang nehmen die franziskanischen Gemeinschaften eine besondere Rolle ein. Sie sind vor allem Träger der Caritas. Franziskanische Gemeinschaften sind für die Menschen, vor allem die Notleidenden da, um sich ihnen „mit unermüdeter Selbstaufopferung zu widmen und dergestalt das arme, gehorsame demütige, weltverachtende, alle Menschen, besonders die Armen in und wegen Christus liebende, für sie sich hingebende Leben des heiligen Franziskus nachahmen und aufs Neue darstellen".[111]

---

107 Leben der Heiligen IV,57f.; Unterricht zum Fest des hl. Bruno am 6. Oktober; vgl. Bünter, Industrielle Unternehmungen 36
108 Leben der Heiligen I,176; Unterricht zum 22. Januar
109 Ebd. IV,56ff.; vgl. Unterricht über religiöse Klöster und Vereine zum Fest des Hl. Bruno am 6. Oktober
110 Vgl. Ebd. I,640; Unterricht zum Fest des hl. Benedikt am 21. März
111 Leben der Heiligen IV,42; Unterricht zum Fest des heiligen Franziskus

Träger zivilisatorischer und kultureller Leistungen

P. Theodosius war überzeugt, dass Ordensgemeinschaften prägende Kräfte der Kultur sind. Er zog bewusst eine Parallele zu den Kulturleistungen der Mönche. Wie die Mönche durch das Vorleben vorbildlicher christlicher Arbeits-, Kultur- und Glaubensgemeinschaft bestimmend und reformierend auf die Bevölkerung und ihre öffentlichen und rechtlichen Institutionen einwirkten, so sollten Ordensleute heute ebenso vorbildliche Kulturarbeit leisten.

In der Frankfurterrede erinnerte er die Zuhörer an die Tätigkeit der katholischen Bischöfe, führender Laien, Kongregationen und Klöster, die zu jeder Zeit Institute und Anstalten hervorgebracht hat, um sich der Armen anzunehmen. Dabei erinnert er insbesonders daran, „wie Mönche auch in unser deutsches Vaterland gekommen, die Wälder gelichtet, unsere heidnischen Vorväter um sich gesammelt, unterrichtet und christliche Gemeinden gebildet haben, aus welchen allmählich die Staaten entstanden sind, wie wir sie heutzutage vor unsern Augen haben; ich erinnere Sie daran, wie, nach dem diese Formen nicht mehr möglich waren, genug verschiedene andere Anstalten, aus der Kirche hervorgegangen sind, um der arbeitenden Klasse in jeglicher Weise beizustehen. Institutionen und Kongregationen haben sich durch alle Jahrhunderte stets den Bedürfnissen der Zeit accommodiert und demjenigen Rechnung getragen, was zu jeder Zeit Bedürfnis und Notwendigkeit war". In diesem Zusammenhang entwickelte Theodosius seine Vision einer christlichen Fabrik mit seinem Slogan: „Es müssen die Fabriken zu Klöstern werden!" [112]

Verleihen den Unternehmungen Dauer

Klöster sind besonders geeignet zur Erneuerung von Kirche und Gesellschaft, weil das Gedeihen ihrer Arbeit nicht von einem einzelnen Individuum, von dessen Leben und Sterben abhängt, sondern durch die stets sich erneuernde Zahl der Mitglieder und durch die vereinten Kräfte möglich wird. Ordensleute sehen die karitativen Aufgaben „als ihren lebenslänglichen Beruf an und opfern demselben aus Liebe zu Gott ihre ganze geistige und körperliche Kraft".[113]

Von dieser Haltung gegenüber Klöstern ist es nicht erstaunlich, dass P. Theodosius selbst geistliche Gemeinschaften ins Leben rief, um seine Werke aufzubauen und sie auf Dauer zu sichern.

---

112 Frankfurterrede, vgl. Gadient, Caritasapostel 291f. und 299
113 Leben der Heiligen. II,496; vgl. Rümmer Gisèle, P. Theodosius Florentini (1808-1865). Ein Mann der christlichen Caritas und der sozialen Tat, lic. ZH 1984,64ff.

Wirken aus der Mitte seiner Berufung als Priester und Seelsorger

Mit dem Eintritt in den Kapuzinerorden äusserte sich bei P. Theodosius der Wille, Gott in die Mitte seines Lebens zu setzen. Spürbar wird dieser Wille vor allem in seinem Sendungsverständnis. Seine Vision spiegelt sich in einer kaum überschaubaren Vielzahl von Aktivitäten wieder. Die Mitte seines Lebens aber war das Priestertum und der von diesem ausgehende Geist der Seelsorge. Als Seelsorger war er Schulmann und Pädagoge. Als Seelsorger ging er an die Lösung der sozialen Zeitfragen heran. Als Seelsorger näherte er sich der Industrie und wollte dem Arbeiter zu Hilfe eilen. P. Honorius Elsener schreibt von ihm: „Wenn er Institute gründete, wenn er Pensionate, Kollegien, Kranken- und Waisenhäuser errichtete, so hatte er nur ein Ziel: den Menschen zu bilden, zu heben, an Leib und Seele zu veredlen und Gott, seinem letzten Ziele, durch die religiöse Weihe zuzuführen."[114]

1. Als Pfarrer in Chur

Seit den bewegten Tagen der Reformation war die katholische Bevölkerung von Chur sehr zusammengeschmolzen. Auf dem „Hof" wohnten etwa 200 Menschen und bildeten eine katholische Enklave und bis 1852 eine eigene politische Gemeinde. Seit die freie Niederlassung zuerst durch den Kanton erleichtert und dann durch die Bundesverfassung von 1848 gesichert worden war, konnte eine zahlenmässige Verschiebung zugunsten der Katholiken eintreten, und so zählte man 1850 in der Stadt Chur neben 4878 Protestanten bereits 920 Katholiken.[115]

Im Herbst 1845 kam P. Theodosius als Pfarrer der Hofpfarrei und als Oberer der kleinen Ordensfamilie des Hospizes nach Chur. Er wurde nicht mit offenen Armen

---

114 Elsener, Theodosius 59
115 Gadient, Caritasapostel 320

empfangen. Auch nach innen fand der neue Pfarrer keineswegs ermutigende Zustände. Doch er begann auf allen Gebieten der Seelsorge zu wirken. Als Pfarrhelfer wirkten mit ihm der eben zitierte P. Honorius Elsener (1854-1868) und P. Cajetan Krauthahn (1860/61), seine späteren Biographen.

Gottesdienstreformen

Es verwundert nicht, dass P. Theodosius auch in der Seelsorge im engeren Sinn reformerisch tätig wurde. P. Cajetan schreibt: „Er suchte das Gefühl der Zusammengehörigkeit unter den Katholiken zu wecken und ihnen eine bessere Meinung von sich selber beizubringen.... Er wollte der albernen Meinung begegnen, als ob die Katholiken das Wort Gottes nicht hätten und dasselbe nicht verkündigen dürften oder könnten."[116] P. Theodosius setzte sich für eine volkstümliche Gottesdienstordnung ein. Diese war vorher dem Domkapitel angepasst. P. Theodosius wandte sich bereits nach einem Monat an das Domkapitel und bat das Domkapitel um Änderungen der Gottesdienstordnung; denn der Gottesdienst in der Kathedrale sei der eigentliche Pfarrgottesdienst; er sollte vor allem den Bedürfnissen der studierenden Jugend angepasst sein. In erfreulicher Weise kam das Domkapitel dem Wunsch des Pfarrers entgegen.[117]

Schon nach Neujahr 1846 teilte die „Churerzeitung" mit: „P. Theodosius ist ein Mann von grossem Talent, der seit seiner Anstellung in Chur, seit vier Monaten, Erstaunliches geleistet hat. Er hat vorerst eine zweckdienliche Gottesdienstordnung eingeführt, und als Prediger und Religionslehrer erfreut er sich des grössten Zulaufs. Er hat die Hofschule, die früher nichts weniger als eine Musterschule war, ganz neu eingerichtet, und für dieselbe zwei gute Lehrer berufen. Er ist in seiner Gemeinde von Haus zu Haus gezogen und hat allen Eltern die Schulpflichtigkeit der Kinder als ihre heiligste Pflicht ans Herz gelegt. Daher ist die Schule auch zahlreich besucht und die armen Kinder erhalten dort unentgeltlich ihr Mittagessen... So erscheint seine rastlose Tätigkeit wahrhaft bewunderungswürdig."[118]

Reform der Sonntags- und Fortbildungsschulen

P. Theodosius erkannte auch die Notwendigkeit, die der Schule entlassenen Jugendlichen bis 18 Jahre zu erfassen und religiös zu beeinflussen. Praktisch und

---

116 Krauthahn, Pater Theodosius 20.21
117 Gadient, Caritasapostel 322f.
118 Zit. bei Gadient, Caritasapostel 321

freimütig sprach er über die damalige Einrichtung der Sonntags- und Fortbildungsschule in Chur.[119]

Wir vernehmen seine Äusserungen aus einem Beitrag in der SGG in Frauenfeld 1861: „Ich will erzählen, wie es bei uns steht in Chur. Wir haben dort eine Lehrlingsschule von 9-11 und von 1-3 Uhr. Nun ist betreffend dieselbe folgendes zum Vorschein gekommen. Die Fortschritte sind ordentlich, die Handschriften reinlich. Alle Meister sind beteiligt, dass sie ihre Lehrlinge in dieselbe schicken sollen. ... Aber ich habe keine Lehrlinge mehr in die Kirche gebracht. ... Wenn man vier Stunden in der Sonntagsschule gewesen, so mag man nicht noch in die Kirche gehen." Als Mittel zur Besserung fügte P. Theodosius an: „Ich habe 40 Sonntagsschulen zu gründen versucht. Zuerst hat man gemeint: das ist schön; man ist dafür begeistert gewesen, dann sind sie alltäglich geworden, daher Verminderung der Besuchenden, zuletzt drei und vier und das Ganze hörte auf. Da gilt es, bei den Leuten Lust zu wecken, dass sie gerne kommen. Das geschieht, indem man den Gesang benutzt und gesellige Unterhaltungen anknüpft."[120]

Neuregulierung der Pfarr- und Schulgemeinde auf dem Hof
1852 wurde der bis anhin in politischer, gerichtlicher und polizeilicher Beziehung selbständige „Hof" der Stadtgemeinde Chur einverleibt. Eine Neuregulierung des Kirchen- und Schulwesens wurde nötig. Aber die Vereinbarung dauerte noch mehrere Jahre, denn ein Entwurf von Statuten wurde von den Stadtvätern abgelehnt, weil sie einen „Staat im Staat" fürchteten. Es folgte ein jahrelanges Hin und Her zwischen dem gewählten Kirchenvorstand der Katholiken und den Stadtvätern. Da wandte sich P. Theodosius am 25. Mai 1858 an den Präsidenten der katholischen Standeskommission, um die Angelegenheit zum Abschluss zu bringen. Diesem Schreiben war endlich der gewünschte Erfolg beschieden.[121]

2. Als Prediger, Exerzitienmeister und Volksmissionar
Prediger
Theodosius war ein vielbegehrter Prediger, namentlich waren es neue Kirchen und Kapellen, in welchen er mit Vorliebe die Kanzel bestieg. Seine Missionspredigten

---

[119] Die Sonntagsschule war eine Art „Christenlehre" und umfasste die der Schule entlassenen Jugendlichen bis 18 Jahren. Auch die Schwestern führten immer wieder Sonntagsschulen.
[120] Zit. bei Fürer, Leben und Wirken 167ff.
[121] Gadient, Caritasapostel 326ff.

studierte er meist im Eisenbahnwagen. Öfter sah man ihn in einem solchen sinnenden Hauptes einsam in eine Ecke gedrückt.[122]

Um einen Eindruck seiner Wortgewaltigkeit in seinen Predigten zu bekommen, hören wir drei Zeitzeugen. Sr. Cornelia Fürer, die ihn in Chur erlebte, schrieb: „Stand er auf der Kanzel in seinem schlichten Ordenskleid, imponierend in Gestalt und ungezwungener, edler Haltung, er, der berühmte Mann mit dem langen, wallenden Barte, der kräftigen helltönenden Sprache, dem ernsten Antlitze, aus welchem ein geistvolles, aber freundliches Augenpaar hervorleuchtete; dann waren Aller Blicke auf ihn gerichtet, Alle hingen an seinem Munde, aus dem der silberklare Strom der göttlichen Wahrheit floss… Er predigte alle Sonn- und Feiertage in der Kathedrale und wusste mit seiner klaren, hinreissenden Beredsamkeit sich jedem Publikum anzupassen. Die hochgebildeten Herren und das einfältige, alte Mütterlein haben ihn verstanden."[123]

Sein Mitbruder P. Cajetan in Chur schreibt: „Das Predigen … war für ihn eine Erholung von den Mühen und den Strapazen der Arbeit. Geist und Körper befähigten ihn in gleicher Weise dazu, indem der eine unerschöpflich, der andere nicht zu ermüden war. Jeden Augenblick war er bereit, die Kanzel zu besteigen, und eine halbe Stunde Vorbereitung genügte ihm, um über jedes beliebige Thema geistvoll zu sprechen. Im engen Raum der Zelle oder im Refektorium auf und ab gehend, die Hände reibend oder den Bart streichend, holte er aus dem reichen Schatze seines Gedächtnisses oder aus dem Evangeliumsabschnitte des Tages einen Text hervor, zerlegte ihn, wie ein Prosector den Cadaver, mit logischem Scharfsinn in Abtheilungen und Unterabtheilungen und bildete sich ein Predigtgerippe, das auf der Kanzel Fleisch und Blut annahm."[124]

Der Protestant P.C. Planta schreibt: „Theodosius war ein machtvoller Prediger. Einfach und natürlich in der Form, kräftig und plastisch im Ausdruck, gehaltvoll durch reiche Lebenserfahrung und tiefe Menschenkenntnis, auch überzeugender Dialektik nicht bar, und stets durchglüht von religiöser Begeisterung, konnten seine Kanzelvorträge, unterstützt von einem wohllautenden Organ und seiner imposanten und hochverehrten Persönlichkeit, ihre Wirkung nicht verfehlen."[125]

Exerzitienmeister

P. Theodosius baute die Exerzitien in die gesamte religiöse Erneuerung ein.

---

122 Planta, Pater Theodosius 18
123 Fürer, Leben und Wirken 142
124 Krauthahn, Pater Theodosius 53f.
125 Planta, Pater Theodosius 18

Priesterexerzitien
Schon im Oktober 1846 führte er mit Professor Bäder in Chur zwei Exerzitienkurse für Priester durch, die auch Bischof Kaspar von Carl mit seiner Teilnahme beehrte. 1854 liess Bischof Mirer in der Kathedrale zu St. Gallen durch P. Theodosius und P. Verekundus Priesterexerzitien abhalten. Es beteiligten sich 77 Priester, mit ihrem Bischof an der Spitze. Schon 1855 kam ein Exerzitienkurs in Steinerberg SZ zustande. 1856 folgte ein Kurs in Altdorf, 1857 ein Kurs für den Klerus im Schloss Sonnenberg TG, 1860 in Schwyz. Theodosius verfasste am 24. August 1864 ein Circular: „Um dem hochw. Klerus die so heilsamen Exerzitien zu ermöglichen wird fortan sowohl im bischöflichen Seminar in Chur, als im Kollegium Maria Hilf Schwyz alle Jahre ein Triduum angeordnet, also, dass innert 2-3 Jahren der gesammte Klerus der Diözese den heiligen Übungen beiwohnen kann."[126]

Schwesternexerzitien
Den Höhepunkt der Exerzitientätigkeit erreichte P. Theodosius bei den Schwestern.[127] Öfters hielt er bei den Schwestern in Menzingen Exerzitien. Unvergesslich blieben in der Tradition von Ingenbohl die ersten Exerzitien im Nigg'schen Hof. Am 5. März 1856 schickte Mutter M. Theresia, selbst noch in Chur stationiert, einige Schwestern zum Aufräumen nach Ingenbohl. Man richtete in grosser Eile einige Räume ein, denn es galt das Gebäude notdürftig für die ersten Exerzitien mit Professfeier vorzubereiten. Für die Exerzitien kamen die Schwestern aus den Armen- und Waisenhäusern an. Acht Novizinnen legten am Ende der Exerzitien ihre ersten Gelübde ab; die Professschwestern erneuerten die heiligen Gelübde.[128]
Eine Schwester berichtet: „Wenn P. Theodosius am Schluss der heiligen Übungen an die scheidenden Schwestern aus der Tiefe des Herzens das letzte Abschiedswort richtete, wenn er noch einmal die Hand zum Segen ausstreckte, blieb kein Auge trocken, auch das seinige nicht."[129]

Lehrerexerzitien - Unwillen der Liberalen
P. Theodosius hatte im September 1859 in Schwyz Lehrerexerzitien gehalten. Darüber reagierten Zeitungen unfreundlich. Wie die Volksmissionen erregten auch die Exerzitien den Unwillen der Liberalen, besonders wenn diese ausserhalb eines

---
126 Fürer, Leben und Wirken 218
127 Vgl. Gadient, Caritasapostel 344
128 Mürb, Geschichte 1,27f. Vgl. Die Entstehung des Instituts der Barmherzigen Schwestern vom Heiligen Kreuz 150
129 Theodosia 56 (1941) 24f.

Klosters stattfanden. Als P. Theodosius 1859 in Solothurn bei einer Versammlung der SGG erschien, wurde er vom Rektor der zürcherischen Kantonsschule in freundschaftlicher Weise beim Mittagessen aufgefordert, ein Wort über die Exerzitien zu sprechen. Nach einigem Zögern begann Theodosius seine Erklärungen: „Wie die Offiziere, Soldaten und Rekruten von Zeit zu Zeit in Lagern sich sammeln, um sich für die Schwierigkeiten des Kampfes zu üben und zu stählen, so haben auch diejenigen, die in geistiger Beziehung besondere Berufspflichten zu erfüllen haben, von Zeit zu Zeit besondere Übungen notwendig. Und hieher gehören die Lehrer. In seinen Vorträgen habe er ihnen zunächst die Wichtigkeit des Lehrerberufes ans Herz gelegt. Wie die gegenwärtige Generation gebildet werde, so gestalte sich die künftige Gesellschaft." Er habe zu ihnen über die Pflichten gegenüber den Kindern, den Eltern, den Schulbehörden, der Gemeinde, der Erziehungsbehörde gesprochen. „Dann habe er ihnen ans Herz gelegt sich möglichst von Parteiungen fernzuhalten und alle Kinder gleichmässig zu behandeln; denn sie seien für die Kinder aller Parteien als Lehrer bestellt."[130] Mit diesen Worten machte P. Theodosius den besten Eindruck. Einzelne schwiegen, andere spendeten ihm Beifall, der Rektor aus Zürich schloss mit einem Hoch auf den Exerzitienmeister.[131]

Vorstoss in Rom
Im Verlauf des Jahres 1855 unterbreitete P. Theodosius dem General der Jesuiten den Vorschlag, in der Schweiz ein Haus zu gründen, das sowohl als Ausbildungszentrum für die Volksmissionäre wie als Exerzitienhaus dienen könnte. Der Generalprokurator des Ordens machte im empfehlenden Sinne dem Provinzial der Kapuziner Mitteilung von der Bitte des P. Theodosius und ersuchte ihn um seine Meinung. Im Provinzarchiv der Kapuziner liegen keine Äusserungen vor, die von einem solchen Versuch berichten.[132] Erst viele Jahre später ging dieser Wunsch des P. Theodosius in Erfüllung. Der Jesuitenorden übernahm 1929 das ehemalige Kurhaus und etablierte das erste Exerzitienhaus der Schweiz, das „Bildungshaus Bad Schönbrunn".

Volksmissionar
Die Tradition der Volksmission hatte sich bei den Kapuzinern in der Schweiz seit dem 17. Jahrhundert eingebürgert. Nachdem die Jesuiten 1848 verboten wurden,

---
130 Text abgedruckt bei Fürer, Leben und Wirken 166
131 Gadient, Caritasapostel 342
132 Vgl. ebd. 341, Anm. 88

waren die Kapuziner prädestiniert, in diese Lücke einzuspringen. Volksmissionen wurden das traditionelle Arbeitsfeld der Kapuziner.

P. Cajetan schreibt über die Bedeutung, die P. Theodosius den Volksmissionen beimass: „Missionen hielt er für ein schreiendes Bedürfnis der Zeit und er sah ungern Schranken, welche in einigen Kantonen die Entfaltung katholischen Lebens beengten. Nach der Vollendung des Kreuzspitalbaues warf er sich auf die Volksmission und im Vereine mit einer Anzahl Mitbrüder zog er von einer katholischen Gemeinde des Kantons St. Gallen in die andere und streute den befruchtenden Samen des göttlichen Wortes in das gelockerte Erdreich der Herzen seiner Zuhörer."[133]

Wie sehr P. Theodosius vom Segen und der Notwendigkeit der Volksmissionen überzeugt war, zeigt uns ein Unterricht auf das Fest des Hl. Vinzenz von Paul am 19. Juli. Er schreibt: „Man sagt: wir haben einen gescheiten und frommen Pfarrer und genug Unterricht, was brauchen wir fremde Priester? Zugegeben, dass euer Pfarrer gelehrt und eifrig ist, so bleibt doch wahr, dass er immer derselbe ist; dass der Eindruck seines Unterrichts allmählich geringer wird; dass er in seiner Amtsverwaltung zuweilen wehe tun muss und infolgedessen bei vielen das Vertrauen verliert; dass trotz seines unermüdeten Eifers durch das Zusammenwirken verschiedener Umstände der religiöse Sinn erkaltet, die Anhörung des Wortes Gottes abnimmt, Lauigkeit und Sünde überhandnimmt."[134]

1854 hielten die Kapuziner in Buochs NW die ersten Volkmissionen. Dann noch in Appenzell. 1855 wurden neben St. Gallen in Waldkirch, Oberriet, Mels und Chur Volksmissionen abgehalten. Berühmt sind jene in der Stadt St. Gallen geworden. Bischof Mirer schrieb am 4. Januar 1855 an den Provinzial P. Luzius: „Die Hauptstadt des Kantons ist wie überall ein Sammelplatz von Menschen aller möglichen Klassen und Glaubens- und Gesinnungsstufen. Es muss daher das Augenmerk auf Männer gerichtet werden, welche der grossen und schwierigen Aufgabe gewachsen sind, umso mehr, als man aus der Erfahrung her kennt, dass die Missionen auch von Protestanten fleissig besucht werden und mancher Atheist und Pantheist durch tüchtige Missionäre wieder zum Glauben zurückgeführt wird."[135] Diese Volksmission dauerte 1855 vom Aschermittwoch bis zum 2. Fastensonntag. P. Theodosius, P. Anizet und Pfarrer Federer teilten sich an die 35 Predigten. An der Schlusspredigt in St. Gallen sollen 7000-8000 Personen teilgenommen haben.

---

133 Krauthahn, Pater Theodosius 54
134 Leben der Heiligen Gottes III,142
135 Zit. bei Müller Martin, Theodosius Florentini in Diaspora und in Volksmissionen, in: Theodosius Florentini (1808-1865), Vir famosus. Festschrift zum 200. Geburtstag, HF 38/1, 75-93,89

1856 hielt P. Theodosius noch in Vals und Hospenthal Volksmissionen.[136] Nach dieser Zeit erscheint er nicht mehr in den Berichten über Volksmissionen.

3. Seelsorge durch Vereine und Presse

Wollte P. Theodosius das katholische Leben in der Schweiz neu beleben, musste er seinen Blick auch auf die Vereinigung der Katholiken im öffentlichen Leben richten. Immer ging es ihm darum, die Kräfte zu sammeln und zu einen. Zunächst galt sein Interesse dem Piusverein.

„Seele" des Schweizerischen Piusvereins

Die Piusvereine verfolgten den Zweck: „Bewahrung und Erhaltung des katholischen Glaubens, sowie eifrige Betätigung desselben durch christliche Liebeswerke, Pflege katholischer Wissenschaft und Kunst."[137] P. Theodosius fehlte an keiner Generalversammlung.[138]

An der Gründungsversammlung am 21. Juli 1857 in Beckenried NW wurde er Ehrenmitglied des Zentralkomitees. Bei der zweiten Generalversammlung in Schwyz am 23. und 24. August 1859 hatte P. Theodosius das Hauptreferat zum Thema: „Zeitbedürfnisse der Katholiken und die Mittel zu deren Abhilfe."[139] Die Rede, die er in Schwyz hielt, war eine Programmrede für die katholische Schweiz. P. Theodosius wies auf verschiedene Punkte hin, die der besonderen Aufmerksamkeit und Pflege in der Gegenwart nötig sind: Familienzustände, Schule, Diaspora, Presse, Zeitungen, Werke christkatholischer Nächstenliebe, Fabriken: „Sollten wir Katholiken nicht anfangen, auch Fabriken zu bauen? Die Christianisierung der Fabrik aber: das ist unsere Losung."[140]

Die dritte Generalversammlung fand am 22./23 August 1860 in der Maria-Hilf-Kirche Luzern statt. P. Theodosius sprach über den „Einfluss des Christentums auf die Familie."[141] Die vierte Generalversammlung hielt ihre Sitzung am 21./22 August 1861 in der Kollegiums-Kirche in Fribourg. P. Theodosius sprach am ersten Tag über das Lehrlingspatronat und am zweiten Tag wies er den der kath. Kirche oft

---

136 Ebd. 90
137 Vgl. Fürer, Leben und Wirken 169
138 Steiner Alois, Der Piusverein der Schweiz. Von seiner Gründung bis zum Vorabend des Kulturkampfes 1857-1870, Stans 1961,47f.
139 Text abgedruckt in Fürer, Leben und Wirken 177ff.
140 Vgl. ebd. 183f.
141 Fürer, Leben und Wirken 185

gemachten Vorwurf zurück, dass sie staatsgefährlich sei. Im folgenden Jahr behandelte er am 19./20 August 1862 in Solothurn die Frage des christlichen Patronats. Er sprach über die Sorge um bestimmte Personen: Arme, Lehrlinge und Gesellen, Dienstboten, Verdingkinder.[142] An der fünften Generalversammlung am 26./27. August 1863 in Einsiedeln griff er das Diasporaproblem auf und sprach seine Ideen und Erfahrungen über die Beziehungen zu den Protestanten aus. Er ergriff Partei für den Verein der Inländischen Mission.[143] Der in Sitten veranstalteten Generalversammlung am 14./15. September 1864 wurde das Namensverzeichnis der verstorbenen Mitglieder verlesen. P. Theodosius ahnte dabei nicht, dass im nächsten Jahr sein Name auf der Totenliste stehen würde.

Nach seinem Tod 1865 sprach der Präsident Graf Scherer-Boccard mit bewegter Stimme in Sachseln: „Die Seele und die Hauptstütze des Vereins" wurde hinweg genommen. „Pater Theodosius hat für die Aufgabe des Piusvereins mehr gethan, als wir alle zusammen. Aber, wenn er heute nicht mehr unter uns weilt, und wir seinen Rath und seine Stimme nicht mehr vernehmen können, er hat dennoch nicht aufgehört, Mitglied unseres Vereins zu sein; dort im himmlischen Vaterlande hilft er uns durch seine Fürbitte, für das Wohl des von ihm so innig geliebten schweizerischen Vaterlandes zu rathen und zu tathen."[144]

Mitbegründer und Mitarbeiter des Vereins der inländischen Mission

Wohl die Erfahrungen in Deutschland brachten P. Theodosius auf den Gedanken, auch in der Schweiz die Gründung eines Hilfsvereins zugunsten der katholischen Diaspora in Angriff zu nehmen. Gleichsam als Vorbild für das schweizerische Modell rief er in Chur fast ganz auf seine Initiative hin am 8. März 1856 den Luziusverein ins Leben. Sein Zweck war primär „eine umfassendere und ausgedehntere Wirkung und Förderung des katholischen Lebens und Glaubens".[145]

In der katholischen Öffentlichkeit propagierte P. Theodosius dann als erster die Idee einer organisierten Diasporahilfe.[146] P. Magnus Künzle schreibt: „An eine Gründung von einem eigentlichen Vereine für Hilfe in der Diasporafrage dachte damals unseres Wissens noch niemand. Da war es wieder P. Theodosius, der in der zweiten Tagung des schweizerischen Piusvereins in Schwyz den 23. August

---

142 Text abgedruckt ebd.186
143 Ebd. 208; Gadient, Caritasapostel 362f.
144 Fürer, Leben und Wirken 212
145 Künzle Magnus OFMCap, Am Aufbau der Diaspora, in: Die Schweizerische Kapuzinerprovinz. Ihr Werden und Werken. Einsiedeln 1928, 243-272, hier: 244
146 Brülisauer Richard, Die Inländische Mission 1863-1913. Institutionalisierte Diasporahilfe in der Schweiz, Lizentiatsarbeit Freiburg/Schweiz 1993,50

1859 diesen Gedanken zum ersten Male aussprach."[147] Er empfahl den inländischen Missionsverein schon vier Jahre vor seiner Gründung.
1863 wurde der Herzenswunsch des Redners verwirklicht. P. Theodosius fand vor allem in Zürich beim Zuger Arzt Dr. Zürcher-Deschwanden ein offenes Ohr.[148] Der Präsident des Piusvereins konnte an der Sitzung des Zentralkomitees in Luzern am 11. Mai 1864 sagen, der inländische Missionsverein sei „mit Beihilfe des P. Theodosius und Herrn Zürcher-Deschwanden ins Leben gerufen worden. Mehr als einmal wurde in den damaligen Tagesblättern der Verein einfach „Theodosiusverein" genannt.[149]

Gründer des „Katholischen Vereins für die Verbreitung guter Bücher" 1859
Eine weitere soziale Organisation gründete P. Theodosius im sogenannten Bücherverein. 1852 sprach er in Menzingen bei der 3. Versammlung des Hilfsvereins des Lehrschwesterninstituts und fragte: Auf welche Weise kann ein Verein zur Verbreitung guter Bücher gebildet werden? Dabei wies er auf Vorbilder in Deutschland hin.[150]
So gründete er in Schwyz mit Hilfe von Kommissar Tschümperlin Ende 1859 einen katholischen schweizerischen Bücherverein und verband ihn mit der Druckerei „Paradies" in Ingenbohl. Der Jahresbeitrag wurde auf 3 Fr. angesetzt, wogegen den Mitgliedern eine Jahresgabe im Umfang von ca. 1000 Seiten zugesichert war. 1860 zählte der Verein bereits 452 Mitglieder. Das Jahr 1860 brachte die erste Vereinsgabe; sie bestand aus dem 1. Band vom „Leben der Heiligen Gottes". Nach dem Tod von P. Theodosius übernahm der Piusverein die gleichsam verwaiste Organisation und machte sie zu einer schweizerischen Angelegenheit.[151]

---

147 Künzle, Diaspora 245; vgl. Fürer, Leben und Wirken 208
148 Melchior Zürcher-Deschwanden war Gründer und Seele des Vereins und leitete die Inländische Mission von 1863 bis zu seinem Tod 1902; vgl. Brülisauer, Inländische Mission 57 u. 71-73
149 Künzle Magnus OFMCap,, Der Kapuzinerpater Theodosius Florentini und die Zürcher Katholiken, in: Diaspora-Kalender 33 (1933) 23-30, hier: 24
150 Henggeler Rudolf OSB, Das Institut der Lehrschwestern vom Heiligen Kreuze in Menzingen (Kt. Zug) 1844-1944, Menzingen1944,69
151 Gadient, Caritasapostel 350f.

Presse, Schriftstellerei

Der Bücherverein hing eng zusammen mit der Pflege der guten Presse. Des öftern empfahl P. Theodosius die gute Presse in seinen Reden des Piusvereins. In Fribourg sprach er 1861 an der Generalversammlung: „Es soll dem unkirchlichen, irreligiösen und leichtfertigen Bücherwesen mit Kraft entgegengewirkt werden."[152] P. Theodosius entwickelte in Altdorf eine grosse literarische Tätigkeit, um die Ausbildung der ersten Schwesternkandidatinnen finanzieren zu können. Er übersetzte französische Texte. 1836 war in Paris die Herz Mariä-Bruderschaft gegründet worden. P. Theodosius übersetzte das Handbuch dieser Bruderschaft; es erschien 1843 bei Benziger Einsiedeln. Unter der Überschrift „Jungvolk im Gebete" verfasste er in Chur drei Kinder- und Jugendgebetbücher. Das Gesangbüchlein für die Kinder der ersten Klassen eilte auch kirchenmusikalisch seiner Zeit voraus. Es erschien 1846 und erlebte bis 1888 nicht weniger als 28 Auflagen.[153] P. Theodosius wagte sich an den in der ganzen katholischen Welt bekannten Goffiné, einem religiösen Hausbuch, und unterwarf ihn einer gänzlichen Umarbeitung. In Hunderttausenden wurde er in Europa und Amerika verbreitet.[154]

Das bedeutendste Werk des P. Theodosius ist das „Leben der Heiligen Gottes" und umfasst vier Bände. Die Darstellung des Lebenslaufs des Heiligen geht auf ein von Denin verfasstes siebenbändiges Werk zurück. Aber in den „Unterrichten" finden wir den persönlichen Geist des P. Theodosius. Prof. Decurtins schreibt darüber: „Diese Betrachtungen enthalten eine reiche Lebensweisheit, herausgewachsen aus einer scharfen Beobachtung der Menschenseele mit ihren sonnigen Seiten und dunklen Abgründen. Erfährt man dazu, dass P. Theodosius die meisten seiner Legenden im Eisenbahnwagen geschrieben hat, so ahmt man die Eigenart und Grösse des Mannes, den das dahineilende Dampfross nicht abhielt, wohl aber anregte, das Herz bei Gott und seinen Heiligen und bei den des Rates und der geistlichen Hilfe, bedürftigen Mitmenschen weilen zu lassen."[155] Den letzten Band konnte Theodosius nur noch bis Allerheiligen vollenden. Aber es fanden sich noch Vorarbeiten für die zwei letzten Monate. Diese Entwürfe wurden von P. Honorius Elsener und P. Viktor Brunner im Geiste des Verfassers zu Ende gebracht.[156]

---

152 Künzle Magnus OFMCap, Gedenkblätter zum 50. Todestag von P. Theodosius Florentini. Beilage zum „Fidelisglöcklein", Schwyz 1915,15
153 Vgl. Samson, Reformwerk 12
154 Der Goffiné stammte vom Prämonstratenser P. Leonhard Goffiné
155 Decurtins, Pater Theodosius Florentini 15
156 Gadient, Caritasapostel 351

4. Aufbau des kirchlichen Lebens in der Diaspora

Vom Einsatz des P. Theodosius zur Gründung des schweizerischen Vereins der „Inländischen Mission" war bereits die Rede. Bevor auf seine Einsätze als Generalvikar von Chur eingegangen wird, soll kurz die konfessionelle Situation beschrieben werden, die P. Theodosius antraf.

Die Entstehung der Diaspora

P. Theodosius kam in eine Zeit, in der die Vermischung der Konfessionen wirksam wurde. Die in der Verfassung von 1848 garantierten Freiheiten schufen eine völlig neue Situation. Die Möglichkeit, den Wohnort über die Kantonsgrenzen hinaus frei wählen zu können, brachte die Bevölkerung in Bewegung. Das steigende Arbeitsplatzangebot der Städte und ihrer Agglomerationen liessen vor allem eine Wanderbewegung aus ländlich-katholischen Gebieten in die städtisch-industriellen Zentren der ursprünglich reformierten Kantone entstehen. Die aus ländlichen Gebieten erfolgten Auswanderungen führten zu einer Vermischung der Konfessionen und liessen in den reformierten Orten starke katholische Diasporakolonien entstehen.[157]

Es bestand die Gefahr der Entfremdung von der katholischen Kirche in reformierten Städten. Die von Rom und den Bischöfen rigoros eingeschärften Warnungen vor der Mischehe vermochten nicht zu verhindern, dass zahlreiche Katholiken in der Diaspora zum reformierten Glauben übertraten oder die strengen Vorschriften der katholischen Kindererziehung nicht einhielten. Eine neue Form der Zusammenarbeit unter den christlichen Konfessionen wurde notwendig. Mit der Einwanderung so vieler Katholiken hatte sich ein Umbruch ergeben, der neue Wege und Ziele erforderte. P. Theodosius erwies sich in der Diasporafrage als Anreger und Prophet.

Der Einsatz des P. Theodosius als Generalvikar im Kanton Zürich

P. Theodosius hatte grosses Verständnis für die Diaspora-Katholiken. In irgendeiner Weise bemitleidete er sie. Zum Fest des Hl. Felix von Valois schrieb er einen Unterricht über die Situation der Diaspora-Katholiken: „Die Kinder wachsen auf ohne genügenden katholischen Unterricht, die Erwachsenen entbehren des katholischen Gottesdienstes, sie entbehren des Empfangs der heiligen Sakramente, der Empfang derselben ist wenigstens oft mit grossen Schwierigkeiten verbunden,

---

[157] Diasporakantone: ZH, BE, GL, BS, BL, SH, AR, TG, VD, NE. Paritätisch sind: SO, SG, GR, GE, AG.

sie entbehren all der Anregungen zu einem frommen, tugendhaften Wandel, welche der gesamte äussere Gebrauch des Gottesdienstes der katholischen Kirche so reichlich in sich trägt, und es fehlt ihnen in Freud und Leid, im Leben und insbesondere im Sterben die treue und trostvolle Hirtensorge eines katholischen Seelsorgers."[158]

In seinem Amt als Generalvikar nahm sich P. Theodosius mit grossem Einsatz der Seelsorge der Diaspora-Katholiken im Bistum Chur an. In den fünf Jahren, welche ihm als Generalvikar blieben, schaffte er es, im Kanton Zürich die ersten kirchlichen Strukturen zu errichten.

Einpfarrung von Randkatholiken - Anbindung an Bestehendes
Es konnte unmöglich an allen Orten, wo Katholiken sich aufhielten, katholische Pfarreien mit Kirchen errichtet werden. Man musste zum organisierten Anschluss an angrenzende katholische Gemeinden Zuflucht nehmen. Die Anregung, diese Frage in Angriff zu nehmen, ging vom bischöflichen Offizial von St. Gallen, Domdekan Karl Greith, aus. P. Theodosius handelte und schaffte 1861 mit Greith eine Übereinkunft aus, nach der Diasporagebiete der Kantone Zürich und Appenzell gleichmässig an nahegelegene, bestehende Pfarreien angebunden wurden.[159] Die bestehenden Pfarreien bekamen dadurch einen viel grösseren Seelsorgebezirk und umfassten neben den Gläubigen in der Pfarrgemeinde noch die zugewanderten Katholiken in einem oft weit entfernten Fabrikdorf. Dieses Projekt war aber eher als Übergangslösung gedacht bis zur Einrichtung neuer Formen der Diasporaseelsorge.[160]

Errichtung eigener Missionsstationen
Das stete Wachstum der Zahlen katholischer Einwohner in Zürcher Gemeinden liess P. Theodosius die zwischenzeitliche Idee der „Wandermissionare" verwerfen. Es konnten die kantons- und bistumsübergreifenden Notlösungen überwunden werden. Auf Anregung von Domdekan Greith aus St. Gallen wurde der Plan gefasst, im Kanton Zürich vier Missionsstationen zu errichten: Winterthur,

---

158 Leben der Heiligen IV,428
159 Für das Zürcher Oberland waren grenznahe St. Galler Pfarreien; Uster, Gossau ZH und Kyburg konnten Winterthur zugeteilt werden, wo bereits die Gründung einer Pfarrei im Gang war. Der Pfarrei Rapperswil wurden die Katholiken in Stäfa, Hombrechtikon und Umgebung zugeteilt. Die katholischen Einwohner Rüti wurden von zwei Pfarreien aus betreut: Jona und Eschenbach usw. Vgl. Müller, Diaspora und Volksmission 81
160 Müller, Diaspora und Volksmission 85

Stäfa/Hombrechtikon, Rüti/Bubikon und Wald/Fischental. An dieser Stelle soll nur die Pfarreigründung von Winterthur erwähnt werden.

Die katholischen Einwohner von Winterthur ergriffen selber die Initiative. 1862 erreichten sie die staatliche Anerkennung einer Kirchgemeinde. Am 10. August 1862 konnte P. Theodosius nach fast 350 Jahren den ersten katholischen Gottesdienst in Winterthur feiern.[161] Seine Predigt war ein Meisterwerk von Klugheit. Der Winterthurer Landbote schrieb hierüber: „P. Theodosius vermied alles und jedes, was auch nur entfernt auf irgendeine Art und Weise wehetun oder missdeutet werden konnte, und zwar ohne Zwang mit aller Unbefangenheit. Damit hat er seine Aufgabe mustergültig gelöst, seinen Nachfolgern auf dieser Kanzel den Weg gezeigt".[162]

Auf den Monat Juli 1863 wusste P. Theodosius in der Person des Herrn Portmann einen ausgezeichneten Priester für die Pastoration der Gemeinde zu gewinnen. Die Winterthurer Katholiken verehren in P. Theodosius Florentini den Gründer ihrer Pfarrei. In einem Briefe der Kirchenpflege an die Adresse der „wohlerw. Frau Mutter Sr. Theresia Scherer in Ingenbohl" vom 27. Juni 1866 heisst es: „Wohl niemand hat durch den plötzlichen Hinschied des hochseligen Herrn P. Theodosius so schweren Verlust erlitten als die katholische Gemeinde Winterthur, deren Aufblühen und Gedeihen er mit grossem Interesse verfolgte und welcher er, wäre er nicht sobald seiner Tätigkeit entrissen worden, ohne Zweifel auch ferneres Wohlwollen noch tatsächlich bewiesen hätte."[163]

Stadt Zürich

Auch die Stadt Zürich erfuhr die Aufmerksamkeit von P. Theodosius. Er bemühte sich, den damaligen Pfarrer von Reiden LU, Johann Sebastian Reinhard, als Pfarrer für Zürich zu gewinnen. Er wurde von der Zürcher Regierung am 5. Juli 1863 zum Pfarrer der katholischen Gemeinde an der Augustinerkirche gewählt. Was dem Altkatholizismus nicht zum Opfer fiel, wurde hauptsächlich von Pfarrer Reinhard und P. Theodosius gerettet.[164]

Ein grosses Verdienst seiner Wirksamkeit für die Gemeinde in Zürich besteht in seinen öfteren Predigten. Leider haben wir nur sehr wenige Daten hierüber. Wir wissen nur, dass er dies am 29. März und 5. April 1863 und am 15. Mai 1864 getan

---

161 Künzle, Diaspora 262
162 Künzle, Zürcher Katholiken 29
163 Ebd. 28; Gadient, Caritasapostel 399
164 Künzle, Zürcher Katholiken 29

hat. Auch soll er im Jahre 1863 ein Triduum in der Augustinerkirche gehalten haben. Allgemein wird hervorgehoben, dass er eben in aller Klarheit und Überzeugungstreue die katholische Lehre verkündet habe.[165]

5. Einsatz für die Einigung der katholischen Schweiz in der Schweizerischen Bischofskonferenz

Verschiedene Ereignisse drängten den Piusverein von Luzern, 1859 einen Antrag bei der Generalversammlung einzureichen. Dieser enthielt den Wunsch, der Episkopat und der Klerus sollten eine energische Haltung einnehmen gegenüber den Eingriffen des Staates. Es bestand nun die Gefahr, dass die Haltung der schweizerischen Bischöfe öffentlich kritisiert wurde. Und das konnte sich der Schweizerische Katholizismus damals nicht leisten.

Etienne Marilley, Bischof von Lausanne-Genf (1846-1879), machte bei einem Besuch im Ordinariat St. Gallen die mündliche Anregung zu einer Bischofskonferenz. P. Theodosius ging mit Freude auf den Plan ein und gestand: „Wir haben selbst schon eine Zuschrift an sämtliche Ordinariate bearbeitet."[166] Er schrieb am 30. November 1860 an das bischöfliche Ordinariat von Chur und bat um allseitige Empfehlung des Projektes und fügte bei: "Davon darf uns nichts abhalten. Das Bedürfnis, besonders in Bezug auf Mischehen und Mischschulen ist vorhanden, eine konfidentielle Besprechung kann in keinem Fall zum Nachteile werden. Einigung und festes Wirken kann nur Segen bringen."[167] Er schrieb auch an Bischof Marilley, die geplante Konferenz sei von sehr grosser Bedeutung.[168] Und an den Bischof von Sitten: „Ich erhoffe mit Zuversicht von der Konferenz eine neue Kräftigung des katholischen Glaubens und Lebens unter den Geistlichen und Gläubigen unserer hl. Kirche.[169]

Schon Bischof Marilley hatte gewisse praktische Fragen zur Behandlung durch die Bischöfe vorgeschlagen, denen P. Theodosius folgende Punkte hinzufügte: Verbreitung guter Bücher und Zeitungen, Sorge für genügenden Priesternachwuchs, Synodalversammlungen und Exerzitien, Vollmachten, Dispensen und Dispenstaxen, gemeinsame Grundsätze für Beerdigung von Katholiken, Erziehungsfragen,

---

165 Ebd. 28
166 Vgl. Steiner Alois, Der Piusverein 145; vgl. Anm. 25
167 Gadient, Caritasapostel 420
168 Auch am 30. November 1860
169 Am 6. September 1861

neutrale Schule, Feiertage und Fasttage, Einheits-Katechismus, eine jährliche gemeinsame Ansprache der Bischöfe an den Klerus und an das Volk, stete Verbindung unter den Bischöfen.[170]

Am 3. und 4. Dezember 1861 kamen die Generalvikare zu einer vorbereitenden Generalversammlung zusammen, um einem seit langem gefühlten Bedürfnis entgegenzukommen. 1863 wurde die Schweizer Bischofskonferenz als die weltweit erste Versammlung der Bischöfe eines Landes gegründet, die regelmässig zusammentrifft, rechtlich strukturiert ist und sich mit kirchlichen Leitungsfunktionen befasst. Freiburg fiel die Ehre zu, die Bischöfe der Schweiz zur ersten Konferenz aufzunehmen. Wieder war P. Theodosius als Vertreter seines Bischofs anwesend. Darüber schrieb das „Bündner Tagblatt" am 3. Februar 1864: „Diese Übereinkunft ist wesentlich das Werk des hochw. Herrn Generalvikars Theodosius." Die Traktanden einer nächsten Konferenz in Chur erinnerten weiterhin an P. Theodosius. Dieser aber weilte nicht mehr unter ihnen; die Bischöfe konnten nur noch sein Grab besuchen.[171]

6. Vorbote der Ökumene

Im Zusammenhang mit der Entstehung der Diaspora sahen wir, dass eine Vermischung der Konfessionen wirksam wurde und eine neue Form der Zusammenarbeit unter den christlichen Konfessionen notwendig machte. P. Theodosius bekam den Übergang von der geschlossenen, weltanschaulich einspurigen Gesellschaft in die moderne, offene pluralistische Gesellschaft zu spüren.

Protestanten und Katholiken nebeneinander für ihre Konfession wirken

P. Theodosius bekannte sich offen und entschlossen zur katholischen Kirche, aber sein Offensein für die Bedürfnisse der Zeit brachte ihn in einen inneren Zwiespalt. Selbst treue reformierte Freunde hatten bisweilen Mühe, ihn zu verstehen. Der Protestant, Peter Conradin Planta, schrieb in seiner Biographie: „Die Persönlichkeit des P. Theodosius war längere Zeit Vielen ein Räthsel, ja, insbesonders bei Protestanten, Gegenstand des Misstrauens. Ist es reine philantropische Begeisterung, so fragte man, welcher seine Thaten und Werke entstammen, oder wird er

---

170 Gadient, Caritasapostel 420; P. Theodosius legte seinen „Entwurf" dem Brief vom 6. September 1861 an den Bischof von Sitten bei.
171 Fürer, Leben und Wirken 220

von Hintergedanken geleitet? Sind seine gemeinnützigen Werke Selbstzweck oder sollen sie nur zur Verherrlichung der katholischen Kirche und zur Bekämpfung des protestantischen Geistes dienen?"[172] Dieser Schleier schien durch eine von P. Theodosius im Oktober 1857 in Salzburg in einer Versammlung der katholischen Vereine gehaltenen Rede gelüftet. Diese Rede ist ein klassischer Ausdruck dieses Zwiespaltes. Sie erregte in Graubünden, sowie in der übrigen Schweiz grosses Aufsehen; besonders die Protestanten wurden in Aufregung versetzt. „Nun ist es klar", so hiess es, „dass Pater Theodosius nicht blos geistlicher Wohltäter, sondern auch Schwertträger der streitenden Kirche ist, dass seine philanthropischen Anstalten nicht Selbstzweck im Interesse der leidenden Menschheit sind, sondern nur als Mittel zur Verherrlichung und wenn möglich der Ausbreitung des Katholizismus dienen sollen, jetzt ist es namentlich klar, weshalb er seine Lehr- und barmherzigen Schwestern zu verbreiten und in Chur ein ‚Kloster' zu gründen sucht. Somit kann gegenüber einem, der offenbar im Dienste des Ultramontanismus steht, das Vertrauen, das man ihm bisher schenkte, nicht aufrecht erhalten werden."[173]

Diese Anschuldigungen, die auch in der Presse lautes Echo fanden, veranlassten P. Theodosius am 15. November 1857, sich in der Kathedrale in Chur in einem Kanzelvortrag über seine Salzburgerrede zu erklären. Die Kirche war von Zuhörern, besonders auch protestantischen, gestopft voll. Er erklärte, in der Rede in Salzburg habe er die Lage der Katholiken in der Schweiz gegenüber Anschuldigungen vom Ausland verteidigt, als ob die Schweiz ein Herd von Revolutionen sei und die Katholiken kaum mehr schnaufen könnten, man versuche sie überall zu verdrängen. Von der Situation der Katholiken in Chur sagte er: „Die Stadt Chur ist loyal, dass sie Katholiken und Protestanten friedlich nebeneinander leben lässt." Dann trat P. Theodosius für ein klares Bekenntnis zu seiner Konfession und damit auch für echte Toleranz ein: „Protestanten und Katholiken müssen recht sein, was sie sein wollen, sonst hören sie auf, Protestanten und Katholiken zu sein. Jede Confession muss in ihren Schulen einen ihr entsprechenden Geist pflanzen, sonst geben sie sich selber auf." Er schloss mit den Worten: „Darum, liebe Mitchristen, lasst uns in Frieden auf unserer Basis nebeneinander wirken." Niemandem dürfe das Recht abgesprochen werden, für seine Überzeugung Propaganda zu machen.[174]

---

172 Planta, Pater Theodosius 77ff., Bünter, Der Wegbereiter 20f.
173 Planta, Pater Theodosius 78
174 Die Offenheit und Geradheit, die sich in diesem Kanzelwort aussprachen, geboten auch dem Gegner Achtung. Nur der Stadtrat fand sich durch diese Rede nicht beruhigt. Denn

Protestanten und Katholiken miteinander im Angehen der sozialen Frage
Die sozialen Umwälzungen, der Sinn für das Praktische und Machbare hatten P. Theodosius schon lange veranlasst, mit Reformierten, mit Liberalen und Radikalen zusammenzuarbeiten, wo immer sich Probleme leichter lösen liessen. Seine Haltung gegenüber der neuen Zeit brachte ihn in Verbindung mit Protestanten und Vertretern der radikal-liberalen Partei. Verbunden im Kampf gegen die Armut fanden sich Protestanten und Katholiken zusammen über die Grenzen von Konfession und Sprache hinweg. So stellte Philipp Anton Segesser fest: „Mit Protestanten verkehrte er ebenso freundlich wie mit seinen Glaubensbrüdern."[175]

Projekt der Heimindustrie in Chur 1849
In Chur wirkte er zusammen mit dem Protestanten Peter Conradin Planta, dem Mitbegründer und langjährigen Präsidenten der 1847 gegründeten Sektion Chur der SGG. P. Theodosius versuchte, die in andern Kantonen sich günstig auswirkende Heimarbeit auch in Graubünden einzuführen. Den entscheidenden Anstoss zur Verwirklichung des Planes gab die Gründung und Zweckbestimmung der Sektion Chur. Planta bezeichnete als Zweck die „Beförderung der inländischen, ganz besonders der häuslichen Industrie, weil sie von den krankhaften Ausschweifungen der eigentlichen Fabrikation sich fernhaltend und vermöge der Leichtigkeit, mit welcher sie sich mit Landwirtschaft und Viehzucht verbinden lasse, am geeignetsten sei".[176] Ehe die SGG schlüssig wurde, hatte P. Theodosius auf eigene Initiative hin die Seidenweberei an die Hand genommen.[177]

Aufnahme von Protestanten in den sozialen Werken
Im Kreuzspital und in der Waisenanstalt in Chur wollte P. Theodosius unentgeltlich „die bedürftigsten und verlassensten Kinder und Kranken" aufnehmen. In seinem Empfehlungsschreiben für den 10-Rappen-Verein bettelte er um Unterstützung, weil sonst die Aufnahme von „Leidenden beider Confessionen" nicht möglich ist. Er empfiehlt die „Theilnahme allen Freunden der leidenden Menschheit, besonders der hochw. Geistlichkeit beider Confessionen".[178]

---

bald hernach nötigte er P. Theodosius, das Mutterhaus der Barmherzigen Schwestern von Chur zu entfernen. Vgl. Gründer des Instituts der Barmherzigen Schwestern 148f.,159f.
175 Segesser, P. Theodosius Florentini 445
176 Zit. bei Bünter, Industrielle Unternehmungen 61
177 Vgl. Anwalt der Würde des arbeitenden Menschen 207f.
178 20. August 1854: Empfehlung zur Subscription von 10 Rappen pro Monat. GenArchiv SCSC 05-225

Referate und Beiträge bei der Schweizerischen Gemeinnützigen Gesellschaft[179]

P. Theodosius war gegen eine rein humanitäre Ausrichtung des Wohlfahrtswesens und hielt mit seinen Bedenken nicht zurück. Das hinderte ihn nicht, das Gute, das von den Bestrebungen anderer ausging, anzuerkennen und so gearteten Organisationen beizutreten. Er trat der neutralen SGG bei, obwohl er selbst eifriger Gründer und Vertreter spezifisch katholischer Vereine war.

Das unternehmerische Talent und der Glaube an die Zukunft, sein Einsatz für Schule, Humanität und Volksbildung rückten das praktisch Machbare und Notwendige in den Vordergrund und liessen die ideologischen Grundlagen verblassen. P. Theodosius stimmte mit den Zielen der SGG auf den Gebieten des Erziehungs-, Armen- und Gewerbewesen sowie der Industrialisierung überein. Sein Mut und seine Risikobereitschaft machten Eindruck. So kam es, dass er an den Versammlungen ein gewichtiges Wort mitsprechen konnte. Mehrmals hielt er grössere Referate.

In Solothurn kam es am 29. September 1859 zu einer Verbrüderung zwischen Dekan Häfeli aus Zürich und P. Theodosius. Es geschah abends auf einem Spaziergang nach St. Verena. Weg und Zugang wurden mit Pechfackeln beleuchtet. Hoch oben zwischen Felswänden stand ein flammendes Kreuz. Neben der Kapelle sprachen Dekan Häfeli und P. Theodosius. Dieser sprach über die allen Konfessionen gleich heilige Pflicht, für die Kranken und Kinder zu sorgen. Nachdem der Kapuziner geendet hatte, schritt der protestantische Zürcher Dekan auf ihn zu, umarmte und küsste den Ordensmann.[180] Ähnliches geschah zwei Jahre später am 18. September 1861 in Frauenfeld. Er erntete für seine Beiträge wiederum lebhaften Applaus. Als er um einen Trinkspruch angegangen wurde, hob er sein Glas auf die Toleranz und den Frieden der Konfessionen.

Durch Freundschaften mit Gesinnungsgenossen gelang es P. Theodosius auch, Geldmittel zu bekommen, die der engere konfessionelle Kreis niemals hätte bereitstellen können.[181] In seiner Verteidigungsrede in Chur im November 1857 sagte er: „Ich habe von Protestanten und von Radikalen viele Unterstützung genossen;

---

[179] Die SGG wurde 1810 als Verein von engagierten und aufgeklärten Bürgern gegründet. Im Vorfeld der Entstehung des Schweizerischen Bundesstaates und nach seiner Gründung 1848 war die SGG die wichtigste soziale und sozialpolitische Organisation der Schweiz. In der SGG sammelten sich vor allem die sozial engagierten Bürger. Sie bestand zum grössten Teil aus reformierten, liberalen und radikal gesinnten Männern.

[180] Hunziker Walter, Geschichte der Schweizerischen Gemeinnützigen Gesellschaft 1810-1960, Zürich 1960,115; Gadient, Caritasapostel 192

[181] Gadient, Caritasapostel 439

es sind zum Theil meine persönlichen Freunde; ich danke ihnen öffentlich für ihre Gaben, sie haben Werke christlicher Nächstenliebe unterstützt."[182]

Austausch zwischen katholischen und protestantischen Pädagogen
P. Theodosius scheute sich nicht, bei der Konzipierung seiner Erziehungsanstalten auch auf nichtkatholische Pädagogen zurückzugreifen. Lothar Samson stellt fest: „Überhaupt muss man feststellen, dass zwischen der katholischen und protestantischen Pädagogik damals ein reger Gedankenaustausch stattgefunden hat."[183] In philosophisch-pädagogischer Hinsicht beschäftigte sich P. Theodosius u.a. mit dem Philanthropen und Protestanten Christian Gotthilf Salzmann. Wenn er sonst die rein natürliche Einstellung der Aufklärer ablehnte, führte er im „Handbüchlein" unter den indirekten Mitteln der Tugenderziehung zehn Punkte an, die den Kindern mittelbar zeigen sollten, was sie zu meiden haben.[184] Im Kapitel „Heilende Erziehungsmittel" widmete er seine Aufmerksamkeit weitgehend den durch körperliche Gebrechen verursachten Fehlern, was er sehr schön in der Behandlung träger Kinder aufzeigt. Gewährsmann dafür war ihm der deutsche Pestalozzianer Wilhelm Harnisch (1878-1864).[185]

Voneinander lernen
P. Theodosius hat von Protestanten gelernt. Als er 1859 in Schwyz bei der Versammlung des Piusvereins die inländische Mission anregte und sich für die Katholiken in der Diaspora einsetzte, bezog er sich als Vorbild auf den Gustav-Adolf-Verein der deutschen Protestanten. Sie hätten einen eigenen Verein gebildet für die Unterstützung der protestantischen Interessen in ihrer Diaspora. Er sagte: „Nehmen wir ein Beispiel an unseren protestantischen Glaubensbrüdern. Es ist bekannt, wo ihrer 20-30 in katholischen Ortschaften niedergelassen sind, da fordern sie auch eine Kirche, Schule für ihre Konfession, und sie haben recht. Denn da, wo man seinen Kultus verbreiten will, muss man auch das Mittel dazu wählen. Aber wir haben ein gleiches Recht und gleiches Bedürfnis. Was also tun?"[186]

---

182 Zit. Planta, Pater Theodosius 86
183 Samson Lothar, Theodosius Florentini und das Kollegium Schwyz. Der Lehrplan eines Kapuziners als Fundament für die Neugründung des Kollegiums Maria-Hilf, in: HF34/1 2005,9-90,79
184 Stäger, Pädagogische Grundsätze 90f.
185 Wilhelm Harnisch ist ein Klassiker der evangelischen Pädagogik; vgl. Stäger, Pädagogische Grundsätze 91
186 Zit. bei Fürer, Leben und Wirken 181

Der Schulreformer und Erzieher

P. Theodosius schien von Natur aus zum Erzieher prädestiniert zu sein. Sein Mitbruder P. Magnus Künzle wies urkundlich nach, dass in P. Theodosius Schulmeisterblut pulsierte. Sein Grossvater J.B. Florintöni war 1763 Schulmeister in Müstair. Zu den Schulfragen der damaligen Zeit aber brachte Theodosius vor allem sein Aufenthalt in Baden und seine Funktion als Spiritual bei den Kapuzinerinnen im Kloster Maria Krönung. Seine Erfahrungen dort, dann in Ribeauvillé und Altdorf liessen in ihm einen Plan einer Ausbildungsstätte für geistliche Lehrerinnen entwickeln. Das pädagogische Denken und Handeln von P. Theodosius ist zunächst geprägt von den Ideen und grundlegenden Schulreformen des 19. Jahrhunderts.

1. Der Ruf nach einer grundlegenden Schulreform

Die Aufklärung hatte dem Bildungswesen einen entscheidenden Auftrieb gegeben. Der liberale Staat als Kind der Französischen Revolution übernahm das Ideengut der Aufklärung und erachtete die Schule als die wesentliche Herausforderung der Zeit. Die bürgerliche Gesellschaft entfaltetes sich nicht nur als Arbeits- und Wirtschafts-, sondern auch als Bildungsgesellschaft. Die grossen und umfassenden Reformen der kantonalen Bildungssysteme begannen in der Schweiz mit den liberalen Umbrüchen in den 1830er Jahren. Das Diktum von Heinrich Zschokke, wonach die Volksbildung Volksbefreiung sei, wurde zum Losungswort der fortschrittlichen Kantone. Zu den Grundsätzen der liberalen Schulreform gehörten:

Das Schulobligatorium
Die allgemeine Schulpflicht wurde in der Schweiz erstmals 1803 in der Mediationsverfassung wenigstens für die Winterschule festgelegt. Im Gefolge der Reformen nach der Französischen Revolution und der napoleonischen Aera hatte sich die allgemeine Schulpflicht allmählich durchgesetzt. Als die Verfassung von 1874 das Schulobligatorium gesetzlich festlegte, war der obligatorische Primarschulunterricht in den meisten Kantonen bereits gesetzlich eingeführt.

Mit der Einführung des Schulobligatoriums vollzogen die Behörden einen massiven Eingriff in die Familienhoheit. Vor allem bei vorwiegend landwirtschaftlicher Bevölkerung wurde der Sinn der Schule nicht eingesehen. Der Kanton Schwyz sah sich gezwungen, unter Strafandrohung die Eltern zu zwingen, ihre Kinder in die Schule zu schicken.[187] Die flächendeckende Verschulung brachte die Kantone und vor allem die Gemeinden an den Rand ihrer Möglichkeiten, ihre Schulen auch zu finanzieren. Der wichtigste Hinderungsgrund für einen mangelhaften Schulbesuch bis 1848 war die Unentbehrlichkeit der Kinder als Arbeitskraft in der Familienökonomie. Dazu kamen oft lange Schulwege, das Fehlen geeigneter Kleider, Desinteresse und Ablehnung der Eltern.

Die Unentgeltlichkeit des Primarschulunterrichts an den öffentlichen Primarschulen

Weil der Primarschulunterricht als obligatorisch erklärt worden war, musste er auch unentgeltlich sein. Die Unentgeltlichkeit des Primarschulunterrichts war oft eine psychologische Entlastung der Lehrerschaft, musste sie doch vielerorts das Schulgeld selber einziehen. Im Kanton Schwyz konnte 1848 der Schulbesuch noch nicht kostenlos angeboten werden.[188] Das Schulmaterial blieb meist nicht unentgeltlich.

Genügender Primarschulunterricht

Der genügende Primarschulunterricht wurde den Kantonen zwar zur Pflicht gemacht, Kontrollmechanismen wurden jedoch keine eingeführt. Auch inhaltlich wurde der genügende Primarschulunterricht nie festgelegt. In der Kantonsverfassung des Kantons Schwyz von 1848 wurde die Schuldauer auf mindestens sechs Jahre und erstmals für alle Kinder als obligatorisch festgelegt.[189] Trotz vehementer Gegnerschaft vor allem von Seiten des Bezirkes Schwyz wurde in der Kantonsverfassung von 1876 das siebte Schuljahr durchgesetzt.[190]

---

187 Vgl. Annen Martin, Säkularisierung im 19. Jahrhundert. Der Kanton Schwyz als ein historisches Fallbeispiel. Explorationen, Bern 2005 237f.
188 Ebd. 226
189 Zusätzlich sollten - je nach Bedürfnis - Wiederholungs- oder Fortbildungsschulen und Sekundarschulen angeboten werden. Vgl. Beatrice Sutter, Bildung in: Geschichte des Kantons Schwyz, Bd. 5 Wirtschaft und Gesellschaft 1712-2010, Zürich 2012,217
190 Ebd. 228

Säkularisierung/Entkonfessionalisierung der Schule
Die Schule wurde im 19. Jahrhundert eine Einrichtung des Staates und ihre Arbeit stark durch die herrschenden Staatsziele bestimmt. Als Träger des Fortschritts fühlte der Staat sich berufen, den Bildungsanspruch der Kirche zurückzudrängen, dieses Erbe zu übernehmen und es weiterzuführen. Das Bildungswesen wurde mehr und mehr der Kirche entzogen und der Obhut des Staates überantwortet. P. Theodosius gewann in Baden Kenntnis des liberalen Schulprogramms des Kantons Aargau mit seinem Affront gegenüber der kirchlichen Schulhoheit.
Die konfessionelle Organisierung der Schule wurde als pädagogisches Hindernis erachtet. Durch die Entkonfessionalisierung sollten die Konfrontationslinien vor Ort neutralisiert werden. Das war vor allem in paritätischen Kantonen notwendig. Schwierigkeiten machten Gebietserweiterungen, durch die eine Bevölkerungsgruppe im Kanton integriert wurde, die nicht der dominierenden Konfession zugehörte Die konfessionellen Schulen gerieten unter Druck, die Kinder der Minderheitskonfession vor Ort zu beschulen.[191]

Laisierung der Schule
Die Klosteraufhebungen und die Aufnahme des Jesuitenverbots in die schweizerische Bundesverfassung von 1848 richteten sich gegen die Orden an sich, zugleich darf man diese Massnahmen als Verdrängung der Orden aus der Schule interpretieren. Der Kulturkampf zielte in dieselbe Richtung.[192] Im Kanton St. Gallen gewährleistete die Kantonsverfassung vom 17. November 1861 den Fortbestand der katholischen und protestantischen Primarschulen in den Gemeinden. Die Erziehungsgesetze von 1862 brachten aber eine Durchbrechung des konfessionellen Prinzips. Der Verstaatlichung des Schulwesens folgte eine leidenschaftliche Auseinandersetzung um die Zulassung bzw. Nichtzulassung von Ordensschwestern an Primarschulen. Es setzte die Auflösung bzw. Verschmelzung der konfessionellen (katholischen und evangelischen) Schulgemeinden ein. Langfristig liessen sich die katholischen Primarschulen nicht mehr halten, staatliche traten an ihre Stelle.[193]

---

191 Criblez Lucien, Jenzer Carlo, Hofstetter Rita, Magnin Charles (hrsg.), Eine Schule für die Demokratie. Zur Entwicklung der Volksschule in der Schweiz im 19. Jahrhundert, Bern 1999, Einleitung 31
192 Braun Patrick, Lehrschwestern und Schulbrüder im Ablauf des Kulturkampfes in der Schweiz (1866-1884), in: Rottenburger Jahrbuch 15 (1996) 115
193 Doka Sr. Maria-Crucis, Das Schulwesen der Lehrschwestern vom hl. Kreuz in Menzingen Kanton Zug 1844-1874, Freiburg Schweiz 1963,207; Vorburger-Bossart Esther, Die St. Galler Frauenklöster und religiösen Frauengemeinschaften als kultureller und sozialer Faktor, St. Gallen 2004,35f.

2. Bildung als Ernstfall der Freiheit der katholischen Kirche

Bildung wurde seit je als eine zentrale Aufgabe der Kirche betrachtet. Deshalb wollten die Kirchen ihren Einfluss auf das Volksschulwesen, den sie traditionell inne gehabt hatten, zu keiner Zeit aufgeben. Das Ringen um kirchlichen Einfluss zog sich wie ein roter Faden durch die Geschichte des Volksschulwesens. Da in den liberal-konservativen Auseinandersetzungen vor allem ihr Bildungsmonopol strittig gemacht wurde, war für die katholische Erneuerungsbewegung die Schule ein zentrales Anliegen. Die Bildung wurde als Ernstfall der Freiheit der Kirche betrachtet. Die Unterrichtsfreiheit als natürliches Recht, erste Freiheit der Familie, Vorbedingung der religiösen Freiheit und der Freiheit der Meinungen, Voraussetzung zur Erfüllung des Verkündigungsauftrages Jesu Christi, war Gegenstand nicht endender Polemiken. In der zweiten Hälfte des Jahrhunderts gewann die katholische Kirche langsam wieder politischen Einfluss auf die Bildung. Sie baute im 19. und 20. Jahrhundert ein eigenes katholisches Bildungs- und Schulsystem auf.

3. Auseinandersetzung mit Bildungs- und Schulfragen

In der Zeit zwischen 1820 und 1860 entwickelte sich eine eigenständige Pädagogik, die katholische Schulmänner-Pädagogik. Ihre Autoren waren Lehrerbildner, die meist als Seminarleiter für die Ausbildung der Lehrer zuständig waren. Sie haben das damalige Wissen über Erziehung entscheidend geprägt. Lothar Samson stellt fest: „Die Schulmänner-Pädagogik, der wir die Fortentwicklung und Modernisierung der Schule im 19. Jahrhundert verdanken, war teilweise stark konfessionell und kirchennah ausgerichtet."[194] Die Aufenthalte des P. Theodosius in Solothurn, Baden, Ribeauvillé und Altdorf können als erste, seine Churerzeit als zweite Rezeptionsphase betrachtet werden. Es sollen vier Pädagogen kurz vorgestellt werden, mit denen sich P. Theodosius intensiv auseinandersetzte.

Johann Michael Sailer (1757-1832) und der Sailerkreis

Die Modernisierung der katholischen Pädagogik im 19. Jahrhundert ging zum grossen Teil auf Johann Michael Sailer zurück. Ihm war Jugendbildung durch Seelsorge ein wichtiges Anliegen. 1807 erschien sein pädagogisches Hauptwerk

---

[194] Samson, Reformwerk 58. Er verweist auf einen Artikel von Georg Jäger und Heinz-Elmar Tenorth, Pädagogik, Berufswissenschaft und Gesellschaftsreflexion, in: Karl-Ernst Leismann/Peter Lundgren (Hg.) Handbuch der deutschen Bildungsgeschichte 1800-1870, München 1987, Bd. III,89-103

„Über Erziehung der Erzieher". Dieses stützte sich vor allem auf Johann Heinrich Pestalozzi (1746-1827). Mit dieser Schrift wurde Sailer - zusammen mit dem Münsteraner Bernhard Overberg (1754-1826) - zu einem Begründer der katholischen Pädagogik. So hat sich P. Theodosius ohne Zweifel in der Heranbildung des Ordensnachwuchses mit Sailerschem Gedankengut auseinandergesetzt.
Beide gingen in der Erziehung von einem ganzheitlichen Ansatz aus. Für beide ist „Erziehung jene Entwicklung und Fortbildung der menschlichen Kräfte, die den Zögling in den Stand setzt, sein Selbstführer durch das Leben zu werden und in ihm das göttliche Ebenbild vollkommen herzustellen.[195]
Zudem ist es mehr als wahrscheinlich, dass P. Theodosius sich als Novizenmeister in Solothurn (1830-1831) für die Ideen des Präsidenten des solothurnischen Erziehungsrats, Joseph Lüthi (1765-1837), eines begeisterten Anhängers Sailers, interessiert hat. Lüthy suchte mit aller Energie das Schulwesen seines Kantons zu heben und stand mit Sailer in vertrauter Korrespondenz. Er führte Sailer die ersten schweizerischen Schüler zu.[196]

Bernhard Heinrich Overberg (1754-1826)
Unter den Pädagogen dürfte P. Theodosius insbesondere Bernhard Heinrich Overberg (1754-1826) geschätzt haben, vor allem seine Disziplin und Schulzucht, auch seine Praxisnähe. In der Schulorganisation riet P. Theodosius den Lehrerinnen, in der Oberstufe die biblische Geschichte von Schuster oder von Overberg zu verwenden.
Bernhard Overberg war Generalvikar und Direktor des Schulwesens in Münster i. W. und schaute die Volksbildung als „die allzeit wichtigste Staatsangelegenheit" an. Er führte zur Ausbildung von Lehrern 1783-1826 jedes Jahr einen zweieinhalb Monate dauernden Normalkurs durch. In der Zwischenzeit widmete er sich der Visitation der Schulen, nahm sich der Verbesserung der Mädchenbildung und der Heranbildung von Lehrerinnen an der Stiftsschule in Münster an. Bald konnte er feststellen, „dass sich die Lehrerinnen nicht bloss durch grössere Gewandtheit in Behandlung der Jugend, sondern auch durch mehr Fleiss und Amtseifer vor der Lehrern auszeichneten".[197] Es ist möglich, dass Florentini in seinem Plan in Baden ein Lehrerinnen-Seminar zu gründen durch die Bemühungen Overbergs in Münster bestärkt worden ist.[198]

---

195 Stäger, Pädagogische Grundsätze 54
196 Ebd. 51
197 Ebd. 59f.
198 Vgl. Die Gründung des Lehrschwesterninstituts vom heiligen Kreuz Menzingen 86

Johann Ignaz Felbiger (1724-1788)

In Ribeauvillé trat P. Theodosius in Verbindung mit Abbé Ignaz Mertian, dem Superior des „Instituts der armen Schwestern von der Vorsehung". Bevor dieser die Neuorganisation des Instituts und der Schule an die Hand nahm, weilte er in Folge der Französischen Revolution als Flüchtling im Ausland, und zwar längere Zeit in Breslau. Hier kam er in Berührung mit der Schulreform von Johann Ignaz Felbiger, der in Schlesien eine zielbewusste Schulorganisation durchgeführt hatte.[199] Sein hervorragendes Verdienst ist es, mitten im rationalistischen Zeitalter die christliche Volksschule fest begründet und beim Volk Interesse und Liebe geweckt zu haben. Für Abbé Mertian war das Studium der schlesischen und österreichischen Schulordnungen Grundlage eigener Pläne und Schriften für Ribeauvillé. Auch die Konstitutionen des Instituts lehnten sich an die Ideen des schlesischen Schulreformers an.[200]

Lorenz Kellner (1811-1892)

Eine erneute Auseinandersetzung mit schulpädagogischen Theorien dürfte in der ersten Hälfte der 1850er-Jahre in Chur stattgefunden haben, evt. für den Religionsunterricht und die Tätigkeit von P. Theodosius als Lektor der Pädagogik.[201] In dieser Zeit lernte er vor allem das Werk von Lorenz Kellner kennen (1811-1892). Dieser war ein unmittelbarer Zeitgenosse Florentinis. Kellners Werke sind wie jene des P. Theodosius von tief christlichem, positiv katholischen Geist durchdrungen. Vorwiegend führte er solche Pädagogen an, die der Auffassung sind, dass die Volksschule das Ewige und Unveränderliche zu pflegen habe. Anziehend musste für Florentini auch die gemüthafte Einstellung des deutschen Erziehers gewesen sein, der sich neben intensiver Schulung des Verstandes ebenso sehr für Poesie und Gesang in der Schulstube einsetzte.[202]

---

199 Felbiger verfasste unter Kaiserin Maria Theresia als Direktor der Normalschule in Wien die „Allgemeine Schulordnung für die deutschen Normal-, Haupt- und Trivialschulen in den sämtlichen königlich-kaiserlichen Erbländern", die zum Schulgesetz Österreichs wurde. P. Theodosius selbst hat als Zehnjähriger in Bozen Felbigers Organisation der Hauptschule praktisch an sich erfahren, wenigstens den äusseren Aufbau; der Geist der Schule soll aber josephinisch geprägt gewesen sein. Vgl. Stäger, Pädagogische Grundsätze 66; Gadient, Caritasapostel 20
200 Samson, Reformwerk 11
201 Ebd. 61
202 Ebd. 63

4. Pädagogisch-methodische Schriften von P. Theodosius

Wollte P. Theodosius der Arbeit der Schwestern einen dauernden Erfolg sichern, musste er ihnen für die Praxis eine methodische Wegleitung an die Hand geben.

„Schulorganisation" 1853

Um die Lehrschwestern zu unterstützen, hatte P. Theodosius einen Lehrplan verfasst mit dem Titel "Schulorganisation". Er erschien 1853 und umfasst 19 Seiten. Der Text dürfte grösstenteils aus den vierziger Jahren stammen, als er in Altdorf Schwestern und Lehrer in seiner Lehrmethode unterrichtete. Sie wurde später auch Bestandteil der Lehrerinnenausbildung in Menzingen.[203]

Die Schrift enthält die Grundzüge seiner Unterrichtslehre, eine methodische Anleitung für Lehrerinnen der Volksschule, einen eigentlichen Lehrplan zur Vermittlung des Lehrinhaltes.[204] Der Titel ist missverständlich, da sie nicht nur eine Unterrichtslehre, sondern auch eine Erziehungslehre enthält. Und diese hatte bei P. Theodosius eindeutig den Primat.[205]

Die Schulordnung war gedacht für einfache Verhältnisse, nämlich für eine Gemeindeschule mit zwei Lehrerinnen und einer Schuldauer von 6 Jahren. Der gesamte Unterricht wird zwei Klassen mit je drei Abteilungen zugewiesen.[206]

„Handbüchlein für Pädagogik und Unterricht" 1863

1863 kam es zur Herausgabe des „Handbüchleins für Pädagogik und Unterricht zum Gebrauche der Elementar-Schulamts-Kandidaten".[207] Im Handbüchlein finden wir die Grundgedanken der Schulpädagogik des Theodosius. Es ist ein schönes Beispiel für die Volkschulpädagogik jener Zeit. Nach dem Vorbild der damaligen Katechismen wird sie in Form von Fragen und Antworten dargestellt. Das Büchlein ist auf die Bedürfnisse von Lehramtskandidatinnen zugeschnitten. Die theoretischen Grundlagen sind nicht oder nur wenig entwickelt.

Das Handbüchlein zitiert seitenweise aus Werken von Autoren, die P. Theodosius im Vorwort erwähnt. Besonders das dritte Kapitel erinnert an Overbergs Ausführungen über die Pflichten eines Schullehrers in der Schule.[208] Das Büchlein kann

---

203 Samson, Kollegium Schwyz 53
204 Doka, Schulwesen 23
205 Samson, Kollegium Schwyz 61
206 Gadient, Caritasapostel 66
207 GenArchiv SCSC (ohne Signatur), Ingenbohl 1863
208 Handbüchlein 22; vgl. Stäger, Pädagogische Grundsätze 58f.

eindeutig der sogenannten Schulmänner-Pädagogik zugerechnet werden. P. Theodosius übernahm von den Pädagogen seiner Zeit, was ihm brauchbar und gut erschien.[209] Originalität liegt eigentlich einzig in der Auswahl und Gewichtung, die seinen pädagogischen Anschauungen entspringen.

5. Bildungs- und Erziehungsideal des P. Theodosius

P. Theodosius hatte Verständnis für die Verdienste der liberalen Schulreform und missachtete keineswegs die liberalen Errungenschaften auf dem Gebiet der Schule. Aber die Zeitkrankheit trat ihm vor allem auf dem Gebiet der Schule und Erziehung entgegen. P. Theodosius schrieb an Kaspar von Carl, Bischof von Chur, am 10. April 1845: „Die Grundabsicht des Institutes ist wirksames Begegnen gegen weiteres Umsichgreifen und Mitwirkung zur Heilung der Übel unserer Zeit durch eine wahrhaft religiöse Bildung... Wie der Unglaube und Radikalismus zur Erreichung seiner verderbenvollen Zwecke am sichersten und schnellsten durch die Schule zu gelangen hoffte, so kann auch das Besserwissen, die Umwandlung der Generation nur durch eine religiöse Erziehung am zuverlässigsten erzielt werden."[210]

Deshalb knüpfte P. Theodosius die liberale Verherrlichung der Schule an die fundamentale Bedingung, dass jede Bildung ihre Grundlage im christlichen Glauben haben muss Sowohl er wie auch Sailer, Overberg und der Laie Kellner vertraten einen ausgewogenen christlichen Humanismus auf ausgesprochen katholischer Grundlage, der zeitbedingt die rationale Seite akzentuierte und mit aller Sorgfalt und Überlegung pflegte.[211]

Wesentliche Grundsätze des Bildungsideals von P. Theodosius sind folgende:

Religion als Grundlage

Für P. Theodosius ist das Christentum die grösste Erziehungs- und Bildungsmacht. Der christliche Glaube ist Garant und Schutz der Würde des Menschen. Die Schule muss deshalb wesentlich religiös sein. Gott, seine Erkenntnis, sein Dienst müssen sie durchdringen. Die Religionslehre muss jeden Gegenstand durchdringen und ist mit allen zu verweben.[212]

---

209 Samson, Kollegium Schwyz 58f.
210 GenArchiv SCSC 04-042
211 Stäger, Pädagogische Grundsätze 64
212 Gadient, Caritasapostel 67

Hebung der katholischen Kirche

Durch Anstrengungen für eine tüchtige Schulbildung sollten die Katholiken konkurrenzfähig werden und das Bildungsdefizit in der katholischen Schweiz langsam überwunden werden. Sr. Maria- Crucis Doka schreibt über die Zielsetzung der Gründungen von P. Theodosius: Er vertrat die Überzeugung, „vermöge sorgfältiger, religiöser Erziehung der weiblichen Jugend werde die katholische Kirche in der Schweiz schneller gehoben, als auf eine andere Weise".[213] P. Theodosius setzte die religiöse Mädchen-Erziehung bewusst als Sperrriegel gegen das Eindringen liberalen Gedankengutes ein. Der liberal-radikale Zeitgeist sollte mit dessen eigenen Waffen geschlagen werden.[214]

Primat der Erziehung gegenüber dem Unterricht

P. Theodosius kritisierte die öffentliche Schule, weil in ihr zu wenig für die Erziehung getan werde. „Die Kinder lernen gut schreiben, rechnen, lesen, aber sie haben keine Zucht... Von Seiten der Lehrer wird hiefür nichts getan, um ja nicht mit den Eltern Krieg zu bekommen. Wenn dann das Alter der Freiheit kommt, so geht der junge Mann ins Leben hinaus, unbändig und nicht gezügelt."[215]

Für P. Theodosius spielte die Erziehung eine primäre Rolle. Die Regeneration stellt sich nicht von selbst ein. Nur die Erziehung hilft weiter. Nur sie kann die Menschen wirklich bessern, wie Theodosius mit der Schulpädagogik seiner Zeit überzeugt war.[216] Die Schule muss erziehend sein; blosser Unterricht genügt nicht. Vollendetes Menschsein ist Hauptziel der Erziehung. Im Handbüchlein für Pädagogik und Unterricht gibt P. Theodosius Antwort auf die Frage nach dem Wesen der Erziehung: „Erziehen heisst, absichtlich auf die Entwicklung der vorhandenen leiblichen und geistigen Anlage des Kindes einwirken, dass sein ganzes Leben ein Abbild des Lebens Christi werde."[217] Diese Definition forderte eine christliche Grundhaltung im Erziehungsgeschehen.

Entsprechende Lehrerpersönlichkeiten

Für P. Theodosius war die Persönlichkeit des Lehrers die Hauptsache. Er stellte grosse Anforderungen an die Lehrerpersönlichkeit. „Ein brauchbarer Lehrer muss

---

213 Doka, Pater Theodosius 11
214 Moos Carlo, Zukunft aus dem Glauben. Bernarda Heimgartner und die Gründung des Menzinger Lehrschwesterninstituts im historischen Kontext, Kriens 2002,54
215 Diskussionsbeitrag an der Gemeinnützigen Gesellschaft in Frauenfeld 1861; zit. bei Gadient, Caritasapostel 330
216 Gadient, Caritasapostel 316
217 Zit. Stäger, Pädagogische Grundsätze 3

körperliche, soziale, geistige und sittliche Eigenschaften besitzen. Zu diesen, den moralischen gehören: Religion, Gewissenhaftigkeit, Lernbegierde und Fleiss, Andacht und Sanftmut, Liebe zu den Schülern, Klugheit."[218]

Die Lehrerpersönlichkeit muss sich als Mitwirkende an der Heiligung, Vervollkommnung und Vollendung des Menschen verstehen. Sie arbeitet mit am Werke Jesu Christi. Der Lehrer vertritt dabei die Stelle Gottes, Jesu Christi, der heiligen Kirche und der Eltern...[219] So rief P. Theodosius den Lehrern zu: „Sorget, dass eure Schüler die Umgangssprache mit Gott, das Nachbilden seines Willens, die rechte Rechnungsmethode für die Ewigkeit erlernen."[220]

Harmonische Bildung

Harmonische Bildung ist ein weiterer Grundbegriff der Schulpädagogik von P. Theodosius.[221] Er lehnte wie Pestalozzi und Sailer eine einseitig intellektuelle Bildung (Aufklärung) ab, sondern vertrat eine ganzheitliche Bildung des Menschen. Er strebte im „Handbüchlein" eine harmonische Bildung von Körper und Geist an; eine Bildung, die die drei Grundvermögen des Geistes umfasst: Kopf (Intellekt), Herz (Gemüt bzw. Gefühl) und Wille. Im Gegensatz zu einem einseitigen Rationalismus und Intellektualismus in der Erziehung soll auch das Gefühlsvermögen, das Gemüt entwickelt werden. Zu den Gefühlen zählte P. Theodosius neben dem Mitgefühl (Sympathie) das Gefühl für das Wahre („Wahrheitssinn") und für das sittlich Gute („Sittlichkeitsgefühl"), aber auch das Gefühl für das Schöne. „Schönlesen, Schönschreiben, Zeichnen, Gesangsunterricht, Poesie sind die passenden Mittel zur Entwicklung und Bildung des Schönheitssinns", der ästhetischen Bildung.[222]

Ausrichtung auf das praktische Leben

Schliesslich muss die Bildung praktisch sein, d.h. den Fähigkeiten des Kindes, den Bedürfnissen des Lebens angemessen. „Zu viel Schule lähmt den Geist, verzärtelt den Körper; zu viele Kenntnisse verunmöglichen die rechte und gründliche Kenntnis. Die Schule muss geben, was das Kind für das Leben brauchen kann. Unnütze Möbel versperren den Raum."[223]

---

[218] Handbüchlein 11; zit. bei Gadient, Caritasapostel 58
[219] Leben der Heiligen III,130; Unterricht zum Fest des hl. Arsenius am 18. Juli
[220] Leben der Heiligen I,226; Unterricht zum Fest des hl. Johannes Chrysostomus am 27. Januar
[221] Vgl. für das Folgende: Samson, Kollegium Schwyz 85
[222] Handbüchlein 21ff., 29, 72, 78f., 13, 41
[223] Leben der Heiligen III,446; Unterricht zum Fest des Joseph von Kalasanza am 26. August

6. Einsätze für die Volksschule und praktische Lehrtätigkeit

Die theoretische Pädagogik stellte P. Theodosius ganz in den Dienst der Praxis. Seine Bedeutung liegt nicht in der Ausarbeitung theoretischer Systeme, sondern in der praktischen Verwirklichung der christlichen Schulreform. Er sah, dass das katholische Bildungswesen reformbedürftig war. Vorerst beseelte ihn ein Gedanke: „Erziehung und Bildung des Volkes". Er war ein Freund einer allgemeinen und durchgreifenden Bildung des Gesamtvolkes.

P. Theodosius weist Charakterzüge auf, die einer Erzieherpersönlichkeit eigen sind. Schon in der Altdorfer Zeit bewies er das. Innerhalb von acht Monaten erneuerte er sowohl die Knabenschule als auch die Mädchenschule mit Erfolg.

Er kam an Ostern 1841 nach Altdorf. Bald wurde er für die Schule herangezogen. Als die Gemeindebehörde eine Aushilfe suchte für einen erkrankten Lehrer an der Knabenschule, anerbot sich P. Theodosius als Primarlehrer und machte dies ausgezeichnet.

Insbesondere aber setzte er sich für die Verbesserung der Mädchenschule im „Oberen Kreuz" ein.[224] Die Kapuzinerinnen hatten sich seit 1611 dem Unterricht der Mädchen gewidmet. Zu Beginn des 19. Jahrhunderts bedurfte er dringend einer Erneuerung. Der Gemeinderat von Altdorf nannte in seinem Dankesschreiben die Mädchenschule eine Musterschule. Vor allem von seiner neuen Unterrichtsmethode war man angetan.

Es scheint, dass die Altdorfer den Schulmann P. Theodosius noch weiter in Anspruch nehmen wollten. So lesen wir am 5. November 1844 im „Amtlichen Wochenblatt" des Kantons Uri: „Es ist Hoffnung vorhanden, dass der ehrw. P. Theodosius, der auf so rühmliche und gewandte Weise unserm Schulleben einen neuen Aufschwung und neues Leben gegeben, wenigstens die Grammatik, d.h. die ersten zwei Klassen des Gymnasiums übernehmen wird."[225]

P. Theodosius trat auch für eine geschlechtsspezifische Erziehung ein und bemühte sich, die Kinder in Knaben- und Mädchenklassen einzuteilen. Die Lehrschwestern von Menzingen und Ingenbohl wurden geformt, insbesondere den Mädchen eine gründliche Primarschulbildung zu vermitteln. Aber sie wurden auch befähigt, Kinder beiderlei Geschlechts zu unterrichten.

In Chur wurden die Knaben von männlichen Lehrern unterrichtet. Diese Trennung führte P. Theodosius 1847 an der Hofschule Chur erstmals durch. In allen Heimen

---

224 Vgl. Herger Thomas, Die Lehrerschaft des Kantons Uri; seit dem Anfang des 18. Jahrhunderts bis zur Mitte des 20. Jahrhunderts 1946,6ff.
225 Gadient, Caritasapostel 60

erlernten die Mädchen typisch weibliche Tätigkeiten. „Jede Woche wird den Mädchen Zeit gegeben, sich im Stricken und Nähen zu üben; man leitet sie an zu verschiedenen häuslichen Arbeiten, namentlich in der Küche."[226]

7. Einsatz für die Konfessionsschule

P. Theodosius war ein Verfechter der Bekenntnisschule. Benedikt Hartmann, der ehemalige Direktor der freien Lehranstalt in Schiers, nannte ihn den „Pionier" in Bezug auf die Verfechtung der Bekenntnisschule.[227]

Kritik an der Entkonfessionalisierung der Schule

P. Theodosius trat auf gegen die Entkonfessionalisierung der Schulen. In der Predigt auf die Salzburger Rede in Chur, bezeichnete er die konfessionelle Verflachung der Elementarschule als die grösste Gefahr, die der Schweiz drohe: „Jede Konfession muss in ihren Schulen einen ihr entsprechenden Geist pflanzen, sonst geben sie sich selbst auf. Ich sage demnach, es ist ein Zeichen freier Bewegung in der katholischen Kirche, wenn sie darauf hält, dass die Jugend eine katholische Erziehung erhält und demgemäss ihre Schule einrichtet". P. Theodosius verteidigte dann die Propaganda der Protestanten für ihre Schulen. Das Recht muss auch den Katholiken zugestanden werden.[228]

Besonders schmerzlich erfuhr er die Entkonfessionalisierung der Kantonsschulen. Er schrieb am 16. März 1851 an Franz Siegwart-Müller: „Wie armselig wir katholische Bündner bestellt sind, wissen Sie; und wie der Protestantismus und Radikalismus immer mehr Boden gewinnen, wie alles vermischt werden will, wie durch Mischung die Protestanten jederzeit die Oberhand gewinnen und so der katholische Einfluss auf alle öffentlichen Verhältnisse und Anstalten immer mehr schwindet, das kennen Sie, und das jüngste Zeugnis ist die Vereinigung der Kantonsschule. Gleiches musste auch der Bischof von St. Gallen für die dortige Kantonsschule erfahren. Hier in Schwyz konnte die Niedergeschlagenheit nach der Schmach des verlorenen Sonderbundes überwunden werden. Schwyz konnte ein Brennpunkt katholischer Bildungspräsenz werden."[229]

---

226 So spricht Theodosius in der Frankfurterrede, vgl. Gadient, Caritasapostel 299
227 B. Hartmann, Staatsschule oder Bekenntnisschule, in: Kirchenblatt für die Reformierte Schweiz 36 (1921) Nr. 48; zit. bei Doka, Schulwesen 3
228 Zitiert bei Decurtin, Pater Theodosius Florentini 23
229 Bättig Josef, 150 Jahre Kollegium Schwyz: eine Mittelschule und ihre Reaktionen auf die Bedürfnisse der Zeit. Schwyzer Hefte Bd. 88, Schwyz 2006,24

Diese Haltung ist von der Minderheitssituation der Katholiken im Bundesstaat von 1848 her verständlich. Erst in den 50ger Jahren des 20. Jahrhundert konnten die Katholiken in der Schweiz ihr Bildungsdefizit überwinden.

Errichtung von katholischen Volksschulen

In der Programmrede 1859 in Schwyz beim Piusverein forderte P. Theodosius die Mitglieder zum Einsatz für katholische Schulen auf: „Wir Katholiken haben noch nicht jene Schulen, die wir nöthig haben. Die Schulen in vielen Städten und Orten der Schweiz, die in Chur, St. Gallen, Zürich, Basel, Bern, Luzern sind ohne Zweifel gut. Aber was leisten sie uns Wesentliches für unser katholisches Bedürfnis? Und wenn das nicht, sodann kann das Gegenteil eintreten. Können wir von protestantischen Schulen das wesentlich Notwendige für uns erwarten? Ich sage nur die eine Wahrheit: Sie werden nie ihre Kinder in unsere Schulen schicken."[230]

Immer wieder kam P. Theodosius auf das Thema „katholische Schule" zurück. Einige Monate vor seinem Tod sprach er an der Generalversammlung des Piusvereins am 14. September 1864 in Sitten nochmals über die Diaspora und betonte, dass man, nach dem Beispiel der Protestanten auch die Schule an die Hand nehmen und in den Missionsstationen[231] für katholische Lehrer sorgen müsse.[232]

Hofkirche und erste Hofschule (Gebäude rechts) Chur
Foto: GenArchiv SCSC

Als P. Theodosius 1845 nach Chur kam, war die Hebung der katholischen Primarschule, der Hofschule, ein erstes Anliegen - neben der Sorge für die Armen. Er schrieb am 8. April 1853 an Mons. Bovieri: „Als ich nach Chur versetzt wurde, bemühte ich mich sofort, die (katholische) Primarschule emporzubringen; sie war so sehr heruntergekommen, dass mehr als 50 Kinder die Schulen der Protestanten besuchten."[233]

---

230 Fürer, Leben und Wirken 181
231 Vgl. Wirken aus der Mitte seiner Berufung als Priester und Seelsorger 57
232 Künzle, Zürcher Katholiken 24
233 GenArchiv SCSC 03-157 (deutsche Übersetzung)

Schon 1846 bemühte er sich, Lehrschwestern für die Mädchenschule im Hof kommen zu lassen; doch der Provinzial P. Alexander Schmid war dagegen. 1847 gelang es ihm mit der Unterstützung des Bischofs, Sr. Cornelia Mäder in Chur zu engagieren. Sie übernahm die obere Mädchenschule.[234] 1848 verlangte der Bischof eine zweite Schwester für die Übernahme der unteren Mädchenschule. Mutter Bernarda sah sich gezwungen, eine Novizin, die spätere Sr. Paulina Fuchs, dorthin zu senden. Da sie kränkelte, kam im Herbst 1848 Sr. Seraphina Landthaler hin, die der romanischen Sprache mächtig war.

Errichtung katholischer Mittelschulen
In seiner vielbeachteten Ansprache am Katholikentag in Salzburg sprach P. Theodosius offen über ein Motiv, das damals viele Katholiken von der Führung eigener Gymnasien überzeugte. Sie gebrauchten das „gleiche Mittel, das bisher der Radikalismus und Protestantismus für ihre Zwecke auszubeuten wusste" und gingen ebenfalls an die Gründung eigener, konfessionell orientierter Schulen.[235]

Grundlagen zur Errichtung eines Lehrerinnenseminars 1851
In Baden berief P. Theodosius schon vor 1838 tüchtige Lehrkräfte nach Maria Krönung, um im Pensionat Lehrerinnen heranzubilden. So erhielten bereits 1840 die drei Lehramts- und Ordenskandidatinnen eine nahezu vierjährige Schulung, und die ersten Lehrerinnen-Bildungsstätten in Rhäzüns und Zizers vermittelten eine dreijährige Ausbildung; das dritte Lehrjahr diente besonders der pädagogisch-methodischen Schulung. Die Initiative für die Gründung des Lehrerinnenseminars 1851 in Menzingen ging vor allem von P. Honorius Elsener aus, der in engster Fühlungnahme mit P. Theodosius ans Werk ging.[236]

Neueröffnung oder Neubegründung des Kollegium Maria Hilf in Schwyz 1856
Ein Paradebeispiel für den Einsatz des Kapuziners P. Theodosius gegenüber dem Immobilismus der Schweizer Katholiken war die Neueröffnung des Kollegiums Maria Hilf in Schwyz. Dort hatten die Jesuiten 1844 eine Lehranstalt nach den Regeln ihres Ordens im Hauptort des Kantons eröffnet. Im Gefolge des Sonderbundskrieges von 1847 flohen diese drei Jahre später aus Schwyz. Die Schule verfiel.[237]

---

234 Sampers, Chronik 82/38, 109/44, 113/45; vgl. Doka, Schulwesen 36f.
235 Vgl. Planta, Pater Theodosius 79
236 Vgl. Die Gründung des Lehrschwesterninstituts vom heiligen Kreuz Menzingen 101
237 Bericht über die Jesuitenschule bei Fürer, Leben und Wirken 90ff.

Vertrag zwischen P. Theodosius und der Gründungsgesellschaft 1855
1854 war P. Theodosius auf der Suche nach einem geeigneten Mutterhaus für die beiden Schwesterngemeinschaften. Das leere Gebäude des noch vor wenigen Jahren prosperierenden Gymnasiums in Schwyz erinnerte ihn deutlich an die verlorene Auseinandersetzung um die Einflussnahme der Kirche in der Kantonsschule Chur. Man bot ihm das Kollegium zum Kauf an. Sein Plan war aber, dass das Haus seinem alten Zweck erhalten bliebe und als Lehrerseminar neu eingerichtet würde. Wie oder was entschieden werden sollte, dazu war der Bischof von Chur die alleinige Instanz.

Bereits am 19. November 1854 hatte P. Theodosius einen für die Zukunft des Kollegiums entscheidenden Brief an Bischof Kaspar von Carl geschrieben, nachdem er ihn bereits mündlich über die Pläne informiert hatte.[238] Der Bischof von Chur antwortete bereits am 22. November. Er könne erst dann seine volle Zustimmung zur Neueröffnung des Kollegiums geben, wenn die „Gebäulichkeiten mit sicherer Aussicht auf Bestand" verwendet werden könnten. So kam es am 6. Oktober 1855 zu einem Vertrag zwischen P. Theodosius und der alten Gründungsgesellschaft.

Altbau aus der Luft - Foto: 150 Jahre Kollegium Schwyz

P. Theodosius verpflichtete sich zu schwer erbringenden Leistungen:
- Errichtung eines Gymnasiums mit Realschule und eines Pensionates, sowie eines Konvikts für die Professoren
- Einrichtung und baulichen Unterhalt von Kirche und Kollegium auf seine Kosten
- Verzinsung der Passiva der Gründungsgesellschaft im Betrag von 78 000.- Fr. und allmähliche Abzahlung dieser Schuld in jährlichen Raten von wenigstens 60 000.- Fr.

Dabei sicherte sich die Gründungsgesellschaft dahingehend ab: „Wenn von dem Unternehmer die Lehranstalt aus irgendeinem Grunde nicht fortgesetzt werden könnte, fallen die Grundstücke und Gebäulichkeiten ohne jede Restitutionspflicht

---

238 Bättig, 150 Jahre Kollegium Schwyz 24

für getroffene Einrichtungen und geleistete Abzahlungen wieder an die Gründungsgesellschaft zurück."[239]

Noch im Herbst 1855 wurden die Sekundar- und Lateinschule des Dorfes ins Kollegium verlegt und an Weihnachten nahmen bereits zwei Professoren im Kollegium Wohnung.[240] Damit war eine für die Zukunft wesentliche Verbindung des Kollegiums mit der Bevölkerung in die Wege geleitet. Der Bischof von Chur erteilte seine Genehmigung am 26. Mai 1856, der Bischof von St. Gallen die seine schon am 20. Februar

P. Theodosius Florentini - Foto: Kollegium Schwyz - Museum

.

Feierliche Neueröffnung am 13. Oktober 1856
Nach neunjährigem Unterbruch konnte die Lehranstalt am 13. Oktober 1856 feierlich eröffnet werden mit 5 Professoren und 121 Studenten. Sie sollte sich sehr rasch und kräftig entwickeln. Ein Jahr später waren es 199 Studenten, die von 11 Professoren unterrichtet wurden. Das Rektorat führte P. Theodosius am Anfang selber.

Sicherung der Finanzen
Die Hauptlast der Geldbeschaffung trug damals P. Theodosius. Die Kaufsumme suchte er durch persönliche Sammlungen aufzubringen und durch Mithilfe von Ordensbrüdern, an deren Spitze P. Honorius Elsener stand.[241] P. Theodosius hatte eine unheimlich schwere Last übernommen. Er hatte die nötigen Gelder zu beschaffen, nicht nur für Auf- und Ausbau, sondern für den Unterhalt des Hauses und die Besoldung der Lehrkräfte sowie Renovierungsarbeiten an den Gebäuden. Bei allen Erfolgen auf dem Gebiete der Erziehung blieb doch das Kollegium in Schwyz auf Jahre hinaus eine schwere materielle Sorge.

---

239 Ebd. 27
240 Ebd. 29
241 Mürb, Geschichte 1,66

Unterstützung durch Ingenbohl

Das Kollegium war an sich mit dem Institut Ingenbohl nicht verknüpft. P. Theodosius wusste aber, dass er als sein Werk mit der vollen Unterstützung rechnen durfte. Die Schwestern - es waren zunächst jene von Menzingen übergetretenen Lehrerinnen - leisteten zu Beginn wertvolle Mithilfe bei der inneren Ausstattung des Hauses. Die einen führten emsig die Nadel in Anfertigung von Bettzeug und Wäsche, andere gewannen auf mühevollen Sammelreisen Beiträge an die Bau- und Einrichtungskosten.[242] Vom 19. Juni bis 1. September 1858 flossen z.B. wenigstens achtmal Gelder von P. Theodosius über Mutter M. Theresia oder direkt von ihr und den Schwestern nach Schwyz.[243] Von 1858 weg führten Barmherzige Schwestern die Hauswirtschaft im Kollegium.

Wenn P. Theodosius bei der Eröffnung des Schuljahres 1864/65 mitteilen konnte, dass bisher ungefähr 260 000 Fr. an Liebesgaben für das Kollegium eingegangen seien, hatten Mutter M. Theresia und die Schwestern ihren grossen Anteil daran geleistet.

Ausrichtung der Schultypen

Das Programm des Kollegiums erinnerte an das Jesuitenkollegium. Dennoch ist die Gründung nicht primär seine Weiterführung. P. Theodosius beurteilte die Bedürfnisse der Zeit anders. Er sah richtig, dass die Gesellschaft des 19. Jahrhunderts zunehmend von Technik und Industrie geprägt sein würde.

---

242 Elsener, Theodosius 42: „Seine von ihm gegründeten barmherzigen Schwestern durchreisten das halbe Europa... um die nötigen Gelder für das grosse Werk der geistigen, der schönsten Barmherzigkeit zu kollektiren. Auch Schreiber dieser Zeilen hatte die Ehre, für den gleichen Zweck einige Reisen zu machen".

243 Unter „Einnahmen 1858" finden sich im Archiv des Kollegiums Schwyz folgende Eintragungen:

19. Juni P. Theodosius durch Frau Mutter Theresia	Fr. 1 370.-
15. Juli P. Theodosius über Ingenbohl geschickt	Fr. 191.15
23. Juli Frau Mutter Th. Scherer, gesammelte Beträge	Fr. 200.-
11. August Frau Mutter Theresia, Chur, Sammlung	Fr. 160.-
14. August Frau Mutter Theresia, Sammlung	Fr. 90.-
18. August durch Sr. Mechtild von Frau Mutter Th. Scherer	Fr. 20.-
21. August von 4 Krankenschwestern in Tablat gesammelt	Fr. 80.-
1. September Frau Mutter Theresia Scherer, Sammlung	Fr. 170.-

Vgl. Positio 1991 dt II,311

Die Realschule der Jesuiten war zweiklassig und wurde auch als Sekundarschule bezeichnet. P. Theodosius wollte die Realschule vierklassig führen und sollte den „Anschluss an höhere Studien" garantieren.[244] Sie sollte vorwiegend auf gewerbliche und technische Berufe vorbereiten. Mit dieser Neuerung gab P. Theodosius Antwort auf die rasanten Entwicklungen im technischen Zeitalter. Aus dieser Realschule wurde später das naturwissenschaftliche Gymnasium.[245] Neben der Realschule erfuhr auch das humanistische Gymnasium eine neue Ausrichtung. Zum einen waren die Realien (Naturkunde, Geographie, Geschichte) stärker vertreten. Zum anderen verlor bei P. Theodosius das Latein seine absolute Vorrangstellung. Als zweites Fach hinter die Religionslehre setzte P. Theodosius die Deutsche Sprache (bzw. Rhetorik und Poesie). Er bediente sich der deutschen Sprache, um die geistigen Kräfte auszubilden.[246]

Italienischer Vorkurs - Foto: 150 Jahre Kollegium Schwyz

Sinn und Zweck der Lehr- und Erziehungsanstalt
Ziel und Zweck der Schule umschrieb P. Theodosius mit folgenden Worten: „Ihre wesentliche Grundlage ist Glaube und Leben der katholischen Kirche und ihr Zweck, den katholischen Jünglingen eine auf Religion, Sittlichkeit und gründliche Wissenschaft beruhende Bildung und Erziehung zu geben, die sie einerseits in den Stand setzt, sich jedem Berufe zu widmen, anderseits an ein den Lehren und Forderungen der katholischen Kirche entsprechendes Leben gewöhnt. Sie umfasst nämlich alle Richtungen des Lebens und alle Zweige zeitgemässer Bildung und zerfällt eben deshalb in Realschule (Industrie), Gymnasium und Lyzeum. Der die Anstalt belebende Geist soll ein religiöser, katholischer sein."[247]

---

244 Samson, Kollegium Schwyz 64f.
245 Bättig, 150 Jahre Kollegium Schwyz 29
246 Samson, Kollegium Schwyz 71ff.
247 Pater Theodosius Florentini, Erziehung und Selbsterziehung. Hrsg. von P. Rufim Steimer, Luzern 1911, 40

Der Ansatz, mit der Neugründung des Kollegium einen zukunftsweisenden Beitrag zur Verteidigung des katholischen Glaubens zu leisten, führte zur legitimen Oberaufsicht der Bischöfe, aber auch zur Verpflichtung, die Studierenden zu überzeugen, katholisch gebildete Akademiker zu werden.

Finanzielle Entlastung durch die Übernahme des Kollegiums durch die Bischöfe
Nicht nur der Bischof von Chur, sondern auch die Bischöfe von St. Gallen und Basel sollten die verantwortlichen Träger sein. Daran liess sich zum Zeitpunkt der Gründung noch nicht denken. Erst auf dem Hintergrund der prekären Finanzlage erfolgte die Überführung des Kollegiums in den Besitz der Bischöfe und damit zur Entlastung des Gründers.
Am 12. April 1864 legte P. Theodosius den in Fribourg versammelten Bischöfen einen Entwurf zur Gründung einer Aktiengesellschaft vor, um das Kollegium auf eine neue, gesicherte Basis zu stellen. Schon fünf Monate später am 8. September 1864 unterschrieb er voll Genugtuung den Abtretungsvertrag und war nun nach geradezu abenteuerlichen Jahren endlich entlastet. Die Bischöfe übernahmen mit der Lehrerschaft eine Schuldenlast von Fr. 200 000. P. Theodosius blieb noch eine Schuld von rund Fr. 39 000.[248]
Bis 1972 blieb das Kollegium unter der Trägerschaft der Schweizer Bischöfe, konnte sich als eine Schule mit theodosianischem Geist betrachten. Christian Schweizer schreibt im Editorial zur Studie von Lothar Samson über den Lehrplan von P. Theodosius; „Er (Theodosius) gehört, wie bereits mit dem Franziskaner-Konventualen und Pädagogen P. Grégoire Girard (1765-1859) geschehen, nachträglich auf den Sockel pädagogischer Grössen gestellt quasi als späteres Pendant zum Reformierten Johann Heinrich Pestalozzi (1746-1827)."[249]

---

248 Positio 1991 dt II,311
249 HF 34/1 2005,5

Die Gründung des Lehrschwesterninstituts Menzingen 1844

Baden war der Ort, wo P. Theodosius die Keime seiner späteren Unternehmungen legte. Im Rückblick sagte er am 23. August 1856 in einem Brief an den Bischof von Basel, dass er bereits in Baden den Plan hatte, neuartige „religiöse Kongregationen" ins Leben zu rufen: „Ich hatte vor 1839 den Plan entworfen, der antichristlichen Schulbildung eine christ-katholische Erziehung, der rationalistischen Behandlung der Armen, Verwahrlosten, Verbrecher eine auf den Prinzipien christlichen Glaubens und christlicher Liebe beruhende Verpflegung und Leitung mittels religiöser Kongregationen, die den Landesbedürfnissen entsprechend eingerichtet wären, zu begegnen."[250] Wenn man die Situation einbezieht, in der P. Theodosius 1856 schrieb, ist es nicht sicher, ob er bereits in Baden einen konkreten Plan hatte, durch Schwesterninstitute, wie sie bereits in Frankreich existierten, den Problemen und Nöten seiner Zeit zu begegnen.[251] Aber sicher ist, dass er in Schule und Caritas die Mittel sah, durch welche er den liberal-radikalen Zeitgeist mit dessen eigenen Waffen schlagen konnte.

Für seine Schulpläne bot ihm das Kloster Maria Krönung in Baden eine erste Gelegenheit. Als kleinen Schritt auf dem Gebiet der Caritas empfahl er die Berufung der Barmherzigen Schwestern ins Gemeindespital.[252]

---

250 Text abgedruckt bei: Gadient, Caritasapostel 516
251 P. Cajetan Krauthahn meint, dass er den Plan, ein Lehrschwestern-Institut zu errichten, im Elsass empfangen hatte: „Der in Frankreich von ihm empfangene Gedanke, ein Lehrschwestern-Institut zu errichten, fing an, in Altdorf sich zu verwirklichen und Fleisch und Blut, anzunehmen". Krauthahn, Pater Theodosius 17
252 Lebensabriss von P. Theodosius bis 1855; GenArchiv SCSC 03-051

1. Erste Schritte zur Verwirklichung seiner Pläne

Als Guardian lernte P. Theodosius die alte Schultradition des Klosters Maria Krönung kennen. Er nahm zunächst den alten Plan auf, die städtische Mädchen-Arbeitsschule ins Kloster zu verlegen. Aber die „Lage des Klosters" war so beschaffen, dass der Plan nicht sogleich ausgeführt werden konnte. Damit ist wohl nicht nur die interne Situation des Klosters gemeint, sondern besonders auch die kirchenpolitische Stimmung im Aargau und in der Schweiz.[253] Die liberalen Kräfte wollten ihre Kinder nicht den Klosterfrauen anvertrauen. Dieser Versuch ging negativ aus, aber es entstand der Plan eines Pensionates im Kloster.

Das Pensionatsprojekt in Maria Krönung in Baden

Es ist möglich, dass eine erste Anregung zur Erstellung eines Pensionates im Kloster von Sr. Seraphina Bochelen, der Leiterin des Klosters (1840-43), kam.[254] Sie stammte aus dem Elsass, wurde 1840 zur Konventoberin gewählt und war es während der Zeit der Verfolgung und Aufhebung des Klosters. In den Seligsprechungsakten von Mutter M. Theresia wird gesagt: Sie war fähig, „die frühere Tätigkeit der Schwestern wieder einzubeziehen, eine Frau mit den reifen menschlichen und intellektuellen Eigenschaften, die nötig sind, um eine Schule mit Initiative und persönlichem Urteil durch eine die religiösen Institute so schweren Zeit zu führen".[255] P. Theodosius wurde massgebender Förderer dieser Schulinitiative; er hatte in den folgenden Jahren die Rolle des Ratgebers, Führers, Mitarbeiters und Verfechters dieser Schule.

Unter Anfeindungen der liberalen Behörde konnte 1839/1840 die Schule eröffnet werden.[256] Sie gab zunächst jungen Frauen nach erfüllter Schulpflicht die Möglichkeit sich weiterzubilden. Es wurden auch junge Frauen aus anderen Teilen der Schweiz aufgenommen. Unter den circa 15 Schülerinnen fanden sich ebenso zwei protestantische Zürcherinnen. Das öffentliche Examen gleich im Herbst 1840

---

253 Vgl. Doka, Pater Theodosius Florentini 29
254 Sr. Seraphina Bochelen wurde am 17. März 1805 als Tochter des Bürgermeisters von Illfurth im Elsass geboren „Nach dem Beispiel ihrer Tante, Sr. Theresia, Schwester des Vaters, trat sie in Maria Krönung zu Baden ein, wo sie am 21. August 1826 ihre Profess ablegte. 1840 wurde sie zur Konventoberin gewählt und war es während der Verfolgung und Aufhebung des Klosters. Anfangs 1844 kehrte sie von Maria Opferung in Zug nach Maria Krönung in Baden zurück und starb dort am 2. Mai 1851. Vgl. Positio 1991 dt I,38
255 Zit. in Positio 1991 dt I,37
256 Wahrscheinlich war die Schule bereits in den letzten Monaten von 1839 eröffnet worden. 1839 liess die aargauische Regierung die Erlaubnis der Novizenaufnahme erhoffen. Bei der Aufhebung der aargauischen Klöster wurde Maria Krönung vorgeworfen, es se „heimlich und gesetzwidrig" vorgegangen. Die Schwestern verteidigten sich, kein Schulgesetz missachtet zu haben, da die Mädchen der Schule entlassen waren. Vgl. Positio 1991 dt I,39

bestätigte den erfolgreichen Unterricht. P. Theodosius dachte bereits an ein Lehrerinnenseminar.

In diese Schule kamen drei junge Frauen zur Ausbildung: Maria Anna Heimgartner (17) aus Fislisbach, Anna Kramer (16) von Wettingen und Walburga Mäder (15) von Baden. Diese drei jungen Frauen sollten eines Tages Lehrschwestern in Maria Krönung sein.[257] 1839 wurden sie als interne Kandidatinnen-Schülerinnen im neuerrichteten Institut aufgenommen. P. Theodosius übernahm die finanziellen Verpflichtungen.

Leider wurde das hoffnungsvolle Projekt jäh abgebrochen. Denn am 13. Januar 1841 wurden die aargauischen Klöster aufgehoben. Auch Maria Krönung unterlag. Die 18 Schwestern mussten ihr Kloster am 27. Januar verlassen. Einige begaben sich nach Zug ins Frauenkloster Maria Opferung, andere in die Kapuzinerinnen-Klöster von Solothurn und Freiburg in der Schweiz. Auch die Vorsteherin Sr. Seraphina Bochelen ging nach Mariä Opferung in Zug. Die Töchter wollten bei den Schwestern bleiben, aber der Ernst der Situation riet zur Heimkehr in ihre Familien.[258] P. Theodosius selber wurde verdächtigt, am Aufruhr der katholischen Bevölkerung beteiligt gewesen zu sein und wurde am 18. Januar 1841 des Landes verwiesen. Trotz innerem Widerstand entschied er sich zu fliehen, zunächst in die Innerschweiz, dann nach Illfurth im Elsass.

Klärung der Ordensgestalt bei den Schwestern der göttlichen Vorsehung in Ribeauvillé

Trotz Scheitern konkretisierte und entwickelte sich der Plan von P. Theodosius im Elsass weiter. Dort klärte sich, mit welcher Ordensgestalt seine Vorstellung von christlicher Schule verbunden werden sollte. P. Theodosius lernte Abbé Ignaz Mertian kennen und mit ihm das Institut der Vorsehung in Ribeauvillé bei Colmar. Im Austausch mit Mertian konnten seine Pläne konkretere Gestalt annehmen. Dieser hatte 1824 für die Gemeinschaft die Konstitutionen verfasst, die P. Theodosius eingehend studierte. Superior Mertian ermutigte ihn, „im Vertrauen anzufangen",[259] seinen Vorsatz, „die menschliche Gesellschaft mit christlichem Geist zu durchdringen", aufrecht zu erhalten und den Plan von Baden mit der Gründung eines Schulinstituts in der Heimat zu verwirklichen. Die Fühlungnahme mit dieser

---

257 Elsener, Theodosius 20: „...um die Töchter zu fähigen Schulschwestern heranzubilden."
258 Positio 1990,46; Positio 1991 dt I,43
259 Am 26. April 1845 schreibt P. Theodosius nämlich an den Bischof von Chur: „Deshalb ermunterte mich der Superior (Ignaz Mertian) mit Vertrauen anzufangen. GenArch SCSC 04-042

Institution und die folgende Ausbildung der drei ersten Menzingerschwestern in Ribeauvillé waren von unschätzbarem Wert.

Plan mit Sr. Seraphina Bochelen und den drei Schweizerinnen von Zug aus
Der Aufenthalt von P. Theodosius in Ribeauvillé im Elsass dauerte etwa ein Vierteljahr. Um die Osterzeit 1841 kehrte er in die Schweiz zurück und zwar ins Kapuzinerkloster in Altdorf. Sofort kümmerte er sich um die Weiterentwicklung seines Projektes. Er nahm wahrscheinlich Kontakt auf mit Sr. Seraphina Bochelen, die sich in Zug aufhielt, und eröffnete ihr und den Schwestern seinen Plan, die Pensionatsschule von Baden mit der Gründung eines Schulinstituts in der Heimat zu verbinden.[260] Sr. Seraphina war einverstanden, von ihren Schwestern waren jedoch nicht alle begeistert. Aber dennoch begab sich eine Schwester ins Elsass, um dort eine Möglichkeit zu studieren, ein Kloster für ihre Mitschwestern zu eröffnen. Diese Initiative wurde im Herbst 1841 abgebrochen. War es wegen der Kränklichkeit von P. Theodosius?[261]

Weitere Perspektiven eröffnete das Gespräch über das Schicksal der drei Schweizerinnen, die für das Schulprojekt in Maria Krönung vorbereitet wurden.[262] Denn wenige Monate nach der Aufhebung von Maria Krönung wandte sich Sr. Seraphina Bochelen an die drei aargauischen Kandidatinnen, die in ihren Familien weilten. Im Juni 1841 kamen Maria Anna Heimgartner und Anna Kramer zu den Ursulinen nach Freiburg im Breisgau. Vor ihrer Reise trafen sie sich mit Sr. Seraphina in Zug und erhielten wahrscheinlich Auskunft über die Ereignisse seit der Klosteraufhebung und Weisungen für ihre Ausbildung. Walburga Mäder ging zu den Ursulinen nach Freiburg im Üchtland und kam erst später zu den beiden anderen Schweizerinnen. Die Ursulinen kamen den drei jungen Frauen entgegen, indem sie die Pensionskosten reduzierten. Auch P. Theodosius beschaffte sich finanzielle Mittel durch seine schriftstellerische Tätigkeit und Vorträge, während Sr. Seraphina grossmütig ihre jährliche Pension nach Freiburg schickte.[263]

Die zwei jungen Frauen Maria Anna Heimgartner und Anna Kramer schlossen 1843 ihr Studium in Freiburg ab und kamen im Mai des gleichen Jahres für eine Art Postulat und Noviziat nach Ribeauvillé. Im Februar oder März 1844 kam auch Walburga Mäder dazu. Die drei Frauen erhielten neue Namen: Anna Maria Heim-

---

260 Positio 1991 dt I,45
261 Ebd. I,46
262 Positio 1990,47; Positio 1991 dt I,45
263 Summarium dt 15

gartner wird Sr Bernarda, Anna Kramer Sr. Feliziana und Walburga Mäder Sr. Cornelia. Das Studium umfasste die weitere Ausbildung für das Lehrfach, aber auch Einführung ins religiöse Leben, besonders in die Vorsehungsspiritualität.

2. Entstehen eines Institutsplanes in Menzingen

Im Sommer 1843 spielte sich ein Ereignis ab, das die Gründung eines Institutes auf anderem Weg erlaubte.[264] Johann Joseph Röllin, seit Februar 1843 Pfarrer in Menzingen, berichtete am 10. August 1843 in einem Brief an P. Landes, den Rektor des Germanicums in Rom: „Ferner sind einige exilierte Klosterfrauen aus dem Aargau willens in meiner Pfarrey ein Institut von Töchtern zu errichten, damit sie wieder etwas zur Ehre Gottes leisten können." Vorläufig handelte es sich nach Pfr. Röllin nur um einen „Plan in der Luft".[265]

Neue Gegebenheiten durch den Schulplan der Gemeinde Menzingen

Schon vor der Ankunft von Pfr. Röllin hatte sich für die Gemeinde Menzingen die Frage der Eröffnung einer Mädchenschule gestellt. Zu den Initianten gehörte der langjährige Gemeindepräsident und Landammann Hegglin und der mit P. Theodosius befreundete und ebenfalls aus Menzingen stammende P. Honorius Elsener. Es ist möglich, dass P. Honorius, der sich bereits in Baden aktiv an den Plänen des P. Theodosius beteiligt hatte, Pfr. Röllin mit den Plänen der Gründung eines Lehrschwesterninstituts durch P. Theodosius bekannt machte und der auch P. Theodosius über die neuen Begebenheiten informierte.[266] Pfr. Röllin nahm auf jeden Fall das Problem der Eröffnung einer Mädchenschule voll in sein Pfarreiprogramm auf.

Landammann Hegglin, Pfr. Röllin und P. Honorius wollten nun die in Zug exilierten Klosterfrauen aus dem Aargau in ihren Plan einbeziehen. Im Juni 1843 begaben sich Pfr. Röllin und Landammann Hegglin nach Zug, um die Absichten der Sr. Seraphina genauer kennen zu lernen und ihr die Leitung einer Schule vorzuschlagen, die im Dorf eröffnet würde. Sr. Seraphina sah die Möglichkeit, den Plan von Baden in Menzingen zu verwirklichen und schlug ihren Gesprächspartnern vor, ein Institut im Dorf zu errichten.[267]

---

264 Vgl. Doka, Pater Theodosius Florentini 44
265 Positio 1990,64ff.; Text abgedruckt ebd. 87; Positio 1991 dt I,49
266 Über den Beitrag von P. Honorius am Institutsplan vgl. Positio 1991 dt I,51f.; vgl. Positio 1990,68.
267 Positio 1990,71, Anm. 24; Positio 1991 dt I,54f.

Ein „toter Punkt" in der Konkretisierung des Planes

Aber wieder gab es einen Strich durch die Rechnung. Die Verhandlungen zwischen der Gemeinde Menzingen und den Schwestern wurden unterbrochen. Am 31. August 1843 bestätigte die Tagsatzung die Wiedereröffnung der aargauischen Frauenklöster. Die Schwestern von Maria Krönung kehrten am 3. Januar 1844 nach Baden zurück, ohne aber die frühere Erziehertätigkeit wieder aufzunehmen. Auch Sr. Seraphina, diese erfahrene und für neue Ideen offene Ordensfrau, musste nach Baden zurückkehren.

Für die drei jungen Frauen in Ribeauvillé, die sich auf die Unterrichtstätigkeit vorbereiteten, gab es nun keine Möglichkeit, das Angefangene fortzusetzen. In dieser schwierigen Situation musste P. Theodosius, der im abgelegenen Kloster Altdorf lebte, die Hoffnung aufgegeben haben, den Institutsplan zu verwirklichen. In seiner Ratlosigkeit schlug er den drei jungen Frauen in Ribeauvillé vor, sich den Ursulinen in Luzern anzuschliessen. Auf Sr. Seraphina hatte P. Theodosius grosse Hoffnungen gesetzt. Die Positio der Seligsprechung von Mutter Bernarda nennt dieses Moment als „toten Punkt" in der Geschichte der Konkretisierung eines langjährigen Planes.[268] Maria Anna Heimgartner und Anna Maria Kramer lehnten den Vorschlag von P. Theodosius ab und teilten ihm mit, sie würden lieber in Ribeauvillé bleiben als bei den Klausurschwestern in Luzern eintreten. Sie blieben dem Entschluss, Lehrschwestern zu werden, treu und baten in Ribeauvillé um Aufnahme ins Noviziat.[269]

Der Institutsplan in Menzingen - Beratung mit P. Theodosius in Altdorf im Juni 1844

Die Herren in Menzingen gaben den Plan der Gründung eines Lehrschwesterninstituts nicht auf. Am 16. März 1844 schrieb Pfr. Rohner von Fislisbach einen Brief an Dekan von Haller. Dieser Brief offenbart den Pfarrer als genauen Kenner sowohl des Badener Planes wie auch seiner Weiterentwicklung. Er bewundert die Pläne Gottes, dass das gute Werk, das „für einen beschränkten Kreis" begonnen war, nun für „einen grösseren wohltätig" gestaltet wird.[270]

Die Natur dieser Fragen veranlasste den Pfr. Röllin, die beiden Dekane von Haller und Schlumpf und Prof. Staub von Menzingen, wahrscheinlich durch P. Honorius angeregt, „P. Theodosius im Kapuzinerkloster Altdorf zu besuchen und mit ihm

---

268 Vgl. Doka, Pater Theodosius Florentini 38
269 Positio 1990,72; vgl. Moos, Zukunft aus dem Glauben 48f.
270 Brief abgedruckt in Positio 1990,60ff.; vgl. Positio 1991 dt I,67; Brief abgedruckt ebd. I,82f.

Rücksprache zu nehmen wegen des beabsichtigten Schulschwestern-Institutes".[271]

P. Theodosius sah im Besuch die Möglichkeit, eine Gründung ins Auge zu fassen nach einem Plan, der in den Ereignissen im Aargau und aus den Erfahrungen im Elsass herangereift war. Er unterbreitete den Gesprächspartnern den Plan, der nicht nur die Schule, sondern auch die Fürsorgewerke einschliessen sollte. Der Vorschlag wurde nicht verworfen, sondern aufgeschoben. Von Haller fasste die Begegnung in Altdorf mit den Worten zusammen: „Vor der Hand beschränkte man sich auf Schulschwestern." Wahrscheinlich insistierte auch P. Theodosius nicht auf dem umfassenden Plan, da er einsehen musste, dass nicht sofort auch der soziale Bereich zu entwickeln war.[272]

Neben wichtigen Fragen musste auch die Frage des franziskanischen Dritten Ordens Thema gewesen sein. P. Theodosius machte den Antrag, die Novizinnen von Ribeauvillé dem seraphischen Dritten Orden des heiligen Franziskus einzuverleiben. Es gab Meinungsverschiedenheiten unter den Geistlichen, so dass in Altdorf die Frage in der Schwebe gehalten wurde.[273]

Nachdem die Zielsetzung klar war, sprachen sich alle dafür aus, das Institut mit Hilfe der drei Novizinnen in Ribeauvillé ins Leben zu rufen. Alle Geistlichen dachten von Anfang an an die Gründung eines religiösen Instituts im kanonischen Sinn des Wortes, nicht nur an die Eröffnung einer Schule.

Die Teilnehmer an der Begegnung in Altdorf beharrten darauf, um die Ernennung von Sr. Seraphina zur Vorgesetzten des künftigen Instituts nachzusuchen.[274]

Beratung und Entscheid im Pfarreirat Menzingen

Da Pfr. Röllin die drei Novizinnen in seine Pfarrei aufnehmen und ihnen möglicherweise die Mädchenschule anvertrauen wollte, wurde der Institutsplan dem Pfarreirat von Menzingen vorgelegt.[275]

---

271 Die Positio von Mutter Bernarda nennt als Datum der Begegnung den Frühling 1844; die Positio von Mutter M. Theresia Scherer hingegen den 18. oder 19. Juni 1844 wegen eines Briefes vom 9. Juni 1856 an den Bischof von Basel, der von einer Sitzung in Schwyz am 16. Juni spricht; vgl. Positio 1990,72, Positio 1991 dt 72, Anm. 6
272 Positio 1991 dt I,73
273 Ebd. I,78f.
274 Positio 1990,76
275 Positio 1991 dt I,74

Man beriet über die „Errichtung eines Institutes für Mädchen... das von Schulschwestern übernommen würde".[276] Der Plan war dem Pfarreirat sehr sympathisch. Anfangs Juni 1844 stimmte er dem Projekt zu. Das Sitzungsprotokoll beschränkt sich auf die Beschlüsse.

3. Die Gründung des Instituts der Lehrschwestern von Menzingen

Gleich nach der Zusammenkunft im Juni 1844 in Altdorf begab sich P. Theodosius aufs Rigi-Klösterli, um sich gesundheitlich zu erholen und Konstitutionen zu entwerfen. Er hatte bei der so genannten Gründungskonferenz am 8. August in Menzingen schon einen Entwurf bereit.[277]

Die Gründungskonferenz am 8. August 1844 in Menzingen
Pfr. Röllin, Dekan Haller und P. Theodosius, der wohl zum erstenmal in Menzingen war, trafen sich im Pfarrhaus zu Menzingen. Zwei Dokumente sind erhalten, beide wahrscheinlich von Pfr. Röllin verfasst. Das erste Dokument enthält sechs Beschlüsse, die aber nur von Pfr. Röllin unterschrieben wurden. Das zweite Dokument wird im Institutsarchiv aufbewahrt und enthält fünf der sechs Beschlüsse. Dieser Text wurde wahrscheinlich später bearbeitet.[278]
Diskussionen und Beschlüsse waren:
1. Die Frage der Regel muss definitiv bereinigt werden. Das erste Dokument enthält die Diskussion über dieses Thema. Pfr. Röllin und vielleicht auch die Dekane Schlumpf und von Haller waren geneigt, für das neue Institut die Regel und die Konstitutionen der Schwestern von Ribeauvillé zu übernehmen. P. Theodosius machte den Antrag, die Novizinnen von Ribeauvillé dem seraphischen Dritten Orden des heiligen Franziskus einzuverleiben, was dann auch beschlossen wurde. Wegen der Meinungsverschiedenheiten heisst es im Protokoll, dass die beiden Herren „endlich" die Einwilligung gaben.
2. Gründung einer Hilfsgesellschaft: Man nahm die Gründung einer „Gesellschaft gutwilliger Menschen" zur Beschaffung der notwendigen Mittel in Aussicht. Mit der Gründung der Hilfsgesellschaft einige Jahre später kam eine solche Organisation zur ökonomischen Unterstützung des Instituts zustande.

---

276 Positio 1990,73; Positio 1991 dt I,70
277 Positio 1990,154
278 Positio 1990,73f.; Positio 1991 dt I,77

3. Es sollte ein Prospekt, der über die Notwendigkeit und Wichtigkeit des Instituts informierte, verfasst werden. Erst im Oktober 1845 wurde in Chur ein Zirkular veröffentlicht.
4. Dem apostolischen Nuntius sollte eine Bittschrift unterbreitet werden, um Sr. Seraphina Bochelen die Leitung des Institutes anzuvertrauen.
5. Das Institut sollte mit den drei Aargauerinnen gegründet werden.
6. Pfr. Röllin wurde als Ortspfarrer beauftragt, mit dem Diözesanbischof Joseph Anton Salzmann zu verhandeln, um „für dies Projekt seine oberhirtliche Genehmigung zu erhalten". Die Verhandlungen wurden dann aber dem angesehenen Dekan von Haller überlassen. Der Bischof von Basel erteilte Pfr. Röllin die mündliche Zustimmung, wie wir aus einem Brief des Oberhirten an ihn vom 27. November 1844 erfahren.[279]

Professfeier oder Gründungsakt des Instituts der Lehrschwestern vom 16. Oktober 1844

Nach der Gründungsversammlung von Menzingen widmete sich P. Theodosius der Ausarbeitung der Konstitutionen. Die drei Frauen in Ribeauvillé wurden benachrichtigt und angefragt, ob sie in ihre Heimat zurückkehren möchten. Sie sollen sich darüber sehr gefreut haben. Auf der Heimreise machten sie einen Aufenthalt bei ihren Eltern und im Kloster Maria Krönung in Baden, um Sr. Seraphina zu besuchen.[280] Das nächste Ziel war Altdorf, wo sie P. Theodosius erwartete. Er bemühte sich um die letzten Vorbereitungen für die neue Aufgabe des Schulehaltens und die Ablegung der Profess. Besonders aber führte er sie in die Konstitutionen und deren Geist ein. Es ist überliefert, dass die drei Novizinnen, dem damaligen Brauch entsprechend diese von Hand abgeschrieben haben. Auch wird sie P. Theodosius in den wenigen Tagen in Altdorf mit der franziskanischen Spiritualität vertraut gemacht und das als genügend empfunden haben.

Bereits am 16. Oktober 1844 legten die drei Novizinnen in der Kapelle des Kapuzinerklosters einfache Gelübde auf ein Jahr ab und wurden in den Dritten Orden aufgenommen.[281] Diese Feier bekam eine besondere Bedeutung für die Ge-

---

279 Positio 1990,78
280 Positio 1990,79. Bestand noch Hoffnung, dass Sr. Seraphina ihre Vorgesetzte werde? Wir wissen es nicht. Sicher ist nur: Nach der Konferenz in Menzingen verlässt sie die Bühne. In keinem zeitgenössischen Dokument ist nunmehr die Rede von ihr. Vgl. Positio 1991 dt I,81
281 Sampers, Memoiren einer unbekannten Lehrschwester 68: Am 16. Oktober 1844 werden sie dann von ihm in der Kirche der Hochw. Kapuziner in den III. Orden des hl. Vaters Franziskus aufgenommen.

schichte der Gründung des Lehrschwesterninstituts von Menzingen, weniger wegen ihres juristischen Wertes als vielmehr wegen der moralisch-symbolischen Bedeutung. Sie ist das eigentliche Gründungsdatum des Instituts der Lehrschwestern vom heiligen Kreuz Menzingen.

Als Vorgesetzte der jungen Gemeinschaft war zuerst Sr. Seraphina Bochelen vorgesehen. Als sich dieser Plan zerschlagen hatte, machte P. Theodosius bereits in Altdorf Sr. Bernarda Heimgartner zur Vorgesetzten der kleinen Gruppe und des entstehenden Schwesterninstituts. Die erst 22jährige Sr. Bernarda übernahm mit Geschick und Eigenständigkeit die Leitung und wurde ab 1845 Mutter Bernarda genannt.[282]

Gelübdeablegung auf juristisch unsicherer Grundlage

Was aber ist in dieser Feier juristisch geschehen? Sicher ist, dass P. Theodosius die drei Frauen in den Dritten Orden des hl. Franziskus aufgenommen hat. Dazu genügte die Ermächtigung von P. Theodosius durch den Guardian des Klosters, P. Adelrich Baumgartner.[283] Die Schwestern legten aber auch Gelübde auf der Grundlage der von P. Theodosius provisorisch entworfenen Konstitutionen ab. Mutter Bernarda Heimgartner beginnt ihr „Tagebuch" mit den Worten: "Jahr 1844. Den 16ten legten Schwester M. Félicienne, Cornélie und Bernarda in Altdorf in der hl. Kirche der ehrw. Väter Kapuziner die Gelübde ab."[284]

Es ist sehr wahrscheinlich, dass das Anliegen des neu zu gründenden Instituts und dessen Statuten am 8. Oktober 1844 die mündliche Zustimmung des Churer Bischofs Caspar von Carl gefunden haben. Am 2. Juli 1845 gewährte dieser dem Institut und seinen Konstitutionen die ersehnte kirchliche Approbation, „insofern dieses Institut innert den Grenzen Unserer Diözese und Administration gegründet und eingeführt werden kann".[285]

Da die Gültigkeit der Profess vom Provinzial der Kapuziner P. Bonifaz Buri (1843-1845) in Altdorf angezweifelt worden war, legten die ersten fünf Mitglieder des neuen Instituts am 27. Oktober 1845 ihre Profess auf die nun auch schriftlich approbierten Konstitutionen ab. Auf dieses Ereignis hin gewährte der Bischof von

---

282 Wahl zur Oberin am 27. Oktober 1845; vgl. Positio 1990,119; vgl. Henggeler Rudolf OSB, Das Institut der Lehrschwestern vom Heiligen Kreuze in Menzingen (Kt. Zug) 1844-1944, Menzingen 1944,23
283 Positio 1991 dt I,89
284 Sampers, Chronik 1/25
285 Positio 1990,161; Positio 1991 dt I,87

Chur am 26. Oktober 1845 die zweite Approbation.[286] Dem Bischof von Basel Joseph Anton Salzmann, in dessen Bistum Menzingen lag, legte Mutter Bernarda Heimgartner erst im September 1851 die Konstitutionen vor. Die Approbation, die er erteilte, galt für die Diözese Basel und trägt das Datum vom 2. Oktober 1851.[287]

4. Die Konstitutionen von 1844/1845/1852

Nach dem Gründungsakt des Instituts am 16. Oktober 1844 arbeitete P. Theodosius den ersten Entwurf der Konstitutionen weiter aus und konnte ihn am 10. April 1845 dem Bischof von Chur Kaspar von Carl zur Genehmigung vorlegen.[288] Unklarheiten erforderten noch zwei weitere Briefe am 26. April und am 3. Mai 1845.[289]

Anfragen an den Bischof Kaspar von Carl zu den ersten Konstitutionen
Im Brief am 10. April 1845 nennt P. Theodosius drei Quellen, die er für die Verfassung der Konstitutionen benutzte: Die Regel des Dritten Ordens, die Konstitutionen der Grazer Schulschwestern und die Konstitutionen des Ribeauviller Instituts. Bei der ersten Quelle, der franziskanischen Regel, weiss P. Theodosius nicht, an welche Regel des Dritten Ordens er sich halten soll. Bisher lebten die Schwestern nach der Regel des Dritten Ordens, welche für die Weltleute passt und von Papst Nikolaus IV. 1289 approbiert wurde. Diese lässt leichter Veränderungen zu. Die andere Regel ist jene des Regulierten Dritten Ordens und wurde von Papst Leo X. 1521 approbiert. Veränderungen an dieser Regel bedürften der päpstlichen Genehmigung.

Als zweite Quelle benutzte P. Theodosius den Entwurf der Grazer Schulschwestern (Franziskanerinnen von der Unbefleckten Empfängnis). Diese Schwestern haben die Regel des Regulierten Dritten Ordens und haben päpstliche Genehmigung. Sie wurden von Papst Gregor XVI. am 15. Juli 1843 genehmigt und stehen unter der Direktion des ersten Ordens des hl. Franziscus. Diesen Punkt möchte P. Theodosius dem Bischof überlassen, weil die Wahl des Direktors oder Superiors nach seiner Meinung dem bischöflichen Ordinariate anheimgestellt sein sollte.

---

286 Zu den drei ersten Schwestern kamen Sr. Aloisia M. Winiger und Sr. M. Theresia Scherer; vgl. Positio 1990,162; Positio 1991 dt I,89
287 Positio 1990,163; Text abgedruckt ebd. 413
288 GenArchiv SCSC 04-042; vgl. Positio 1990,158. Der Text ist abgedruckt ebd. 172
289 GenArchiv SCSC 04-042 und Positio 1990,176 und 179

Im Brief nennt P. Theodosius als nächste Quelle die Konstitutionen des Ribeauviller Instituts. An diese hielt er sich bei den besonderen Lebensvorschriften für Schwestern. Er liess sich ziemlich ins Einzelne ein, um möglichst wenig der Willkür der einzelnen Schwestern zu überlassen.

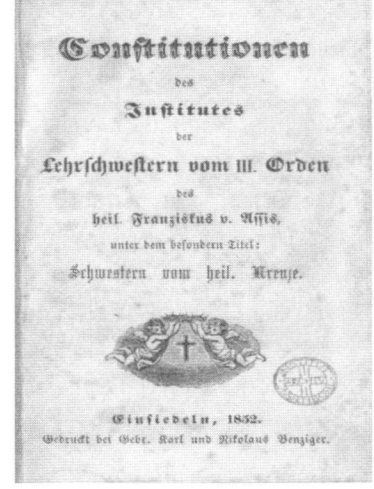

Dann erwähnt P. Theodosius drei Veränderungen, die er anbrachte und zwar in Bezug auf die Gelübde, das Breviergebet und das Fasten. Er entschied sich für eine Ordensform mit zeitlichen Gelübden. Der Hauptgrund dafür ist die Reinbewahrung des Instituts von „Mitgliedern, die demselben irgendwie zum Schaden und zur Unehre" gereichen. Als Beispiel für die temporären Gelübde erwähnt er den Superior von Ribeauvillé, Abbé Ignaz Mertian.

Foto: GenArchiv SCSC

Ein weiteres Anliegen des P. Theodosius ist die Bestimmung über die geistliche Direktion des Instituts. Er will diesen Punkt dem Entscheid des Bischofs überlassen, muss aber in zwei weiteren Briefen vom 26. April und 3. Mai Stellung beziehen. P. Theodosius will an der Spitze des Instituts keinen Direktor mit zu grossen Vollmachten haben. „Deshalb soll an der Spitze des Institutes nicht ein Direktor sein, sondern die Generaloberin mit ihrem Rat. Der Direktor soll im Namen des bischöflichen Ordinariates über das Institut wachen."

Am 2. Juli 1845 wurden die Konstitutionen vom Bischof von Chur approbiert. Wahrscheinlich wurden sie später mit den Erfahrungen der ersten Monate dem Bischof nochmals vorgelegt; denn unter dem Datum des 26. Oktober 1845 gewährte der Bischof von Chur die zweite Approbation.[290] Die erste gedruckte Ausgabe der Konstitutionen erschien 1852 bei Benziger in Einsiedeln. Sie enthielt die Approbation des Bischofs von Basel, Josef Anton Salzmann vom 2. Oktober 1851 für seine Diözese.[291] Bestimmte Anfragen von P. Theodosius an den Bischof zeigen, dass die kirchenrechtliche Seite des neuartigen Ordensmodells noch nicht vollständig festgelegt war.

---

290 Göcking Sr. Cornelia, Entwicklung unserer Konstitutionen. Sonderdruck aus der Theodosia 1987
291 Summarium dt 21

Klar durchdachter Aufbau
P. Theodosius liess sich von den benützten Ordensregeln und -statuten inspirieren, aber seine Konstitutionen erscheinen als eine selbständige Schöpfung. Schon im äusseren Aufbau wich er von den benutzten Quellen ab.[292] Er untergliederte die Konstitutionen in Abschnitte, die Abschnitte in Kapitel, die Kapitel in Punkte.
1. Abschnitt: Allgemeine Bestimmungen: Zweck des Instituts, Regel des Instituts, die Gelübde und ihre Verbindlichkeit, Geist des Instituts.
2. Abschnitt: Besondere Lebensvorschriften: Der Gehorsam, die Armut, die Keuschheit, die Übungen der Andacht und Frömmigkeit, Übungen der Demut und Selbstverleugnung, von der Nahrung der Schwestern, Kleidung und Gerätschaften, Arbeits- und Erholungszeit, Tagesordnung, Pflichten der Obern, Pflichten der Untergebenen, Pflichten der Schwestern gegeneinander, Pflichten gegen Kranke und Verstorbene, Verhalten gegen Auswärtige, die Schule, Verhalten der Schwestern gegen Seelsorger der Gemeinde, Verhalten gegen Gemeinde- und Schulbehörde, die Versetzungen, das Reisen, Schlussbestimmungen.
3. Abschnitt: Erhaltung des Institutes durch Aufnahme neuer Mitglieder: Das Kapitel spricht über die Bedingungen zum Eintritt, die Prüfungszeit, die Profession, von dem Austritte aus dem Institute.
4. Abschnitt: Wirksamkeit des Instituts. Themen sind: Gegenstand der Wirksamkeit im Allgemeinen, Bedingungen hinsichtlich der Übernahme von Elementarschulen, Besetzung der Lehrstellen, vom Aufgeben übernommener Schulanstalten.
5. Abschnitt: Die Vorgesetzten des Instituts und von der Jurisdiktion über das Institut.
Weitere Erläuterungen zu wichtigen Themen der Konstitutionen werden im nächsten Kapitel aufgegriffen, wenn von den Merkmalen des neuartigen Ordensmodells die Rede sein wird.[293]

5. Die ersten Jahre des jungen Instituts
Gleich nach der Profess nahmen die drei Schwestern am 17. Oktober Abschied von Altdorf und begaben sich nach Menzingen. Sie wurden von Pfr. Röllin freundlich begrüsst.

---

292 Henggeler, Lehrschwestern 33ff.
293 Vgl. Der Entscheid für das neuartige Ordensmodell von Frauen 107ff

Anfänge in Menzingen

Ihre erste Unterkunft fanden die Schwestern im Haus des Leutnants Uhr. Dort hatte ihnen eine ledige Schwester des Leutnants zwei Kammern hergerichtet.[294] Der Kirchenrat wurde beauftragt für ein Schullokal zu sorgen. Dieses wurde in der sogenannten Engelburg gefunden. Pfr. Röllin forderte nämlich am Dankfest des Jahres 1844 seine Gemeinde auf, Gott zu danken, dass diese „Engel" der Schule der Gemeinde gesandt worden seien.

Am 29. Oktober 1844 hielten die Schwestern in Gegenwart von Pfr. Röllin eine kleine Vorprüfung ab und teilten die Mädchen in zwei Gruppen ein, in eine Oberstufe und eine Unterstufe. Am 3. November begann Sr. Félicienne mit insgesamt 32 Mädchen den Unterricht an der Oberstufe und Sr. Bernarda am 27. November mit 56 Mädchen an der Unterstufe. Dazu gab sie den Beichtkindern Unterricht am Sonntag. Am Ende des Schuljahres am 21. August 1845 wurde zum ersten Mal zur Zufriedenheit der Schulkommission Schulprüfung gehalten. Zugleich wurde die Mädchenschule, die zunächst eine Art Privatunternehmen war, eine öffentliche Schule. In Menzingen wurde im Herbst 1845 ein neues Schulhaus gebaut und Sr. Bernarda und Sr. Aloisia erneut mit der Schule betraut.[295]

Mutter Bernarda Heimgartner - Foto: Generalat Schwestern vom Hl. Kreuz Luzern

Bereits ein Jahr nach der Gründung übernahmen die Schwestern die ersten Schulen ausserhalb Menzingens: Galgenen, Baar, Ägeri, Arth. In Baar stiessen sie zum ersten Mal auf Skepsis und Widerstand.[296] 1847 kam Sr. Cornelia Mäder an die Hofschule in Chur.

Am 1. Oktober 1845 hatten die Schwestern ihre bisherige Wohnung bei den Geschwistern Uhr verlassen und mitten im Dorf ein ganz nahe bei der Kirche gelegenes Haus gemietet. Es steht heute noch und zeigt oben im Giebel ein als Fresko gemaltes Muttergottesbild.[297]

---

294 Henggeler, Lehrschwestern 22
295 Ebd. 45
296 Sampers, Chronik 94/41; Doka, Schulwesen 31ff.
297 Henggeler, Lehrschwestern 40 mit Abbildungen

Bald nach der Schuleröffnung, am 9. November 1844, kamen die beiden ersten Kandidatinnen, Rosa Winiger von Rapperswil und Antonia Dormann von Jona. Antonia Dormann verliess Menzingen bald wieder. Sr. Cornelia schien das Klima von Menzingen von Anfang an nicht gut zu bekommen. Sie ging im Januar 1845 in Begleitung mit der einzigen Kandidatin nach Altdorf. Dadurch wurde das Noviziat für kurze Zeit nach Altdorf verlegt. Am 1. März 1845 trat Katharina Scherer ein, die spätere Mitbegründerin des Instituts der Barmherzigen Schwestern. Im Juli 1845 kam das Noviziat wieder nach Menzingen. Vorher nahm P. Theodosius die zwei Postulantinnen Rosa Winiger und Katharina Scherer ins Noviziat auf. Mutter Bernarda gab den beiden im Auftrag von Pfr. Röllin neue Namen: Aloisia und M. Theresia.[298] Am 3. Oktober 1846 kamen drei weitere Frauen ins Noviziat. 1847 traten zwei junge Frauen aus dem süddeutschen Raum ein.[299]

Die Zahl der Mitglieder nahm rasch zu. In vielen Gemeinden begann man, für Mädchenschulen warm zu werden. Die Anfragen mehrten sich, die Zahl der zur Verfügung stehenden Lehrerinnen wuchs auch, hielt aber nicht Schritt mit den Bedürfnissen. Lehrschwestern wurden als kostengünstige Lehrkräfte immer begehrter und die Nachfrage wuchs stetig. Dekan von Haller mahnte Mutter Bernarda deshalb, vorsichtig zu bleiben und unter keinen Umständen zu viele Kandidatinnen aufzunehmen.[300] Anderseits musste Mutter Bernarda sich von Anfang an wehren, als Reservoir für billige Lehrkräfte ausgenutzt zu werden.

Der Aufenthalt in Graubünden und die Rückkehr nach Menzingen (1849-1851)

In Zug geschah 1847 ein politischer Umschwung. Seine Milizen kämpften im Sonderbundskrieg auf Seiten der Sonderbundskantone und kapitulierten kampflos bei Gisikon. Die Radikalen übernahmen die Macht in den katholisch-konservativen Kantonen Wallis, Zug und Freiburg. Das Erziehungswesen wurde unter die Oberaufsicht des Kantons gestellt. Diese Tatsachen brachten es mit sich, dass das Institut Menzingen den Vorwurf zu hören bekam, es sei dem Jesuitenorden „affiliert". Von Bern aus erging das Ersuchen an den bischöflichen Vertreter, Kommissar Bossard in Zug, über die „Konstitutionen, Ordensregeln und Verhältnisse zur Kongregation der Jesuiten" Bericht zu erstatten. Am 13. März 1848 übermittelte er

---

[298] Sr. M. Theresia gibt im Gewissensbericht als Datum den Monat Juli an: „Wir blieben bis Juli in Altdorf, dann zogen wir nach Menzingen, wo ich mein Noviziat begann." Vgl. Autobiographische Aufzeichnungen GenArchiv 02-002
[299] Henggeler, Lehrschwestern 48
[300] Sampers, Chronik 90/40

die Antwort der Regierung. Diese nahm am 23. März davon Kenntnis und leitete sie nach Bern weiter.[301] In Bern überzeugte man sich bald von der Ungefährlichkeit der Lehrschwestern und sandte die Dokumente wieder zurück.

Gefährlicher als diese Vorgänge erschien P. Theodosius für das junge Unternehmen der sog. Städele-Handel, der sich 1849 abspielte.[302] Wenn er auch das Institut selber nicht direkt berührte, jedoch dessen Superior, Pfr. Röllin. Theresia Städele tauchte im Juli 1848 in Menzingen auf und gab vor, Ekstasen zu haben und blutigen Schweiss zu vergiessen. Pfr. Röllin fiel auf ihre Betrügereien hinein, und es gab einen grossen Zulauf zu dieser neuen „Seherin". Schliesslich griff die Polizei ein. Die Regierung sah davon ab, gegen Pfr. Röllin Strafanzeige zu erheben. So verblieb er in Menzingen. Der Unwille der Bevölkerung richtete sich auch gegen die Schwestern.

P. Theodosius, der Pfr. Röllin mit seiner Neigung zu Leichtgläubigkeit und Mystizismus nie passend fand als Superior für die junge Gemeinschaft, bekam Angst, er könnte das Institut mit solchen Ideen anstecken. Er nahm diese Begebenheiten zum Anlass, die Schwestern aus dem Zugerland weg in seine Nähe zu rufen. Auch die Entfernung von Menzingen war mit ein Grund, warum er 1849 das Mutterhaus nach Rhäzüns und 1850 nach Zizers verlegte.[303]

Im Sommer 1849 brachten zwei Schwestern mit einigen Kandidatinnen und einer Anzahl Handwerkern das Schloss in Rhäzüns in einen bewohnbaren Zustand. Gegen Ende des Sommers kamen weitere Schwestern, denen dann die Novizinnen und Kandidatinnen und schliesslich auch Mutter Bernarda folgte. In Menzingen blieben nur zwei Schwestern und eine Kandidatin zur Besorgung der dortigen Schule. Mutter Bernarda bemerkte in ihrem „Tagebuch": „Verschiedene missliche Umstände bewogen uns einstweilen, Menzingen zu verlassen" und „In diesem Schloss hatten wir nun das Mutterhaus."[304] Das Pensionat konnte am 1. Oktober 1849 mit 20 Zöglingen eröffnet werden. Dazu kamen noch die Novizinnen und Kandidatinnen. Die ersten Examen an Ostern 1850 nahmen einen guten Verlauf. Bald aber musste die Schule ins Schloss Zizers verlegt werden, denn der eine

---

301 Gleichzeitig wurden zwei Töchter aus dem Bayerischen, die keine Ausweispapiere hatten, die aber nichts mit Menzingen zu tun hatten, aus dem Kanton ausgewiesen. Henggeler, Lehrschwestern 50
302 Henggeler, Lehrschwestern 50f.
303 Ebd. 51; vgl. die zusammenfassenden Ausführungen über die Motive der Verlegung in Positio 1990,193
304 Sampers, Chronik 125/47f.

Besitzer kündete seinen Anteil am Schloss Rhäzüns auf den Beginn des Jahres 1851.[305] Der andere Teil reichte nicht mehr aus für das ganze Unternehmen.
Die Schule schien sich gut zu entwickeln. Jedoch zeigte es sich, dass im Kanton Graubünden an eine gedeihliche Entwicklung des Instituts nicht zu denken war. So beauftragte P. Theodosius seinen Ordensbruder P. Honorius Elsener, sich für die Weiterentwicklung im Zugerland umzusehen.[306] Entgegen früherer Bedenken gab Florentini das Einverständnis, in Menzingen nach einer dauerhaften Lösung zu suchen.[307]

Die Gründung eines Hilfsvereins, der Kauf eines Mutterhauses und die Gründung einer Lehrerinnenseminars in Menzingen

Da es in der Schweiz noch keine passenden Ausbildungsmöglichkeiten für das Lehrfach von Frauen gab, musste der Boden für den Volksschulunterricht erst noch bereitet werden, mussten die Gemeinschaften diese selber schaffen.

Errichtung einer „Institutsschule"
Es hatte sich zuerst in Altdorf, dann in Menzingen eine „Hausschule", später „Institutsschule" genannt, gebildet.[308] Sie stand unter der Leitung der tüchtigen, leider gesundheitlich geschwächten Sr. Cornelia Mäder. Ihr stand P. Theodosius mit seinem Rat zur Seite. Die Ausbildung der ersten Lehramtskandidatinnen fiel lückenhaft aus. Darunter litt vor allem Sr. M. Theresia Scherer.
Auf drei verschiedene Klassen verteilten sich damals 50 junge Frauen. Die dritte Abteilung umfasste nur 9 Schülerinnen, unter denen sich die Lehramtskandidatinnen für Schulschwestern befanden. Berichte des Erziehungsrates des Kantons Graubünden betonen die vorzügliche Ausbildung der Lehramtskandidatinnen im dritten Kurs.
Für die pädagogische und methodische Schulung der Lehramtskandidatinnen waren die Grundsätze von P. Theodosius und die Richtlinien vom Rappoltsweiler-Institut massgebend. Wichtig ist in diesem Zusammenhang die „Schulorganisation", die P. Theodosius verfasste, um den Schwestern im Primarschulunterricht Wegweiser sein zu können. Diese erschien erst 1853 im Druck, war aber wohl

---

305 Ebd.139/51; das St. Johannesstift in Zizers war ein altes Schloss des von Salis. Das Schloss war nicht mehr bewohnt seit 100 Jahren (ausser 1850-54) 1902 wurde es Priesterhospiz.
306 Positio 1990,216; Henggeler, Lehrschwestern 59
307 Binotto Thomas, Durch alle Stürme. Bernarda Heimgartner - Ordensgründerin und Kämpferin für die Bildung der Frauen, Luzern 2003,93ff.
308 Sampers, Chronik 111/44; Binotto, Durch alle Stürme 68; spricht von der Hausschule.

schon 1844 in ihren Grundzügen vorhanden.[309] Trotz erfreulicher Resultate mussten Anstrengungen zu einer besseren Bildung gemacht werden. P. Theodosius liess auch noch von Chur aus Schwestern auf eigene Kosten ausbilden. So zahlte er z. B. für Sr. Agnes Heimgartner und Sr. Clara Schibli die Studienkosten in Zug und Freiburg.[310]

Die Errichtung eines Lehrerinnenseminars, die Gründung eines Hilfsvereins und der Kauf eines Hauses als Mutterhaus 1851/1852
Nach der Rückkehr des Mutterhauses nach Menzingen kam auch die Institutsschule wieder in die alte Heimat, während das Töchterpensionat nach Rorschach übersiedelte. Im Kanton Zug war bereits vor der Verlegung des Mutterhauses nach Graubünden der Grund für eine Lehrerinnenbildungsanstalt gelegt worden.[311] Nach der Verlegung des Mutterhauses nach Menzingen ging die Initiative vor allem von P. Honorius Elsener aus, der in engster Fühlungnahme mit P. Theodosius ans Werk ging.
Durch seine Bemühungen bildete sich eine Hilfsgesellschaft zur Gründung eines Lehrerinnen-Seminars und Ankauf eines zweckmässigen Mutterhauses. P. Honorius liess die „Einladung zur Bildung eines Hilfsvereins für Gründung des Lehrschwesterninstituts im Kanton Zug" ergehen. Er legte darin die Notwendigkeit dar, der wachsenden Irreligiosität auf dem Gebiete der Erziehung durch eine religiöse Gemeinschaft zu steuern. 1844 habe P. Theodosius eine solche religiöse Genossenschaft ins Leben gerufen. Diese Lehrschwestern wünschten nun, im Kanton Zug ein Seminar für Lehramts-Kandidatinnen zu errichten und mit demselben ein Pensionat für Töchter und eine Versorgungsanstalt für gediente und schwächliche Lehrerinnen zu verbinden. Dafür benötigten aber die Schwestern ein Haus, das sie bei ihrer kargen Besoldung nicht selbst beschaffen könnten. Daher sollte eine Hilfsgesellschaft gegründet werden, die dies ermöglichte.[312]
Am 4. September 1850 erfolgte auf dem Gubel die Gründung „des Hilfsvereins für Lehrschwestern", zu der 16 Teilnehmer sich einfanden. Der Regierungsrat erteilte am 7. Oktober 1850 die Genehmigung zur Errichtung eines Seminars für Lehrerinnen, „mit der Bedingung, dass dieselbe, wenn sich früher oder später ergeben

---

309 Samson, Kollegium Schwyz 53
310 Doka, Schulwesen 49
311 Bereits in Maria Krönung in Baden hatte man an die Ausbildung von Lehrschwestern gedacht.
312 Sampers, Chronik 168/56, 169/56, 171/57; Positio 1990, 217f.; vgl. Henggeler, Lehrschwestern 60

würde, dass die Lehr- und Schulschwestern Affilierte des Jesuitenordens seien, sofort zurückgezogen werden solle."³¹³

Der Hilfsverein kaufte nun für das junge Institut im Dorfe Menzingen ein grosses, ziemlich geräumiges Haus um 6 300 Zürcher Gulden oder 8 702 Fr. alte Währung. Am 3. Mai 1851 fand die Übergabe des Hauses an Frau Mutter Bernarda statt. Im September 1851 reiste diese mit Sr. Paulina Fuchs zu Bischof Salzmann nach Solothurn, um mit ihm die Angelegenheiten des Hauses zu besprechen und ihn um die Approbation der Konstitutionen zu bitten, die ohne weiteres am 2. Oktober 1851 gewährt wurde.

Mutterhaus in Menzingen, 1851 den Schwestern von der Hilfsgesellschaft
Den Schwestern zur Verfügung gestellt, rechts Anbau von 1858 - Foto: IKO IAM

Die meisten Lehrschwestern verliessen Zizers und liessen sich in Menzingen nieder. Zum Herbst 1851 bemerkt Mutter Bernarda in ihrem Tagebuch, dass „einige Schwestern und Kandidatinnen (von Zizers) nach Menzingen ins Mutterhaus zurückreisten. Das für uns vom Hilfsverein gekaufte Haus soll für jetzt an unser Mutterhaus sein, denn als Solches wurde es von Kirche und Staat genehmigt unter dem Namen Lehrerinnenseminar."³¹⁴

Lehrerinnenseminar Menzingen - Foto: IKO IAM

P. Theodosius hatte zu dieser Zeit in Chur genug zu schaffen mit der Heimindustrie, dass er sich nicht allzuviel um den Gang der Dinge im Zugerland kümmern konnte. Aber für die Beschaffung von Lehrbüchern wollte man P. Theodosius anfragen. Am 12. Mai 1852 fand die dritte Generalversammlung des Hilfsvereins im Hause der Lehrschwestern statt. Auch P. Theodosius kam und wurde von allen

---

313 Fürer, Leben und Wirken 49; Positio 1990,217ff.
314 Sampers, Chronik 191/61; vgl. Positio 1990,221; Henggeler, Lehrschwestern 75

freudig begrüsst.³¹⁵ Er führte dann in längerer Rede aus, wie sich das 1844 gegründete Institut bis dahin entwickelt hatte, gab näheren Aufschluss über Entstehung, Zweck und Verbreitung des Lehrschwestern-Instituts. Er betonte die zweifache Aufgabe der Lehrschwestern, eine innere, nämlich die Heranbildung der Ordensschwestern als Religiosen und als Lehrerinnen, eine äussere, indem sie sich zur Übernahme von „Volks- oder Gemeindeschulen und höheren Töchter-Erziehungsanstalten" zur Verfügung stellten. P. Theodosius glaubte die Zeit nicht mehr fern, in der Lehrschwestern für Mädchenschulen der katholischen Schweiz ein notwendiges Bedürfnis würden."³¹⁶ Er sprach auch vom segensreichen Wirken der Frau und erklärte, „es sei vielleicht keine zu gewagte Behauptung, vermöge sorgfältiger, religiöser Erziehung der weiblichen Jugend werde die katholische Kirche der Schweiz schneller gehoben, als auf eine andere Weise".³¹⁷

Das Institut Menzingen hatte bereits 1851 ein Lehrerinnenseminar, bevor 1873 im Kanton Aargau, der für seine Fortschrittlichkeit im Schulwesen bekannt war, ein solches entstand.³¹⁸ Im Jahr 1855 erstreckte sich die Wirksamkeit der Lehrschwestern auf 30 Mädchenschulen in den drei Urkantonen. Sr. Maria-Crucis Doka meint zu dieser erfolgreichen Entwicklung: „Die Entwicklung des Instituts ist ein beredtes Zeugnis dafür, dass mit den Versprechungen des Gründers und in seinem Geist auch von der ersten Oberin nach Möglichkeit Ernst gemacht wurde... Der Grund für die sich häufenden Anfragen selbst aus Gegenden, in denen das Misstrauen gegen kirchliche Schulorden gross war, beruhte zu einem guten Teil auf den vorzüglichen Resultaten, welche die Schwestern in ihren Schulen erzielten."³¹⁹

Mutter Bernarda Heimgartner - Foto IKO IAM

---

315 Fürer, Leben und Wirken 48; Doka, Schulwesen 59
316 Henggeler, Lehrschwestern 68; Doka, Schulwesen 59
317 Zit. bei Moos, Zukunft aus dem Glauben 54
318 Moos, Zukunft aus dem Glauben 34
319 Doka, Schulwesen 59

Der Entscheid
für das neuartige Ordensmodell für Frauen

Graf Scherer-Boccard, der Präsident des Schweizerischen Piusvereins, verdankte im September 1865 die Anteilnahme beim Tod von P. Theodosius und sagte an der Generalversammlung der katholischen Vereine Deutschlands in Trier: „Er (P. Theodosius) verstand unsere Zeit, und hierin liegt das grosse Geheimnis seines Wirkens, und hierüber sind wir Ihnen einige Enthüllungen durch tatsächliche Beispiele schuldig... Als in unserer bekannten Sturmepoche die Gewitter- und Blitzschläge auf die katholische Kirche fielen, als die Klosterpforten in unserem Lande aufgesprengt, Mönche und Nonnen hinausgesetzt wurden, und mancher den Mut verlor, da sprach der gottvertraute Kapuziner zu seinen intimen Freunden: ‚Unsere Zeit will die Ordensleute nicht mehr in den Klostermauern dulden; wohlan sie sollen dieselben mitten in der Welt haben'..."[320]

P. Theodosius nahm in seinem Wirken den Aufbruch von Frauen im 19. Jahrhundert in der westlichen Welt auf und wirkte mit beim Entscheid für ein apostolisch-weibliches Ordensmodell.[321]

1. Der Aufbruch von (Ordens-)Frauen im 19. Jahrhundert

Zu den grundlegenden Wandlungen und Umbrüchen im 19. Jahrhundert gehört auch der Aufbruch der Frauen zu neuen Ufern.

---

320 Zit. bei Bünter, Industrielle Unternehmungen 131
321 Dieser Beitrag basiert auf einem Artikel in der „Theodosia": Sr. Zoe Maria Isenring, P. Theodosius Florentini und der Aufbruch von (Ordens-)Frauen im 19. Jahrhundert, in: Theodosia 130 (2015) 151-166

Eintritt von Frauen in die Öffentlichkeit und Verberuflichung von weiblichen Tätigkeiten

Die gesellschaftlichen Veränderungen brachten Wandlungen im Rollenverständnis von Mann und Frau.[322] Das Wesen von Mann und Frau wurde als naturgegeben und allgemeingültig dargestellt. Der Mensch wurde gleichsam in eine männliche und eine weibliche Ausformung zerlegt, wobei man jeder Hälfte spezifische naturgegebene Wesenszüge und Charaktereigenschaften zusprach. Hervorgehoben wurden beim Mann die Aktivität und Rationalität, bei der Frau die Passivität und die Emotionalität. Diese Aufteilung des Menschen verhalf dem Bürgertum, dem Mann und der Frau verschiedene Handlungsebenen zuzuteilen: der Mann war für den öffentlichen, die Frau für den privaten Bereich der Familie prädestiniert. Aber diese Auffassung stiess im Verlauf des 19. Jahrhunderts auf eine zunehmend gegenteilige Wirklichkeit. Es erwies sich als schwierig, die den Frauen zugewiesene Domäne aus der Männerwelt auszusondern. Wo sollte die Grenze zwischen Privatem und Öffentlichem verlaufen? Es gab ein weites Feld gesellschaftlicher Aktivitäten, die sich sowohl ausserhalb des Heimes als auch ausserhalb der eigentlichen Staatstätigkeit befanden. Gerade dieser Zwischenbereich war für das Eintreten der Frau in die Öffentlichkeit und die Verberuflichung der weiblichen Tätigkeiten von grosser Bedeutung.[323]

Lange schien es abwegig, das weibliche Wirken in der Öffentlichkeit zu sehen. Aber gerade jene besonders weiblichen Aufgaben, die von Frauen selber als ihr ureigenes Reservat verteidigt wurden, machten auf die Dauer diese Abwehrhaltung illusorisch. Die den Frauen zugeschriebenen geschlechtsspezifischen Aufgaben bekamen immer stärker öffentliche Bedeutung. Sowohl die Funktion der Mutter als Erzieherin heranwachsender Generationen als auch ihre karitative Tätigkeit betrafen die gesamte Gesellschaft. Durch die Einführung der allgemeinen Schulpflicht geriet die Leistung der Hausmütter unter öffentliche Kontrolle. Auch die weite Ausbreitung des Pauperismus machte den Einsatz von Frauen ausserhalb des Hauses notwendig. Bildungs- und Pflegeangebote erfuhren eine Verbesserung. Auf dem Hintergrund des Eintrittes von Frauen ins gesellschaftliche Leben zeichnete sich eine Tendenz zur Verberuflichung weiblicher Tätigkeitsfelder ab,

---

[322] Vgl. Hausen Karin, Die Polarisierung der "Geschlechtscharaktere". Eine Spiegelung der Dissoziation von Erwerbs- und Familienleben, in: Conze W., (Hrsg.), Sozialgeschichte der Familie in der Neuzeit Europas. Stuttgart 1976, 363-393

[323] Mesmer Beatrix, Ausgeklammert – Eingeklammert. Frauen und Frauenorganisationen in der Schweiz des 19. Jahrhunderts, Basel / Frankfurt a. M. 1988, 50ff.

aber auch die Verweiblichung bestimmter Tätigkeitsfelder. Und in diesen Prozessen spielten die Ordensschwestern eine grosse Rolle.

Feminisierung von Kirche und Religion
Die religiöse Erneuerung von Kirche und Gesellschaft gehörte im 19. Jahrhundert zum Gesamtprojekt des Katholizismus. Die neuere Forschung hat jedoch aufgezeigt, dass wesentliche Impulse der religiösen Erneuerung von den Frauen kamen.[324] Die Forschung spricht von einer „Feminisierung von Religion und Kirche", d.h. von einem bisher in diesem Ausmass nicht bezeugten Einsatz von Frauen für die Ankunft des Gottesreiches. Obwohl die Kirchen der beiden grossen christlichen Konfessionen im 19. und in der ersten Hälfte des 20. Jahrhunderts im Kern reine Männerbünde blieben, erhielten Frauen unter dem Dach der Kirche einen Handlungsspielraum, den die bürgerliche Gesellschaft für Frauen nicht bereithielt. Sie bekamen die Möglichkeit, Religion aktiv zu gestalten.

Die Verweiblichung von Kirche und Religion ist ein wesentlicher Grund für den nie dagewesenen Aufschwung des weiblichen Ordenslebens im 19. Jahrhundert. Man spricht von einem „Ordensfrühling", der vor allem die Entstehung und rasche Ausbreitung einer neuartigen Form von Frauenklöstern beinhaltete.

Öffnung des weiblichen Ordenslebens zur Welt hin
Der Weg in die Welt hinein war für das weibliche Ordensleben lange erschwert. Der Jesuit Klaus Schatz sagte: „In gewisser Weise wurde jetzt erst (d.h. im 19. Jahrhundert) für die Frauengemeinschaften die Öffnung vollzogen, die bei den Bettelorden des 13. Jahrhunderts für die Männer geschehen, damals jedoch der religiösen Frauenbewegung verweigert worden war."[325]

Die Aufhebung des kontemplativen Ordenslebens durch Aufklärung und Französische Revolution und die Not der Revolutionskriege ebneten dem apostolischweiblichen Ordensleben den Weg. Diese weiblichen Ordensgemeinschaften wurden „Wunschkinder" von Kirche und Gesellschaft. Der Staat förderte sie, weil ihm für die neuen Aufgaben in Pflege und Erziehung das Personal fehlte. Auch für die Kirche wurde es denkbar, dass Ordensfrauen ausserhalb des Klosters sich den dringenden Bedürfnissen stellten und ihr dadurch halfen, ihr Erneuerungsprogramm durchzusetzen.

---

324 Schieder Wolfgang (Hg.), Volksreligiosität in der modernen Sozialgeschichte, Göttingen 1986,27
325 Schatz Klaus, Kirchengeschichte der Neuzeit II, Düsseldorf 1989,61

Religiosität und Berufsarbeit als Lebensform

Relinde Meiwes charakterisiert die religiöse Lebensform dieser neuen Gemeinschaften mit den beiden Ausdrücken "Religiosität und Arbeit".[326] Es handelt sich erstens um eine religiös-motivierte Lebensform. Alle Gemeinschaften entstanden aus dem gleichen Grundimpuls heraus: nämlich der sozialen, moralischen und geistigen Not der damaligen Zeit vom christlichen Glauben her zu wehren. Sie verbanden ihre Tätigkeit mit klösterlichem Leben und verstanden ihr Leben als Berufung und als ein Handeln im Auftrag Gottes. Mit der katholischen Kirche zusammen wollten sie die christliche Weltordnung erhalten.

Das zweite Kennwort dieser Gemeinschaften heisst Arbeit, Berufstätigkeit. Für die Übernahme erzieherischer und pflegerischer Aufgaben fehlten den öffentlichen Organen, wie bereits erwähnt, die Einrichtungen und geschultes Personal. Diese Lücke haben in katholischen Gebieten zu einem beträchtlichen Teil Ordensfrauen ausgefüllt. Schwestern riefen Tausende von karitativen und erzieherischen Unternehmungen ins Leben. Dabei trugen die Gemeinschaften bei zur Ausdifferenzierung sozialer Tätigkeitsfelder und zur Professionalisierung weiblicher Berufe. In diesem alternativen Lebensentwurf waren religiöse Betätigung, Gemeinschaftsleben und Berufsarbeit miteinander verbunden. Die Verbindung von religiöser und weltlicher Betätigung erhöhte die Anziehungskraft der Schwestern. Ungezählte Frauen bekamen die Möglichkeit einer sinnvollen Lebensgestaltung, indem sie ihre Bereitschaft und ganze Arbeitskraft der Kirche und der Gesellschaft zur Verfügung stellten.

2. Merkmale des neuartigen Ordensmodells

In den Konstitutionen, die P. Theodosius dem Lehrschwesterninstitut von Menzingen gab, finden sich einige Merkmale, die typisch sind für das neuartige Ordensmodell.

---

[326] Meiwes Relinde, Religiosität und Arbeit als Lebensform für katholische Frauen, in: Goetz von Olenhausen Irmtraud, Frauen unter dem Patriarchat der Kirchen. Katholikinnen und Protestantinnen im 19. und 20. Jahrhundert, Stuttgart/Berlin/Köln 1995, 69-88

Der Zweck des Instituts

Seit Ignatius von Loyola wurde das Ziel der apostolischen Gemeinschaften auf doppelte Weise umschrieben: Heiligung der Mitglieder und apostolischer Einsatz.[327] Diese doppelte Zielsetzung fand auch Aufnahme in den Konstitutionen der Kongregationen des 19. Jahrhunderts. Das allgemeine Ziel ist Teil jeden Ordenslebens und tendiert auf die Vollkommenheit, auf Heiligkeit, auf vollkommene Liebe. Der besondere Zweck betrifft das spezifische Apostolat, den spezifischen Dienst der einzelnen Gemeinschaft.

Es fällt nun auf, dass in den ersten Menzinger-Konstitutionen von 1844/1852 nur das apostolische Ziel erwähnt wird; das klösterliche Element aus der Ordenstradition, die Heiligung der Mitglieder, das Streben nach Vollkommenheit, fehlt. Die Gemeinschaft wird stark funktionalisiert gesehen; sie wurde gegründet, um „bei der Erziehung der weiblichen Jugend mitzuwirken".[328] Wusste P. Theodosius nicht um die doppelte Zielsetzung dieser Gemeinschaften, oder schwebte ihm, was P. Adelhelm Bünter vermutete, als Ordensidee vor, wie sie später in den Säkularinstituten gelebt wird?[329]

Mutter Bernarda wusste aber auch um die erste und allgemeine Zielsetzung des Ordenslebens. Sie schrieb am 23. April 1845 an den Bischof von Chur: „Unser Zweck ist die Selbstheiligung und die Bildung der uns anvertrauten Jugend."[330] Im Zug der Verklösterlichung der Kongregationen wurde später bei den Konstitutionen, etwa derer der Barmherzigen Schwestern 1860, auch das allgemeine Ziel des Ordenslebens in die Konstitutionen aufgenommen, nämlich das Streben nach Heiligkeit und Vollkommenheit.

Die starke Betonung der apostolischen Zielsetzung bei P. Theodosius entsprach der Realität: Die Gemeinschaften der Kongregationen waren vor allem Dienstgemeinschaften, d.h. sie wurden gebildet, um eine Aufgabe zu erfüllen, um der Kirche und Gesellschaft nützlich zu sein. Die Aufgaben und Dienste, auch die Institutionen, waren von grosser Bedeutung für die persönliche und kollektive Identität.

---

327 „Der Zweck dieser Gesellschaft ist nicht nur, auf die Rettung und Vervollkommnung der eigenen Seelen mit der göttlichen Gnade zu achten, sondern mit der gleichen (Gnade) sich unter Anspannung aller Kräfte einzusetzen, um bei der Rettung und Vervollkommnung der Seelen der Nächsten zu helfen". Vgl. Von Balthasar Hans Urs, Die grossen Ordensregeln, Einsiedeln / Zürich / Köln 1961,343 (2. Aufl.)

328 Constitutionen des Institutes der Lehrschwestern des heil. Franziskus von Assisi, unter dem besonderen Titel: Schwestern vom heil. Kreuze, Einsiedeln 1852,3

329 Bünter, Industrielle Unternehmungen 22

330 Zit. bei Coffey M. Finbarr, Geist der Gründung - Auftrag für heute, Kriens 2003,174

Wie die katholische Kirche insgesamt orientierten sich auch die neuen Frauengemeinschaften am Mittelalter und liessen die monastische Tradition aufleben. Während Ignatius von Loyola sich für seine apostolische Gesellschaft von den monastischen Elementen des Chorgebetes und der Ordenstracht trennte, kopierten die Gemeinschaften des 19. Jahrhunderts ihre Vorbilder mit Klausur und Stillschweigen, Chorgebet und Bussübungen, Tagesordnung und Gebräuchen, Habit und Ordensname. Sogar die Klausur fand Eingang in diese apostolischen Gemeinschaften. Die Schwestern übten weibliche Berufe im kirchlichen und gesellschaftlichen Umfeld aus, aber der apostolische Einsatz war geprägt von möglichst wenig Weltkontakt. Man nahm die Zweiteilung des Lebens zwischen Kloster und Tätigkeit problemlos hin. Damit wurde der Konfliktstoff gelegt, der im Lauf der Zeit immer häufiger Anlass zu Schwierigkeiten gab und in der Konzils- und Nachkonzilszeit vollends ausbrach.[331]

Die Eingliederung in den Regulierten Dritten Orden des heiligen Franziskus auf kirchenrechtlich unsicherer Grundlage

Im 19. Jahrhundert setzte eine starke Aufwärtsbewegung der Dritten Orden ein, die zur Bildung neuer Drittordensgemeinschaften führte. P. Theodosius setzte sich für die Eingliederung der Gemeinschaft in den Dritten Orden des heiligen Franziskus ein. Aus seinem Brief vom 10. April 1845 an Bischof Kaspar von Carl, erfahren wir, welche Form der Zugehörigkeit zur franziskanischen Familie er anstrebte. Er schrieb, dass er die Protokonstitutionen auf der Grundlage der Drittordensregel des heiligen Franziskus entworfen habe.[332]

P. Theodosius wählte für die neue Gemeinschaft eine Mischform zwischen weltlichem und reguliertem Dritten Orden. Er betrachtete die Schwestern als Ordensleute mit zeitlicher Gelübdebindung, die aber nach der Drittordensregel für Weltleute lebten. In den ersten Konstitutionen der Barmherzigen Schwestern von 1860 findet sich eine Professformel, die diese Annahme bestätigt. Der erste Teil der Professformel entspricht der Regel des Dritten Ordens für Weltleute: „Ich gelobe und verspreche... für die Übertretungen gegen die Lebensweise des dritten Ordens des heiligen Vaters Franziskus Busse zu tun, sooft meine Obern mich dazu auffordern."[333] Der zweite Teil der Professformel enthält die Gelübdeablegung, für ein Jahr nach den Satzungen des Instituts zu leben. Es ist möglich, dass diese

---

[331] Cf. Wulf Friedrich, Die Orden in der Kirche, in: Handbuch der Praktischen Theologie 4,557
[332] GenArchiv SCSC 04-042; vgl. Text in: Positio 1991 dt I,102f.
[333] Der Inhalt entspricht dem Text, der sich in den Konstitutionen von 1845/1852 findet. Constitutionen 1860, VII. Abschnitt, Beilage VI (117); vgl. Positio 1990,89

Formel bereits 1844 gebraucht wurde. In einem Zeremoniale des Institutes Menzingen ist eine Gelübdeformel eingetragen, die etwa 1845 geschrieben wurde.[334]

P. Henggeler sagt zur Form der Profess in Altdorf: „Jedenfalls vollzog sich die Aufnahme nach den Formen der in der Welt lebenden Drittordensmitglieder. Auch später noch gingen die aufzunehmenden Schwestern zur Einkleidung nach dem Kapuzinerkloster in Zug und wurden dort nach dem Rituale des dritten Ordens für Weltleute aufgenommen."[335]

Vom rechtlichen Standpunkt aus enthielt diese Mischform aber ungelöste Fragen. Die Verbindung des Dritten Weltordens mit Gelübden schien damals aber weder P. Theodosius, noch dem Provinzial der Kapuziner, noch dem Bischof von Chur Anstoss gegeben zu haben. Die Fragen, die damit verbunden waren, wirkten sich einerseits auf die Art der Gelübdebindung und anderseits auf die Frage der Jurisdiktion aus. In diesen ungelösten Fragen zeigte sich eine Problematik, die bei der päpstlichen Approbation aufbrach.[336]

Obwohl die Profess in Altdorf die Aufnahme in den Dritten Orden für Weltleute einschloss, entschied sich der Bischof von Chur für die Regel Leos X. und betrachtete folglich die Schwestern als Regulierte Terziarinnen, was sie aber nach dem Kirchenrecht nicht sein konnten. Es fällt auf, dass in den handgeschriebenen Konstitutionen von 1844 der Hinweis auf die Regel Leos X. nur am Rand vermerkt wird. Ist er später – eventuell nach der Korrespondenz mit dem Bischof im Frühjahr 1845 – eingefügt worden? Auf jeden Fall heisst es in den gedruckten Konstitutionen der Lehrschwestern von 1852 und der Barmherzigen Schwestern von 1860: „Als Mitglieder des dritten Ordens des heiligen Franziskus befolgen die Schwestern auch die Regel desselben, welche von Papst Leo X. bestätigt worden, jedoch mit jenen Modificationen, Erläuterungen und Bestimmungen, die zu wirksamerer Erreichung ihres besonderen Zweckes geboten, vom hochwürdigsten Ordinariate gutgeheissen und in diesen Constitutionen niedergelegt sind."[337]

---

334 Vgl. auch Coffey, Geist der Gründung 178
335 Henggeler, Lehrschwestern 21; vgl. Sampers, Chronik 78/137,104/43. Die Aufnahme in den Dritten Orden war verbunden mit der Aufnahme ins Noviziat.
336 Isenring Zoe Maria, Franziskanischer Lebensweg für Frauen. Die Zugehörigkeit der Barmherzigen Schwestern vom heiligen Kreuz Ingenbohl zur franziskanischen Ordensfamilie. Beitrag zum 150jährigen Jubiläum der Ingenbohler Schwestern, in: HF 34/2 2005,169-252, hier 184ff.
337 Konstitutionen von 1860 2. Kap. 9

Schwestern vom heiligen Kreuz

Das Ordensleben, das im 19. Jahrhundert neu aufbrach, war von einer grossen spirituellen Kraft beseelt, aber im geistlichen Profil entwickelten die allermeisten Gründungen wenig Neues. Viele Frauengemeinschaften übernahmen eine alte Ordensregel, jedoch der lebendige Geist der Vorbilder wurde nicht eingefangen. Diese Gemeinschaften waren alle aus einem einheitlichen spirituellen Grundimpuls heraus entstanden „Caritas Christi urget nos" - „Die Liebe Christi drängt uns" (2 Kor 5,14).[338] So nahmen sie alle an einem Grundcharisma teil, das sich vor allem durch einen unermüdlichen Einsatz zur Behebung jedweder Not auszeichnete. Sie lebten eine aktive Spiritualität, die stark inkarnatorisch geprägt war.

Die Tätigkeiten waren bei den meisten Gemeinschaften weitgehend die gleichen. Deshalb wurde die Originalität der einzelnen Gemeinschaften in vielfach zweitrangigen Elementen des Christusgeheimnisses, der Heiligenverehrung und des christlichen Lebensvollzugs betont. Die Gemeinschaften machten sich Teilaspekte der christlichen Frömmigkeit zu eigen.

Zu solchen Frömmigkeitsformen gehörte auch die Passionsfrömmigkeit. So bestand zur Zeit der Gründung der Lehrschwestern in Menzingen eine Kreuzbruderschaft. Der 3. Mai, das Fest Kreuzauffindung, wurde dort festlich begangen. Der Vorschlag, dass sich die Lehrschwestern von Menzingen (in der Folge davon auch die Barmherzigen Schwestern von Ingenbohl) „vom heiligen Kreuz" nennen, stammt nach der Überlieferung von Sr. Feliciana Kramer. Diese wies 1845 vor der Professfeier in Wurmsbach darauf hin, wie viel Kreuz in dem einen Jahr, da sie nun beisammen waren, über sie gekommen sei: die armseligen Anfänge selbst, sodann die Krankheit von Sr. Cornelia, die Ungültigkeitserklärung ihres Noviziates und nicht zuletzt der Verlust ihres Gründers und väterlichen Leiters (als Superior), P. Theodosius. Der Vorschlag fand allgemein Anklang und wurde in der Folge von den kirchlichen Obern bestätigt.[339]

Der Name „vom heiligen Kreuz" wurde also in den Anfängen nicht mit Berufung auf die franziskanische Kreuzesliebe gewählt, obwohl bei einer vertiefteren Aufnahme franziskanischer Spiritualität Franziskus als Heiliger der Kreuzesliebe und seine Prägung durch die Liebe zum Gekreuzigten eine gewisse Rolle spielte.[340]

---

338 vgl. Völzgen Roswitha OSF, Ursprünge franziskanischer Frauenkongregationen, in: Die Franziskanische Bewegung (Hrsg. Horst von der Bey/Johannes-Baptist Freyer) Mainz 1996, Bd. 2,50
339 Immortellen aus dem Klostergarten der Lehrschwestern vom hl. Kreuz in Menzingen (o.J.) 31; Henggeler, Lehrschwestern 41
340 Isenring Zoe Maria, Franziskanischer Lebensweg für Frauen 228ff. Vgl. Anm.19

Brevier/Deutsches Eigenofficium

Das monastische Chorgebet fand bei P. Theodosius nicht Eingang in seine Form von Ordensleben.[341] Das Beten eines Offiziums verankerte P. Theodosius aber von Anfang an im spirituellen Leben der Schwestern. Für ihn war es wichtig, den Schwestern ein zu ihrem apostolischen Dienst passendes Stundengebet zu geben.[342] Er verfasste Tagzeiten in deutscher Sprache. Diese nahm er zusammen mit anderen Gebeten auf in ein selbst verfasstes Andachtsbuch für die Schwestern.

Jeder Tag hat einen Eigentext mit einer bestimmten Intention: der Sonntag zu Ehren der Hochheiligsten Dreifaltigkeit, der Montag zum Heiligen Herzen Jesu; der Dienstag ist dem Heiligen Josef, der Mittwoch dem Heiligen Vater Franziskus gewidmet, der Donnerstag dem Hochheiligsten Altarssakrament, der Freitag dem Heiligen Kreuz, der Samstag der Gottesmutter.[343]

Anfänglich dachte P. Theodosius nur an das private Gebet. Dadurch sollte die Stimme geschont werden. So schrieb er 1845 an den Bischof von Chur: „Das Breviergebet wird, um die Brust zu schonen, einzeln gebetet."[344] Da die Schwestern sonst schon eine anstrengende Arbeit verrichten, soll das Gebet sie nicht weiter anstrengen. In den Konstitutionen legte er fest, dass die Tagzeiten entweder „beim Besuche des Allerheiligsten Altarssakramentes" oder „gemeinschaftlich zu Hause" gebetet werden können.[345]

P. Theodosius wusste auch, dass in einer apostolischen Gemeinschaft die vorgesehenen Zeiten nicht immer eingehalten werden können. So sah er ein Zusammennehmen von Tagzeiten vor: „Wo die Arbeit, besonders in Kranken-, Armen- und Waisenhäusern die bestimmte Zeit denselben zu widmen nicht erlaubt, dürfte es gerathen sein, die Metten, Laudes und Prim unmittelbar nach der Betrachtung, die Terz, Sext und Non vor dem Partikularexamen, die Vesper und Complet vor dem Nachtessen zu beten."[346]

---

341 Vgl. Affolter Anna, Hineingenommen in eine grosse Gebetstradition, Zürich 2008,15 (Manuskript)

342 Vgl. dazu die Schwierigkeiten, denen Mutter Bernarda begegnen musste, als Abt Birker, der das Institut Menzingen zu einer monastischen Gemeinschaft umwandeln wollte, ihr vorwarf, sie hätten kein eigentliches Offizium. Für den Benediktiner Abt war dieses Gebet zu wenig liturgisch, zu wenig in der Tradition der Kirche verankert. Er hatte kein Verständnis für die apostolische Lebensform; vgl. Kälin Paulus M., Mutter Bernarda Heimgartner 1860-1863, 8 Hefte, Menzingen 1981,5,8f. (Manuskripte)

343 Vgl. Andachtsübungen für die Schwestern vom heil. Kreuze, Ingenbohl 1869,70ff.

344 10. April 1845; GenArchiv SCSC 04-042

345 Constitutionen 1852,14

346 Andachtsübungen 1869,69

In den ersten Jahren war der Einsatz von Ordensschwestern vor allem bei den liberalen Regierungen suspekt. Man hielt es für unmöglich, dass eine religiöse Berufung mit einer Berufstätigkeit verbunden werden könnte. Gegenüber der Luzerner Regierung hielt P. Theodosius am 16. November 1857 fest, dass die Anstalten niemals unter der Ausübung der religiösen Pflichten der Schwestern leiden dürften. Er schrieb: „Die Andachtsübungen bestehen in kurzen Tagzeiten, einer geistlichen Lesung während 5 bis 10 Minuten und dem Rosenkranz. Die Tagzeiten werden mit dem Morgen- und Abendgebete verbunden; der Rosenkranz wird mit den Anstaltsgenossen gebetet, die geistliche Lesung dort eingefügt, wo sie am wenigsten die übrigen Arbeiten hemmt."[347]

3. Berufsarbeit und Entfaltungsmöglichkeiten für Frauen

Das zweite Merkmal der neuartigen Ordensform ist die Berufsarbeit. P. Theodosius erkannte und nützte das grosse Potential, das in Frauen auch in ihren Fähigkeiten für die verschiedensten Tätigkeiten liegt. Als ihm vorgehalten wurde, Orden hätten im Augenblick keinen guten Ruf, und ihn kopfschüttelnd fragten, weshalb er eine religiöse Gemeinschaft gründe, erklärte er den Zweiflern seine Vision und Auffassung von Ordensleben, die P. Adelhelm Bünter so umschrieb: „Ich werde Schwestern dorthin senden, wo sie sehnlichst erwartet werden, zu den Armen, den Bildungshungrigen, den Kranken, den Verwahrlosten und Waisen, zu den Fabrikkindern und den Industriearbeitern. Sie werden dort eine Lebensweise leben, durch die sie die Gegenwart Christi unter den Menschen bezeugen. Sie werden zeigen, wie lebendig und wirksam christliche Nächstenliebe sein kann. Sie werden die Armut und die Not mit den Armen teilen."[348]

Vergrösserung des Wirkungskreises von Frauen

Zwar nicht mit ausdrücklicher Absicht, aber durch die Resultate ihres Wirkens vergrösserten die religiösen Gemeinschaften den Wirkungskreis von Frauen, öffneten sie ihnen gesellschaftliche Räume. Schwestern wurden Wegbereiterinnen für den Eintritt der Frau in die Öffentlichkeit; sie wirkten mit, die öffentliche Meinung auf die Tätigkeit der Frauen in einzelnen Bereichen vorzubereiten. Durch ihre Einsätze

---

347 Zit. bei Betschart Marlis, Sozialarbeit um Gottes Lohn? Die Ingenbohler Schwestern an Anstalten im Kanton Luzern, in: HF 31/2 2002,121-183,131
348 Bünter, Wegbereiter 62

in Schule, Gesundheitswesen und Sozialarbeit erbrachten sie den Beweis, dass Frauen auch zu Tätigkeiten ausserhalb des Hauses fähig sind.

P. Rufim Steiner OFMCap sagte über P.Theodosius und den Einsatz von Frauen in der Öffentlichkeit: „Er beschränkte ihre Tätigkeit nicht allein auf die Familie, sondern unterstrich deren Verantwortung für Familie und Staat, indem er ihnen die Gesellschaft als Arbeitsfeld zuwies. Theodosius emanzipierte die Frauen, die in seiner Zeit unvorstellbar war und Frauen aus dem Bürgertum verwehrt war."[349]

Die Organisationen, die Frauen schufen, aktivierten vielfältige Kenntnisse und Qualifikationen ihrer Mitglieder oder bildeten sie darin aus, die Institutionen aufrechtzuerhalten, zu finanzieren und zu verwalten. Die Werke hielten für Ordensfrauen Aufgaben mit einem hohen Grad von Verantwortlichkeit bereit.[350] Sie benötigten Vorsteherinnen von grossen Häusern, Schulen oder Spitälern, aber auch "mittlere" Kader, welche kleineren Gemeinschaften vorstanden. In den Händen der Vorsteherinnen lag die umfassende Versorgung der Schwestern und aller in den Häusern lebenden Menschen, aber auch die Leitung der Kongregation wie der Provinzen. Besonders die Leitung von grossen Gemeinschaften mit mehreren hundert und tausend Mitgliedern kann mit einem mittleren Konzern verglichen werden. Das Amt der Generaloberin hatte zur damaligen Zeit wohl den höchsten und weitreichendsten Emanzipationsgrad für Frauen in der Kirche.[351]

P. Theodosius übertrug Ordensfrauen auch Unternehmerfunktionen. Die Eröffnung und Führung der Niederlassungen war mit unternehmerischen Aufgaben verbunden. Denken wir an die vielen Armen- und Waisenhäuser, die bereits in den ersten Jahren des Bestehens des sozial-karitativen Zweiges übernommen wurden. Wenn ein Armenhaus überhaupt existierte, war es in einem erbärmlichen Zustand oder musste von Grund auf organisiert werden. War eine Niederlassung etwas konsolidiert, wurde die Vorgesetzte weggerufen, um ein anderes Haus einzurichten und zu führen.

Weniger glücklich war diese Unternehmerfunktion in den Fabrikunternehmungen. P. Theodosius konnte Schwestern auch überfordern. Das zeigte sich vor allem im Fabrikunternehmen in Oberleutensdorf in Böhmen. Weil kein geeignetes technisches und kaufmännisches Personal gefunden werden konnte, mussten drei nicht

---

349 Steimer, Erziehung 509
350 Isenring Zoe Maria, Die Frau in den apostolisch-tätigen Ordensgemeinschaften. Eine Lebensform am Ende oder an der Wende? Freiburg Schweiz 1993,46ff.
351 Vorburger-Bossart Esther, Theodosius Florentini und die pädagogische Idee: Das Beispiel Ingenbohl, in: Theodosius Florentini (1808-1865), Vir famosus. Festschrift zum 200. Geburtstag, HF 38/1 2009,191-220,195

speziell ausgebildete Schwestern auf Produkteinkauf, Herstellung und Absatz geschickt werden.³⁵²

Beitrag zur Bildung von Frauen und der Professionalisierung von weiblichen Berufen

Im neuartigen Ordensmodell war die Idee der religiösen Berufung von Frauen mit jener der Professionalisierung von weiblichen Berufen im sozialen und erzieherischen Bereich verbunden. Die Frage nach Bildung und Ausbildung wurde zu einem zentralen Thema in den Gemeinschaften, denn sie brauchten gut ausgebildete Mitglieder. Neben der Einführung ins Ordensleben galt es, Schwestern für die verschiedenen Arbeitsbereiche auszubilden. Bei der grossen Zahl der Eintritte fand sich viel bildungsfähiger Nachwuchs; es konnten viele Ressourcen an Begabungen gehoben und eingesetzt werden.

Gleich bei den drei ersten Menzingerschwestern setzte sich P. Theodosius für eine gute Ausbildung ein und unterstützte sie durch finanzielle Mittel teils durch seine schriftstellerische Tätigkeit, teils auch durch Gönnerbeiträge. In den Seligsprechungsakten von Mutter Bernarda heisst es: „Die religiöse und berufliche Ausbildung hat praktisch vier Jahre gedauert und war eine sehr gründliche und solide. Es ist das grosse Verdienst von P Theodosius, zur Erreichung dieses Zieles in erster Linie Sr. Seraphina Bochelen gewonnen zu haben, dann aber auch die Unterstützung der verantwortlichen Leiterinnen und Lehrerinnen der beiden Institute in Freiburg in Breisgau und in Ribeauvillé. Die drei ersten Schwestern hatten kulturelle und religiöse Werte kennen gelernt und sich aneignen können. So waren sie geistlich und beruflich wohl vorbereitet, im Namen der Kirche zu den Menschen gesendet zu werden."³⁵³

Da es in der Schweiz noch keine passenden Ausbildungsmöglichkeiten gab, schufen die Gemeinschaften diese selber. Ein erstes Lehrerinnenseminar entstand im Institut Menzingen bereis im Jahr 1852.³⁵⁴ Die Luzerner Regierung ersuchte am 4. November 1857 P. Theodosius ihr mitzuteilen, wie die Schwestern für ihren Beruf ausgebildet werden. In einer Antwort vom 16. November 1857 ging er ausführlich auf die gestellten Fragen ein. Zur Ausbildung schrieb er: „Da die barmherzigen Schwestern theils den Unterricht der Waisenkinder, theils die Pflege der Armen und die allseitige Leitung von derlei Anstalten zu besorgen haben, so ist auch die

---

352 Conzemius, Fabriken 29
353 Vgl. Doka, Pater Theodosius Florentini 36
354 Vgl. Die Gründung des Lehrschwesterninstituts vom heiligen Kreuz Menzingen 101f.

Bildung derselben verschieden. Die für die Schule bestimmten Schwestern haben einen vollständigen Lehrkurs von 2-3 Jahren durchzumachen, und durch Prüfung und Übung sich als lehrfähig auszuweisen. Wo man sie anstellen will, haben sie sich stets allen gesetzlichen Vorschriften zu unterziehen. Gegenwärtig befindet sich die Bildungsanstalt für diese Abtheilung in Chur, und wird von zwei Lehrerinnen und einer Gehülfin besorgt. Die für die Armenpflege bestimmten müssen ebenfalls zwei Jahre sich im Mutterhaus vorbereiten, und werden zu dem Ende im Schreiben, Rechnen und Buchführen und in allen Haushaltgeschäften theils theoretisch, theils praktisch unterrichtet und geübt. Das dritte Jahr bringen sie in Anstalten zu unter Leitung von erfahrenen Oberschwestern. Dies die Bildungsmethode, welche stets vollkommener durchgeführt werden wird."[355]

Zusätzlich zum Antwortbrief ist ein Blatt mit „Bemerkungen" von P. Theodosius zum Bericht der beiden Regierungsräte erhalten. Darin hielt Florentini fest, dass die Anstalten niemals unter der Ausübung der religiösen Pflichten der Schwestern leiden dürften. Wenn dies trotzdem geschehe, sollten die Ordensobern informiert werden, so dass Abhilfe geschafft werden könne. Auch räumte er ein, dass die Ausbildung für die Schwestern in den Anstalten erst jetzt ausgedehnt werde: „Die kurze Zeit des Bestandes des Institutes liess bisher Manches zu wünschen übrig, worauf nun ernstlich Bedacht genommen wird."[356]

Weil im Sozial- und Pflegewesen der Staat sich eher abstinent verhielt, konnte auf diesem Gebiet kein klarer Bedingungsrahmen zur Entwicklung eines Berufes oder einer Berufsgruppe entstehen. Die Gemeinschaften mussten selber Initiativen ergreifen. In den ersten drei Jahrzehnten des Bestandes des Instituts Ingenbohl erhielten die Krankenschwestern eine fachgemässe praktische Ausbildung in Chur und Ingenbohl. Bereits 1861 existierte dazu ein Büchlein „ Die Krankenpflege. Zum Gebrauche der Barmherzigen Schwestern".[357] Schon damals wurde keine Gelegenheit ausgelassen, um die Pflegeschwestern durch Vorträge auch theoretisch für ihre Aufgabe zu schulen.

Es gäbe unzählige Beispiele, die zeigen, wie die Gemeinschaften die Bildung von Frauen förderten und Anteil hatten an der Herausbildung von Berufsfeldern für Frauen. Frauen erhielten Lebensperspektiven, die ihnen jenseits von Ehe und Familie Bildung und berufliche Tätigkeiten ermöglichten.

---

355 Zit. bei Betschart, Sozialarbeit um Gottes Lohn 130f.
356 Ebd. 132
357 Buchdruckerei des Mutterhauses in Ingenbohl 1861

4. Auf der Basis eines Zusammenspiels zwischen Superior und Vorgesetzter der Schwestern

Die ganze Ordensgeschichte ist einerseits geprägt von einem vielfältigen und starken Miteinander von Männern und Frauen bei der Suche nach einem authentischen Leben in der Nachfolge Jesu.

Diese Gemeinsamkeit war nie so stetig und selbstverständlich, so spannungs- und problemlos wie es manche Darstellungen erscheinen lassen wollen. Erst recht kann nicht die Rede davon sein, dass es zur Ausbildung von Institutionen kam, in denen die Frau im gleichen Masse wie der Mann ihre Charismen im Raum der Kirche einbringen konnte. Weibliches Ordensleben ist eine Geschichte grösserer Freiheit und Selbständigkeit, grösserer Entfaltungsmöglichkeiten, als es die Geschichte der "normalen" Frau ist; es ist aber auch eine Geschichte der Abhängigkeit, der Einschränkung und Unterdrückung gewesen. Gerade als sich in der Wende zum 13. Jahrhundert ein neues Kapitel in der Ordensgeschichte entwickelte, in der das Zugehen auf die Welt ein wesentliches Element des Ordenslebens wurde, begannen die Spannungen und Ungleichheiten zu wachsen. Dazu kommt, dass zur Zeit der Gründung des Lehrschwestern-Instituts die Gemeinschaft nicht gleichsam in eine kirchenrechtliche Struktur „schlüpfen" konnte, sondern sie suchen musste. Das Kongregationenrecht war erst am Ende des 19. Jahrhunderts abgeschlossen.

Die von P. Theodosius Florentini angestrebte Ordensform

Nach dem Brief an den Bischof von Chur vom 10. April 1845 stellte sich P. Theodosius eine Mischform vor zwischen weltlichem und reguliertem Dritten Orden des heiligen Franziskus. Obwohl er die Konstitutionen der Grazer Schulschwestern, die als Regulierte Terziarinnen unter der Direktion des ersten Ordens des Hl. Franziscus standen, erwähnt, möchte er diesen Punkt dem Bischof überlassen, weil „Freunde des Institutes entgegengesetzte Ansichten haben".[358]

Nach dem Kapuzinerpater Theophil Graf tendierte P. Theodosius wahrscheinlich in die Richtung, dass die Schwestern eine Art Drittordensgemeinde bilden, die ihren selbstgewählten Rat haben, aber durch die Provinzobern des Ersten Ordens den geistlichen Direktor erhalten. P. Theodosius mag sich etwa überlegt haben: „Gehörten die Schwestern dem Dritten Orden des hl. Franziskus an, dann hoffte

---

358 Im 5ten Abschnitte überging ich beim 2ten Kapitel die Bestimmung über die geistliche Direktion des Institutes. Der dritte Orden steht überhaupt unter der Direktion des ersten Ordens des hl. Franciscus." GenArchiv SCSC 04-042

er am ehesten, die Leitung des Schwesterninstitutes in seinen Händen behalten und mit ihm seine grosszügigen Pläne verwirklichen zu können."[359]

Eine problematische Leitungsstruktur
Frau Vorburger-Bossart spricht von einem „koexistentiellen Ansatz" der Kongregationen, der die teilweise etablierte Sicht einer ausschliesslich männlichen Protektorenrolle innerhalb der Gründungsprozesse revidiert.[360] Die Kongregationen ruhten meist auf der Basis einer männlichen Stifterpersönlichkeit und einer Schwesternpersönlichkeit. Es gibt in der Gründungsgeschichte von Menzingen und Ingenbohl zahlreiche Beispiele von einem gelingenden Zusammenspiel zwischen P. Theodosius und den beiden Mitbegründerinnen. Dennoch dürfen die Fragen und Probleme nicht übersehen werden, die dieses Zusammenwirken begleitet haben. Eine Konfliktsituation liegt in der Doppelleitung, die sich mit Vorsteherin und Superior an der Spitze des Instituts ergab. Und wenn der Superior zugleich der Gründer ist, konnte eine solche Struktur nur in problemlosen Situationen funktionieren. Deshalb soll auch von dieser Seite her auf die Probleme geschaut werden, die zwischen Mutter Bernarda und P. Theodosius entstanden.

Die Stellung der Vorsteherin (Generaloberin)
In den Kongregationen kamen der Vorsteherin mit ihrem Rat zusammen alle Kompetenzen der Entscheidung zu. Ausdrücklich verlangte P. Theodosius in den Konstitutionen von 1844, dass der Vorsteherin die oberste Leitung übertragen ist: „Ihr liegt ob, das Institut in jeder Beziehung zu überwachen und zu regieren, alle Ämter im Verein mit ihrer Assistentin zu verteilen, für die Heranbildung fähiger Schwestern alle Sorge zu tragen."[361] In den Konstitutionen von 1852 nahm er auf: „Die Vorgesetzten des Instituts sind die Vorsteherin, welche auch Mutter genannt wird, und ihre Assistentin."[362]
Theodosius konnte beim Bischof durchsetzen, dass Mutter Bernarda als Vorsteherin der Gemeinschaft und als Leiterin des Instituts anerkannt wurde. Im Brief an den Bischof von Chur vom 26. April 1845 sprach er die Direktion an: „Es ist mir, wie den Schwestern daran gelegen, dass dieselbe eine feste, dauernde sei. Wie

---

[359] Graf Theophil, Trennung des Lehrschwesterninstituts in Menzingen von P. Theodosius Florentini 1954 (Manuskript) 46.
[360] Vorburger-Bossart Esther, „Was Bedürfnis der Zeit ist..." Identitäten in der katholischen Frauenbildung. Die Innerschweizer Lehrschwesterninstitute Baldegg, Cham, Ingenbohl und Menzingen 1900-1980, Fribourg 2008,88f.
[361] Constitutionen 1844, 5. Abschnitt, 1. Kap.,3
[362] Constitutionen 1852, 5. Abschnitt, 1. Kap.,1

dies am sichersten erzielt werde, wage ich nicht zu entscheiden, sondern lege ich einfach meine schwachen Einsichten vor. Es scheint mir, dass jene Institute am längsten bestehen, deren Leitung fort und fort sich gleich bleibt, und keine, der ersten Gründung fremdartigen Elemente aufkommen lässt. Dies geschieht am sichersten, wenn ein Institut in gewisser Beziehung ein Ganzes bildet, beseelt von dem Geiste, von innen aus regiert und geleitet. Deshalb habe ich in der Regel als Vorgesetzte des Institutes nicht den Director, sondern lediglich die Vorsteherin und die Assistentin genannt und denselben einen Rat beigegeben. Diese Einrichtung bedarf jedoch beständig einer festen, kirchlichen Überwachung und Leitung, und dafür wäre von Eurer bischöflichen Gnaden eine geistliche Direction zu bezeichnen.... Dürfte ich meine besondere Meinung in betreff der jedesmaligen Wahl aussprechen, so ginge sie dahin, dass Gnaden sich die Wahl des jeweiligen Directors vorbehalten."[363]

P. Theodosius sah sich am 3. Mai 1845 nochmals veranlasst, an den Bischof zu gelangen. P. Honorius, den er für die Abfassung der Konstitutionen beizog, brachte in Bezug auf die Leitung Änderungen an, von denen P. Theodosius nichts wissen wollte und betonte nochmals: „Ich hatte als Vorgesetzte des Mutterhauses nur die Vorsteherin und Assistentin angesetzt ...Ich tat dies, weil ich von der Ansicht ausging, dass das Institut um fest und stark zu werden, soviel tunlich, selbständig von äussern Einflüssen, vom Wechsel der Direction unabhängig, so nach von Innen aus regiert sein müsse, von der Vorsteherin. Der Direktor sollte nicht so fast regieren, als im Namen des bischöflichen Ordinariates das Institut überwachen; sollte wohl in wichtigen Fällen beraten werden müssen, aber ohne Folge seines Amtes den Entscheid zu haben. Dadurch glaubte ich dem Institute mehr Einheit und Gleichförmigkeit zu sichern."[364]

Die „eigentümliche" Stellung des P. Theodosius

Auch wenn P. Theodosius nicht alleiniger Gründer des Lehrschwesterninstituts war, betrachtete ihn das Umfeld und er sich selber als Gründer der Gemeinschaft. Die männlichen Gründer von weiblichen religiösen Gemeinschaften, die nicht von einem Ersten Orden abhängig waren, konnten nicht Glied der Gemeinschaft werden. Und aufgrund des Gründerseins hatten sie rechtlich keinen Einfluss auf das Institut; mit dem Gründersein waren keine konkreten Rechte verbunden, so dass

---

363 GenArchiv SCSC 04-042
364 Ebd.

es eine Frage der Pietät war, den Gründer mitsprechen zu lassen. In die Konstitutionen hatte P. Theodosius nichts aufgenommen über die Rechte des Gründers.[365] Dekan Albrecht von Haller sprach von der „eigentümlichen Stellung", die P. Theodosius im Lehrschwestern-Institut hatte.[366]

Neben der Vorsteherin wurde der Gemeinschaft ein geistlicher Direktor oder Superior beratend zur Seite gegeben. Dadurch fand sich in den ersten Jahrzehnten der jungen Gemeinschaft eine Art Doppelleitung. Auch mit dem Amt des Superiors waren grundsätzlich keine Vollmachten auf Leitung des Instituts verbunden. P. Theodosius umschrieb die Stellung des Superiors in den Konstitutionen von 1852 mit den Worten: „Der Hochwürdige Bischof, oder in dessen Namen das bischöfliche Kommissariat übt die Jurisdiktion durch einen von Hochdemselben gewählten Superior aus. Diesem liegt also vorzugsweise ob: in den in der Regel bezeichneten Fällen im Namen des hochwürdigsten Bischofs zu handeln. Ausser in diesen vorgesehenen Angelegenheiten kömmt dem Superior keine Befugnis zu direkter Leitung des Institutes zu, weder bei Aufnahme von Schwestern, noch Erteilung von Erlaubnissen, noch bei Versetzungen usw.... Er soll jedoch stets der väterliche Ratgeber der Schwestern und Obern sein, und daher jene zum Gehorsam, zur Beobachtung der Regel und zur Erfüllung über Berufspflichten mahnend, diese in Ausübung ihrer beschwerlichen Amtspflichten kräftig unterstützen, und in Rechtsfällen die Stellen der Vorgesetzten des Institutes vertreten."[367]

Anfänglich nahm P. Theodosius seinen Einfluss auf die junge Gemeinschaft auf dem Weg des Superiors wahr. Auch als der Provinzial der Kapuziner, P. Buri, P. Theodosius die Betreuung des Instituts als Superior untersagt hatte, änderte wenig oder nichts an seiner Einflussnahme auf das Institut. Auch ohne die Stellung des Superiorats wurde er in den ersten Jahren als Superior betrachtet[368] und nahm viele Leitungsfunktionen wahr. Er war die Seele des Ganzen, vermochte die Schwestern zu motivieren und begeistern. Er verlegte die Gemeinschaft nach Zizers und Rhäzüns. Er vertrat die Gemeinschaft nach aussen: er verhandelte mit dem Bischof von Chur, bisweilen auch mit dem Bischof von Basel. An ihn kamen Anfragen wegen neuen Aufgaben, die er mit der Oberin von Menzingen besprach.

---

365 Positio 1991 dt I,621: „Der Gehorsam gegenüber dem Gründer hätte sich hauptsächlich im Erfassen einer Seele zeigen müssen, in der genauen Interpretation der Regel etc. Alles andere war nicht Angelegenheit des Gründers, sondern der kirchlichen Autorität".
366 Brief vom 29. Mai 1856 an den Bischof von Basel; abgedruckt in: Positio 1991 dt I,234; 235
367 Vgl. Constitutionen von 1852: 5. Abschnitt, 2. Kap.,4
368 Sr. Cornelia Mäder berichtet von ihrem Umzug nach Chur/Rhäzüns 1849: „Nun läuteten wir bei Sr. Hochw. P. Superior". Vgl. Binotto, Durch alle Stürme 85

P. Theodosius, Bischöfe und andere Geistliche waren der Meinung, das Ordensmodell der Kongregationen mit dieser Art doppelter Leitungsstruktur zwischen dem Gründer und der Vorsteherin der Gemeinschaft könne funktionieren. Der Kirchenjurist Ferdinand Schuppe sprach jedoch schon früh die problematische Seite dieser Leitungsstruktur an, wenn er sagte: „Überhaupt ist eine solche Stellung eines Mannes an der Spitze einer weiblichen Genossenschaft nicht im Sinne der kirchlichen Centralbehörde: ausserdem ist nach meinen mannigfachen Erfahrungen bei den weiblichen Instituten dafür kein Bedürfnis vorhanden; der Superior mag gestrichen werden und durch einen ‚pater spiritualis' ersetzt werden, welcher lediglich geistliche Funktionen zu üben und seinen Rat zu erteilen hat, wenn derselbe gewünscht wird; ein solcher hat zwar keine glorreiche Herrscherposition, kann aber segensreich wirken; der Superior im Sinn des Entwurfs hat keine Aussicht auf päpstliche Bestätigung."[369] Beide Gemeinschaften, die Lehrschwestern und die Barmherzigen Schwestern, mussten zuerst schmerzliche Erfahrungen machen mit Superioren. Später aber wurde dieses Amt abgeschafft; die Spirituale waren nur zuständig für geistliche Belange, hatten keine Rechte in der Leitung des Instituts.

Beide ersten Vorsteherinnen Mutter Bernarda Heimgartner und Mutter M. Theresia Scherer erfuhren bisweilen schmerzlich, wieviel sie einsetzen mussten, bis sie sich für ihre Anliegen in der Männerkirche Gehör verschaffen konnten. Dennoch konnten sie den Gemeinschaften ihre Vision von Ordensleben aufdrücken. Beide theodosianischen Gemeinschaften können in der schweizerischen Ordensgeschichte als „überragendes Innovationsmoment" gedeutet werden. Sie trugen viel zur Tätigkeit der Frau in der Gesellschaft und Professionalisierung von weiblichen Berufen bei; sie waren zentrale Faktoren der katholischen Frauenbewegung übers 19. Jahrhundert hinaus.[370]

---

369 Zit. in Positio 1991 dt II,450f.
370 Vorburger-Bossart E., Theodosius Florentini 196f.

Der Freund der Armen und Kranken

Wie selten einer der Menschen hat P. Theodosius die Not der Armen, der Kranken und der Rechtlosen im tiefsten Herzen mitgefühlt. Sein Herz war schon früh geöffnet für den leidenden Menschen. Im Noviziat in Sitten übernahm er die Pflege des Novizen, der an Blattern erkrankt war. Dieser sagte: „Er sorgte für mich wie eine gute Mutter für ihr Kind, und weil ich in der Nacht nicht schlafen konnte, was mir beschwerlicher fiel als die Krankheit selbst, so wachte er bei mir und unterhielt mich mit trostvollen, erbauenden Gesprächen, bis ich endlich einschlummerte."[371] Im Gegensatz zum damaligen Katholizismus war P. Theodosius. wohl der erste, der das Heraufziehen der sozialen Frage spürte, sie ernst nahm und nach Lösungen suchte.[372] Aus der Perspektive des christlichen Glaubens betrachtete er die Entwicklungen und Probleme seiner Zeit. Er fand zur festen Überzeugung, dass der katholischen Kirche auch die Lösung der sozialen Frage übertragen sei. Ja, er ging so weit, dass er die Meinung vertrat, die Lösung der sozialen Frage sei nur von der Kirche zu erhoffen.[373]

Um zu wissen, unter welchen Voraussetzungen P. Theodosius seine sozialreformerischen Ideen entwickelte und seine Unternehmungen begann, ist ein kurzer Blick in die soziale Situation seiner Zeit notwendig.

1. Entwicklungen im Sozial- und Gesundheitswesen

In der ersten Hälfte des 19. Jahrhunderts kam es in der Schweiz zu einem wirtschaftlichen Strukturwandel.[374] Es fand der Übergang von einer agrarisch-handwerklich zu einer industriell bestimmten Gesellschaft statt.

---

371 Gadient, Caritasapostel 24
372 Vgl. Conzemius Viktor, Lebensformen des Katholizismus, in: Ökumenische Kirchengeschichte der Schweiz. Freiburg/Basel 1994, 245-251, 247
373 Bünter, Industrielle Unternehmungen 33,21
374 Für das Folgende vgl. Bünter, Industrielle Unternehmungen 22ff.

Industrialisierung, Bevölkerungswachstum

Die wirtschaftliche Situation war bereits im 18. und dann im 19. Jahrhundert gekennzeichnet durch die Industrialisierung, d.h. durch den Übergang von der Hausindustrie zum Fabrikbetrieb, durch zunehmende Mechanisierung und einen rastlosen Expansionsdrang der Industrie. Das ausgelöste Wirtschaftswachstum machte ein Ansteigen der Bevölkerung möglich. Immer mehr Menschen waren nicht mehr in den alten korporativen Strukturen, in den Zünften und Dorfgemeinschaften eingebunden.

Die industrielle und demographische Revolution löste grosse Wanderungsbewegungen aus. Neben der Auswanderung nach Übersee gab es auch grosse Binnenwanderungen. Hauptanziehungspunkte wurden dabei die industrialisierten Gebiete und die Städte. Das Heer der Schweizer und Schweizerinnen, die ihr Glück in industrialisierten Gebieten im In- und Ausland suchten, ist gross.

Durch die industrielle Revolution, die Bevölkerungsexplosion und napoleonischen Kriege verloren grosse Bevölkerungskreise ihre Existenzgrundlage. Die Landwirtschaft war nicht in der Lage, die schnell wachsende Bevölkerung zu ernähren. Auch die aufkommende Industrie konnte nicht die gesamte Überbevölkerung absorbieren. So entstand die „Soziale Frage".

Soziale Frage, Pauperismus

In der Schweiz nahm der Bettel in den ersten Jahren des 19. Jahrhunderts zu. Er steigerte sich in den Jahren der Missernten 1816 und 1817 in der ganzen Schweiz zu Hungerrevolten. Ganze Bevölkerungsschichten verarmten. Die Verarmung weiter Volksschichten steigerte sich im 19. Jahrhundert bis zu jenem Phänomen, das man seit etwa 1830 im deutschen Sprachraum mit dem aus dem Englischen und Französischen übernommenen Begriff „Pauperismus" beschreibt.[375]

Zu dieser Erscheinung gehörten Unterernährung und Arbeitslosigkeit bei den besitzlosen ländlichen Unterschichten, bei brotlos gewordenen Handwerkern und Heimarbeitern. Im Gegensatz zu der traditionellen, stets relativen Armut war die als Pauperismus bezeichnete Massenarmut objektiv fassbar und nicht leicht zu beseitigen. P. Theodosius schrieb über die Massenverarmung: „Ich kenne Ge-

---

[375] C. Jantke/D. Hilger,(Hg.) Die Eigentumslosen. Der deutsche Pauperismus und die Emanzipationskrise in Darstellungen und Deutungen der zeitgenössischen Literatur, Freising/München 1965; Wolfgang Schaffer, Staatliche Neuordnung der Armenpflege seit Aufklärung und Säkularisation, in: Caritas uns soziale Dienste 39

meinden von 300-1000 Seelen, in denen die Zahl armer Familien die einigermassen vermöglichen weit übersteigt, wo auf 1000 Gemeindeangehörige 300-400 Unterstützungsbedürftige zu stehen kommen."[376]
In der Schweiz war der Pauperismus seit 1850 am meisten spürbar. Er blieb ein Massenphänomen, bis die Industrialisierung in der zweiten Hälfte des 19. Jahrhunderts zusätzliche Arbeitsplätze schuf.

Krankenpflege in den Familien und im Hospital
Bis weit ins 19. Jahrhundert hinein war die Familie der normale Ort für die Krankenpflege. Diese aber war vor allem in den Häusern der armen Bevölkerung rückständig und mangelhaft. P. Cajetan schildert die Situation in der häuslichen Krankenpflege, der P. Theodosius begegnete: „Am Krankenbette lernte der Seelsorger so recht das menschliche Elend kennen ... da trifft er Leidende, die Tage lang auf ärmlichen Lager in Schmerzen sich winden, ohne dass eine barmherzige Hand deren Zustand zu erleichtern sucht oder versteht."[377] Mit Besorgnis sah P. Theodosius die Rückständigkeit der Krankenpflege in hygienischer, medizinischer und sozialer Hinsicht. Der unbemittelte und verdienstlose Kranke war nicht in der Lage, auch nur das Notwendigste für seine Gesundheit zu tun.
Neben der Pflege der Kranken in den Familien gab es das alte Hospital. Es war grundsätzlich ein Elendshaus und stellte ursprünglich - im Unterschied zum modernen Krankenhaus - einen Schutzraum für verschiedene Gruppen von schwachen, bedürftigen und obdachlosen Menschen dar, in dem vor allem arme Kranke Zuflucht fanden. Deshalb galt die öffentliche Krankenpflege in Hospitälern und Privathäusern bis weit ins 19. Jahrhundert hinein als Teil der Armenfürsorge. Das Krankenhaus blieb eine soziale Einrichtung, die ausschliesslich oder überwiegend Angehörigen der ärmeren Bevölkerungsschichten auf Zeit stationäre Betreuung zusicherte.

Entwicklungen in der sozialen Fürsorge
Auf dem Hintergrund der Verelendung breiter Volksschichten vollzog sich zu Beginn und vor allem seit den dreissiger Jahren des 19. Jahrhunderts in Europa die Entwicklung des Armen- und Fürsorgewesens. Von der zweiten Hälfte des 19.

---

376 P. Theodosius war 1858 krank und konnte an der SGG in Schwyz nicht teilnehmen. Er schrieb nachträglich einen Beitrag: „Die Armenhäuser ein Heilmittel gegen den Pauperismus, in: Verhandlungen der Schweiz. Gemein. Gesellschaft 1859,96
377 Krauthahn, Pater Theodosius 24

Jahrhunderts weg entwickelte sich auf unterschiedlichen Pfaden der westliche Typus des modernen Sozialstaates.

Merkmale der Neuordnung der Armenfürsorge
Die sich durchsetzende Neuordnung der Armenfürsorge war durch vier Merkmale geprägt, die sich über Jahrhunderte hinweg langsam entwickelt hatten: Kommunalisierung, Rationalisierung, Bürokratisierung, Pädagogisierung.[378]
Ab 1500 wurde die Armenfürsorge teilweise in die Zuständigkeit der kommunalen Behörden gegeben. Städte, die Kaiser und die Fürsten übernahmen in wachsendem Masse fürsorgerliche Aufgaben, wobei als Motive noch lange christliche Nächstenliebe und Staatssicherheit nebeneinander standen. Es kam zu einer engen Kooperation zwischen Gemeinden und der Kirche.
Mit der Reformation wurde ein protestantisches Arbeitsethos postuliert, dem auch die Armen und Bettler unterstellt wurden. Durch Anwendung der neuen Werte und Normen kam es zu einer rationalen Armutspolitik. Unwürdige Fremde wurden generell vertrieben; unwürdigen eigenen Armen wurde eine Arbeitspflicht auferlegt. Es bildeten sich feststehende Kriterien heraus für den Empfang von Unterstützungsleistungen. Diese wiederum riefen nach Institutionen zur Überprüfung der Bedürftigkeit. Die Bürokratie fand Eingang in die Armenpflege.
Damit kam es auch zu einer Pädagogisierung der Armenfürsorge. Die untersten Schichten des Volkes sollten in Richtung Arbeitsdisziplin, Fleiss, Ordnung, Gehorsam erzogen werden. Die Hilfe wurde zu einer therapeutischen Massnahme, die auf das Ziel der Besserung ausgerichtet war. Arbeit wurde die neue Medizin gegen die Armut.

Ausdifferenzierungsprozesse in den einzelnen sozialen Problemlagen
Zu Beginn des 19. Jahrhunderts wurde ein Prozess der Ausdifferenzierung der verschiedenen sozialen Problemlagen manifest, der von den multifunktionalen Anstalten des Spätmittelalters zu einer Vielzahl von spezialisierten und räumlich getrennten Anstalten wies. Das Anwachsen der Aufgaben machte eine Differenzierung der Hilfeleistungen notwendig.[379] Es entstanden spezifische Einrichtungen für Arme und Waisen, für alte und sieche Menschen, Kranken- und Rettungshäuser, Blindeninstitute, Taubstummen- und Idiotenanstalten, Behindertenheime. Das

---
378 Internet: Der Sozialstaat. Glossar. Armenfürsorge
379 Sachsse Christoph/Tennstedt Florian, Geschichte der Armenfürsorge in Deutschland. Vom Spätmittelalter bis zum 1. Weltkrieg, Stuttgart, Berlin, Köln, Mainz 1980,244

Zucht- und Arbeitshaus differenzierte sich in Anstalten für Kriminelle und Geistiggestörte.

Gründung von Armenhäusern

Schon um 1800 tauchte der Wunsch bei Behörden auf, die Bedürftigen in Armenhäusern unterzubringen.[380] Die Armenanstalt oder das Armenhaus war die am häufigsten vorkommende Einrichtung der geschlossenen Fürsorge im 19. Jahrhundert. Im Armenhaus sammelte sich alles, was Hilfe brauchte. Diese Armenhäuser waren Elendshäuser für alle Armutsbetroffenen: Waisenkinder, Jugendliche, Behinderte, Verwahrloste, Trinker, alte Leute. Sie waren also gleichzeitig Waisenhaus, Altersheim, Krankenhaus, Irrenanstalt, Arbeitshaus für Verdienstlose und Zwangsanstalt für Renitente.[381]

Die Armenhäuser befanden sich meist in einem unbefriedigenden Zustand. Oft waren die Gebäude unzweckmässig oder baufällig. Diese Armenhäuser sollten zudem die Kosten der Armenpflege möglichst gering halten. In diesen Häusern fehlte es an geeignetem Personal, an einem guten Hausvater und noch mehr an einer guten Hausmutter.

Neuorganisation im Gesundheitswesen

Zu Beginn des 19. Jahrhunderts wurde eine Verbesserung der Krankenhauspflege akut. Der schlechte Zustand der Krankenhäuser und die mangelhafte Pflege stellten die Arbeit der Medizin in Frage.[382]

Ausklammerung der öffentlichen Krankenpflege aus der Armenfürsorge

Das Krankenhaus blieb bis weit ins 19. Jahrhundert eine soziale Einrichtung, die ausschliesslich oder überwiegend Angehörigen der ärmeren Bevölkerungsschichten auf Zeit stationäre Betreuung sicherte. Dann aber wurde die öffentlich organisierte Krankenpflege aus dem Zuständigkeitsbereich der Armenfürsorge ausgeklammert, obwohl auch später noch Mischformen von Spital und Armenhaus existierten.

Das Krankenhaus zeichnete sich dadurch aus, dass das medizinische Anliegen, Heilung des Patienten, d.h. die Wiederherstellung ihrer Arbeitsfähigkeit, eindeutig

---

380 Ebd. 341
381 Tuggener Heinrich, Vom Armenhaus zum Heim der Gegenwart, in: VSA. Fachblatt für Schweizerische Heim- und Anstaltswesen 46 (1975) 174
382 Bischoff Claudia, Frauen in der Krankenpflege. Zur Entwicklung von Frauenrolle und Frauenberufstätigkeit im 19. und 20. Jahrhundert, 3. Aufl. Frankfurt 1993, 77

in den Vordergrund rückte.[383] Die Medizin, die bisher nur gelegentlicher Ratgeber im Hospital war, zog als forschende, lehrende und praktizierende Institution ein. Ein Arzt hatte die Leitung des Krankenhauses inne.

Änderung in der Sozialstruktur der Patienten
Während es einem reichen Bürger nur in Ausnahmefällen in den Sinn gekommen wäre, eines der Hospitäler aufzusuchen, begann nun auch die bürgerliche Gesellschaftsschicht sich in einem Krankenhaus behandeln zu lassen.

Mangel an entsprechendem Personal
Durch neue Ansprüche in der Heilkunde nahm die Pflege eine neue Gestalt an. Ärzte verlangten ein gut ausgebildetes Personal. Die neuen Ansprüche wurden aber durch ein grosses Problem durchkreuzt: die zu geringe Zahl der Pflegenden und den Mangel an hierzu vorbereitetem Personal.[384] Der speziell kirchliche Beitrag (für die Hospitäler und für die ambulante Krankenpflege) wird im 19. Jahrhundert immer mehr personelle Hilfe sein. Bisweilen auch in der Bereitstellung von Institutionen, z.B. Hospitälern.[385]

Verweiblichung der Krankenpflege
Noch durch das ganze 19. Jahrhundert zog sich die Streitfrage, ob eher Männer oder Frauen zur Krankenpflege geeignet wären.[386] Die Entscheidung der Streitfrage fiel letztendlich zugunsten der Frauen aus, deren „besondere Eignung" für die Krankenpflege entdeckt wurde. Die Eigenschaften, die man für die Frau gefunden hatte, wurden auf die Berufsethik einer Krankenschwester übertragen: Entsagung, Aufopferung, Unterordnung, freudiges Dienen, Selbstlosigkeit.

2. Entwicklung eines sozialen Katholizismus
Die Gegenströmung gegen den Liberalismus wurde bekanntlich von der Romantik getragen. Sie bildete zur Zeit der Restauration eine bedeutende geistige Macht

---

383 Spree Reinhard, Krankenhausentwicklung und Sozialpolitik während des 19. Jahrhunderts, in: HZ 260 (1995) 75
384 Seidler/Leven, Geschichte der Medizin 167ff.
385 Gatz Erwin, Kirche und Krankenpflege im 19. Jahrhundert: katholische Bewegung u. karitativer Aufbruch in den preussischen Provinzen Rheinland und Westfalen, Paderborn 1971, 114
386 Bischoff, Frauen in der Krankenpflege 78ff.

und beeinflusste im deutschen Sprachraum nicht nur die politischen, sondern auch die sozialen Ideen. Die Romantik trieb die katholische Erneuerungsbewegung voran und brachte bedeutende karitative Werke hervor.

Entwicklung einer christlich motivierten, eigenständigen Sozialhilfe
Seit dem frühen 19. Jahrhundert entwickelte sich neben der bürgerlichen und der unternehmerischen auch wieder eine christlich motivierte, eigenständige Sozialhilfe. Die in den dreissiger und vierziger Jahren relativ spät und langsam anhebende katholisch-soziale Bewegung hatte ihren Ursprung in der katholischen Erneuerungsbewegung. Sie trug viel literarisches Gut der Romantik mit sich, erhielt aber ihren letzten und stärksten Antrieb doch von der Kirche selbst und von der aus dem Wesen des Christentums fliessenden Liebespflicht.[387]

Lösung der sozialen Frage im Bereich der Caritas
Bis in die 60er Jahre des 19. Jahrhunderts bewegte sich die katholische Antwort auf die soziale Frage, von wenigen Ausnahmen abgesehen, im Bereich des Caritativen.[388] Die Hilfe, die dem Armen gewährt wurde, durfte nicht vom Staat ausgehen, sondern sie musste der Liebe für den leidenden Menschen entspringen. Ein immer wiederkehrendes Motto lautete: Nicht der Staat, sondern allein die Kirche, nicht staatliches Recht und öffentliche Wohltätigkeit, sondern tätige christliche Nächstenliebe vermag die Lösung der sozialen Frage zu bieten. Die Ansicht war noch lange Allgemeingut, dass nur die religiösen Kräfte zu jener Sittenverbesserung beitragen konnten, die dann eo ipso auch die Verbesserung der materiellen Lage nach sich ziehen werde.[389] Man glaubte, die religiös-moralische Beeinflussung wirke sich stets auch indirekt auf eine Verbesserung der rein wirtschaftlichen Verhältnisse aus.

Erste Keimzellen einer christlichen Soziallehre in Frankreich
Ansätze für eine christliche Soziallehre sind in jenen Ländern zu suchen, die als erste von den Auswirkungen der technischen Umwälzungen berührt wurden. Es

---

[387] Schnabel Franz, Deutsche Geschichte im 19. Jahrhundert 4. Bd., Die religiösen Kräfte, Freiburg 1937,206
[388] Gruner Erich, Die Arbeiter in der Schweiz im 19. Jahrhundert. Soziale Lage, Organisation, Verhältnis zu Arbeitergeber und Staat, Bern 1968,187ff.
[389] Schihin Louis, Sozial-politische Ideen im schweizerischen Katholizismus (1798-1848) Zürich 1936,100 (Diss)

gewannen die Sozialideen der katholischen Schriftsteller Frankreichs und der deutschen Romantik weitreichenden Einfluss auf das soziale Denken.

P. Theodosius kam wahrscheinlich bereits in der Badenerzeit mit Ideen der französischen Sozialbewegung in Kontakt. Zu seiner Handbibliothek gehörte auch eine deutsche Übersetzung von Lamenais „Le Livre du peuple".[390] Im Elsass begegnete er dann einem Zentrum der katholischen Erneuerung. Die Schriften von Félicité de Lamenais (1782-1854) gehören zu den einflussreichsten Zeugnissen einer christlich fundierten sozialen Bewegung des 19. Jahrhunderts.[391] Die anzustrebende soziale Neuordnung konnte für Lamenais nur eine Neuordnung im Geiste der urchristlichen Nächstenliebe und Gerechtigkeit sein und blieb für ihn immer ein wesentlich religiöses und moralisches Problem. „Darum ist und bleibt die Religion das Fundament der Gesellschaft. Sie ist die wirklich einigende Kraft."[392]

Zu den Initianten der christlich-sozialen Bewegung gehörte auch Philippe Bucher (1796-1865), obwohl er voller Misstrauen gegen die Kirche war. Er versuchte eine Arbeiterorganisation und Produktivgenossenschaft zu realisieren. Seine Gruppierungen hatten aber nur eine kurze Lebensdauer.[393]

Zu der frühen katholischen Sozialbewegung gehörte auch Frédéric Ozanam (1814-1853). Er gründete 1833 den Vinzenzverein, der zur weltweiten Bekämpfung des drängendsten Elends bestimmt war. P. Theodosius setzte sich sehr für die Unterstützung der Vinzenzvereine in der Schweiz ein. Er schrieb in einem Unterricht: „Es wäre nur zu wünschen, dass dieser Vinzentius-Verein auch bei uns, wenigstens in allen grösseren Orten, Aufnahme fände... die Zahl der Armen steigt von Jahr zu Jahr, so dass die vereinzelten wohltätigen Hände nicht mehr hinreichen, mit Erfolg die Armen genug zu unterstützten."[394]

Einseitigkeit der Orientierung an der Romantik

Das synthetische Denken der Romantik war wichtig, barg aber auch Gefahren in sich.[395] Es war richtig und wichtig, die einzelnen Kulturgebiete einer verweltlichten

---

390 Das Buch des Volkes, Liestal 1838. Die Bücher, die ihm in Baden zur Verfügung standen, wurden bei seiner Verurteilung beschlagnahmt. Diesem Umstand verdanken wir ein Verzeichnis der in Frage stehenden Werke; vgl. Gadient, Caritasapostel 29
391 Barth Hans, Über die Staats- und Gesellschaftsphilosophie von Lamenais. Schweizer Beiträge zur allgemeinen Geschichte Bd. 6 (1948) 142-168, 160; Vgl. Beeinflussung von P. Theodosius durch die französische Sozialbewegung 18
392 Ebd. 163
393 Samson, Reformwerk 11
394 Leben der Heiligen IV,580f.; vgl. Conzemius, „Es müssen die Fabriken" 27
395 Vgl. Bünter, Industrielle Unternehmungen 29

Sicht zu entziehen und sie in religiöse Zusammenhänge zu stellen. Jedoch lag darin die Gefahr, die Eigengesetzlichkeit der einzelnen Gebiete zu wenig zu erforschen. Dieser Mangel erschwerte das richtige Erfassen der neuen Lage, welche durch die Industrialisierung und deren wirtschaftliche Umwälzungen geschaffen wurde. In der Bestimmung der Ursachen der sozialen Frage unterschied man die Sachgebiete nur unvollständig. So machte man die Glaubens- und Sittenlosigkeit für die sozialen Übelstände haftbar. Man suchte die Ursachen der Missstände nicht in der Struktur der Wirtschaft und Gesellschaft. Diese Einseitigkeit findet sich auch in der Soziallehre des P. Theodosius.

3. Einsatz des P. Theodosius für die Armen durch das Wort

P. Theodosius begann seine sozialreformerische Tätigkeit, als auf katholischer Seite soziale Fragen noch nicht grundsätzlich reflektiert wurden. Man war sich nur einig, dass die katholische Kirche im besonderen Masse berufen und befähigt war, eine Neuordnung der Gesellschaft zu bewirken. Deshalb war P. Theodosius zu theoretischer und praktischer Pionierarbeit gezwungen.[396] Er schrieb auch keine zusammenhängende Soziallehre, sondern man muss seine Gedankengänge durchforschen, die in seinen Reden, Predigten und vor allem auch in seinen Unterrichten im „Leben der Heiligen" enthalten sind.

P. Theodosius ging als Theologe und Seelsorger an die Lösung sozialer Zeitfragen. Die soziale Frage blieb ihm im Grunde eine religiöse Frage, die nie von Gott gelöst werden durfte. Es mag uns vielleicht befremden, dass er als Theologe seinen Zugang zu einer sozialtheoretischen Schau gewann, da wir heute von der Eigenständigkeit und Eigengesetzlichkeit der einzelnen Wissenschaften überzeugt sind. Peter Conradin Planta meint dazu: „Dass seine Schöpfungen von einem spezifisch katholischen Geist durchdrungen waren, ändert nichts an seiner fast unmenschlichen Leistung und Schaffenskraft."[397]

Ausgangspunkt der Soziallehre des P. Theodosius

P. Theodosius geht in seiner Soziallehre von der Gottebenbildlichkeit und Würde des Menschen aus, aber auch von seiner Sündhaftigkeit.

---

396 Ebd. 30f.
397 Planta, Pater Theodosius 109

Würde des Menschen
Über den Unterricht am Fest des Hl. Engelbert setzte P. Theodosius den Titel „Pflichten der Gerechtigkeit" und schrieb: „Der heilige Engelbert wurde Märtyrer, weil er die Gerechtigkeit liebte, weil er das Recht jedes Einzelnen seiner Unterthanen, wenn er auch arm war, schützte, dagegen jede Rechtsverletzung unter seinen Untergebenen, wenn auch von Gewalttätigen geschehen, ohne Rücksicht bestrafte. Daraus sollen wir lernen, das Recht unserer Mitmenschen hochzuachten und heilig zu halten und alle und jede Verletzung desselben zu vermeiden; denn jeder Mensch ist Mensch wie wir... Jeder Mensch trägt in seiner vernünftigen Natur die Anlage und den Beruf, Gottes Bild zu sein wie wir; hat denselben Gott zum Vater wie wir. Daher:

- Achte die Menschenwürde in jedem Menschen, und kränke kein Recht des Menschen!
- Verachte keinen Menschen, sei er arm oder reich, tugendhaft oder lasterhaft, gescheidt
- oder dumm, krüppelhaft oder wohlgestaltet, schön oder hässlich, Herr oder Sklave.
- Heilig und unantastbar sei dir auch das Eigentum des Menschen.
- Heilig und unantastbar sei dir die Freiheit des Mitmenschen; enthalte dich also jeder gewaltsamen, zwingenden Beschränkung seiner persönlichen Freiheit.
- Heilig und unantastbar sei dir Denk-, Gewissens- und Religionsfreiheit des Andern; d.h. dringe und zwinge dem Anderen nicht als Wahrheit, als Pflicht, Gottesverehrung auf, was er nicht als Wahrheit, Pflicht, Gottesverehrung erkennt; denn der Andere hat gleiche Rechte wie wir und gleiche Pflicht, nach seiner besten Überzeugung der Erkenntnis der Wahrheit nachzustreben."[398]

Gemeinschaftsbezogenheit des Menschen
Der Mensch ist wesentlich gemeinschaftsbezogen. Alle Menschen umschliesst das Band des gemeinsamen Ursprungs: „Es sind alle Menschen Gottes Kinder und Glieder einer Familie." An der 5. Generalversammlung des Piusvereins in Solothurn vom 19./20. August 1862 sprach P. Theodosius über das Patronat mit besonderer Beziehung zu den Armen, Gesellen, Dienstboten und Verdingkindern. Er begründete die Verpflichtung, sich dieser Gruppen anzunehmen mit den Worten:

---

[398] Leben der Heiligen IV,320ff.

„Was geht uns dieser und Jener an? Möchte wohl Einer sagen. Darauf antworte ich: das Alles geht dich an. Bilden wir nicht alle eine Familie? Sind wir nicht alle geeinigt dadurch, dass Gott unser Vater ist, dass er für alle gesorgt hat dadurch, dass er uns vereinigen will im Jenseits zu einer grossen Familie? Und das ist das Grosse und Katholische, meine Herren! Sie sollten sagen können: der geht mich nichts an? Er ist mein Bruder, und Meine Brüder gehen mich nichts an? Aber lasst uns hinübergehen auf den christlichen Standpunkt und betrachten, dass wir alle erlöst sind durch einen Heiland; für uns alle ist er gestorben ohne Ausnahme. Er hat nicht gesagt: Ich sterbe für den, für diese Familie, für dieses Volk, für diese Nation, sondern er hat gelebt und gelitten, er ist gestorben für alle. Er hat uns eine Liebe gelehrt, die uns alle umfasst und zu einer Kirche vereinigt, so dass auch der Apostel Paulus sprechen konnte: ‚Wir sind alle Glieder des Leibes Christi'."[399]

Ursachen und Heilung der Missstände
Wenn P. Theodosius nach den Ursachen der Missstände sucht und nach den Heilmitteln, findet er sie in der Erbsünde und in der Erlösung durch Jesus Christus. Er fasste das Wesen der sozialen Frage als ein Versagen des aus innersten Wesen zur Gemeinschaft berufenen Menschen auf. Folglich bedarf jede Erneuerung notwendig des Christentums, auch für jede Sozialreform. P. Theodosius sagte nicht, dass der Pauperismus nur und ausschliesslich auf sittliches Versagen zurückzuführen sei, sondern dass die Wurzel der Krisen letztlich im Versagen der Menschen liegt.

Christliche Caritas als treibende Kraft der Erneuerung
Bei P. Theodosius finden wir eine starke Verbindung zwischen Menschlichem und Christlichem. „Sub specie aeternitatis" - aus der Warte des Glaubens blickte er auf das Irdische.[400] Unter dem Blickwinkel (von Religion und Ewigkeit) des Glaubens betrachtete er den Menschen, die sozialen und politischen Realitäten. Die katholische Kirche kann und muss die soziale Frage lösen; aus ihrem Schoss werden die entscheidenden Reformen hervorgehen. Die treibende Kraft dieser Reformen ist stets die christliche Caritas.
Am 23. August 1859 sagte er in Schwyz an der Generalversammlung der Schweizer Katholiken: „Die Liebe ist die Triebkraft zu allem, zum Schönsten, Besten, Grössten. Wenn man die Armut, die elende, zerfallene sieht, da regt sich und muss

---

399 Zit. bei Gadient, Caritasapostel 356
400 Bünter, Industrielle Unternehmungen 34ff.

sich regen der christliche Trieb der Nächstenliebe, für dieses Elend zu sorgen. Aber ein paar Schuhe helfen da nicht. Die einzelnen Ortsvereine seien daher gemahnt, da nach Umständen und Bedürfnissen mit allen ihren Kräften zu helfen."[401] Der Caritasbegriff von P. Theodosius ist offen für sozialpolitische Massnahmen. In seiner Rede zu Frankfurt nannte er ausdrücklich jene Leistungen der „christlichen Liebe", welche zur Umgestaltung des Gemeinwesens, der Gemeinden und Staaten beitrugen.[402]

Unterschied zwischen christlicher Liebe und Humanität
P. Theodosius konnte von seiner Grundhaltung her keinen Zugang finden zu einer rein natürlichen Anteilnahme am Los der Mitmenschen. Er erkannte in der von Christus losgelösten Wohltätigkeit eine religiöse Gefahr. „Christliche Liebe und Humanität. Wie verschieden ist diese von jener Humanität… Die christliche Liebe umfasst den ganzen Menschen nach Körper und Geist, und nicht bloss den einzelnen Menschen, sondern die Familie, die Menschheit, nach Gegenwart und Zukunft, nach Zeit und Ewigkeit…. Die wahre christliche Liebe hält deshalb nur an den christlichen Grundsätzen fest, sie ist mitleidig mit dem Sünder, aber ohne die Sünde zu beschönigen oder gar zu verteidigen; sie leitet zur ernsten Busse an. Die Humanität hegt auch Mitleid mit dem Verbrecher; aber sie entschuldigt Revolution, Mord, Meineid, Ungerechtigkeit, Ehebruch, Wollust und ähnliche Laster… aber kennt keine Versöhnung mit Gegnern, bricht Verträge… kurz, sie ist wie der Mensch, sie urteilt und handelt nach Ansichten, Launen, Leidenschaften und Parteistellung."… „Die blosse Humanität baut auch Spitäler, Irrenhäuser u.s.w, aber sie ist selbstsüchtig, posaunt ihre Werke aus, ist bald leere Sentimentalität, bald nur äusserer Schein, sorgt nur für den Körper, für das zeitliche Leben, durch Solche, die in der Regel nur des Lohnes wegen sich in dieser Aufgabe verstehen."[403]

Unterschied zwischen staatlicher und christlicher Armenpflege
Obwohl damals bereits verheissungsvolle Ansätze zu einer staatlichen Sozialgesetzgebung vorhanden waren, verbauten theoretische Bedenken P. Theodosius den Weg zu einer staatlichen Sozialpolitik im grösseren Umfang. Da der Staat mehr auf das Irdische und Materielle fokussiert war und P. Theodosius immer stark das letzte Ziel, die übernatürliche Vollendung des Menschen im Auge hatte, spielte

---
401 Ebd. 250
402 Vgl. Bünter, Industrielle Unternehmungen 52
403 Leben der Heiligen I,549ff.; Unterricht zum Fest des Hl. Johannes von Gott am 8. März

der Staat nur eine untergeordnete, dienende Funktion im Erreichen der Wohlfahrt der menschlichen Gesellschaft. Denn: „Die gesetzliche Armenpflege vertrocknet im Gemeindebürger die theilnehmende und zartfühlende Liebe und im Armen das Gefühl der Dankbarkeit in höchst betrübender und gefährlicher Weise. Man wird ungeduldig, wenn nur ein Armer sich zeigt, denn die Gemeinde muss sorgen; man dankt nicht mehr, denn die Gemeinde muss mich erhalten."[404]
Aber dennoch sind alle Institutionen verpflichtet, der Armut zu wehren. In seinem Votum an der Generalversammlung der SGG 1858 in Schwyz erklärte er, es sei „Aufgabe aller Freunde der Ordnung, eines christlichen Familien- und Gemeindewesens, der Gemeinden, des Staates und der Kirche ... nicht nur dem weitern Umsich-greifen der Armut zu wehren, sondern sie selbst möglichst zu heben.[405] Alle Menschen und alle Ordnungen - auch der Staat - müssen das Ihrige beitragen, der Armut zu wehren. Deshalb forderte P. Theodosius tatkräftige Mitwirkung der Behörden durch entsprechende Gesetzgebung.[406]

Einsatz für verschiedene Gruppen von Armen und Hilfsbedürftigen
Die christliche Nächstenliebe richtet sich vor allem gegen die Benachteiligten. An der 5. Generalversammlung des Piusvereins sprach 19./20 August 1862 in Solothurn über das Patronat mit besonderer Beziehung zu den Armen, Gesellen, Dienstboten und Verdingkindern. Mit praktischem Sinn ging er auf die Lebensverhältnisse dieser Gruppen ein, um die Notwendigkeit nachzuweisen, dieselben vor sittlichen Gefahren und auch vor physischem Elend zu bewahren.[407]

Lehrlinge und Gesellen – Lehrmeistervereine, Gesellenvereine
„Wo irgendein Lehrjunge ist, so ist es Pflicht, sich in Liebe dessen zu erbarmen, ihm behilflich zu sein, dass er bei einem guten Meister unterkomme... Unter den besten Meistern sollte ein Verein gegründet werden, wo diese Meister sich gegenseitig helfen und unterstützen würden. Diese Meister sollten darauf Achtung geben, dass der Lehrling zur rechten Zeit in die Kirche geht, recht den christlichen Unterricht auffasse und religiös erzogen werde.
Was die Gesellen sind, wenn sie sich selbst überlassen bleiben, das brauche ich nicht erst zu erklären, das erfährt und lernt man überall. Dass die Gesellen, wenn

---

[404] Leben der Heiligen II,200;Unterricht zum Fest des Hl. Richarius am 26. April
[405] Vgl. P. Theodosius Florentini: Die Armenhäuser ein Heilmittel gegen den Pauperismus, in: Verhandlungen der Schweizerischen Gemeinnützigen Gesellschaft 1859,98f.
[406] Bünter, Industrielle Unternehmungen 57ff.
[407] Die Patronatsrede ist zit. bei Gadient, Caritasapostel 356-361

sie schlecht und irreligiös sind, unzählige Übel bereiten, darüber will ich mich nicht einlassen. Ein Mittel läge nach meiner Meinung in den Gesellenvereinen, wie sie schon in Deutschland verbreitet sind."

Männliche und weibliche Dienstboten - Marienvereine
„Was soll man da tun? Antwort: man soll gute Dienstboten zu bilden versuchen. Das ist eine schwirige Aufgabe. Gute Dienstboten wachsen nur in guten Familien oder guten Anstalten auf." P. Theodosius spricht dann von den Gefahren, denen Dienstboten ausgesetzt sind. Wie können die Dienstboten aus diesen Gefahren herausgerissen werden? „Wohin mit diesen? Hier ist das schwierigste Problem zu lösen." Er führt dann ein Beispiel an. „Hier will ich Ihnen sagen, dass sich in München ein Verein konstituierte unter dem Namen Marienverein. Dieser Verein hat eine eigene Gebäulichkeit sich angeschafft. Wer einen Dienst will, meldet sich in dem Haus, und von dort wird ihm die Persönlichkeit angewiesen, diesen oder jenen Dienst zu bekommen." P. Theodosius weist dann auf den Anfang eines solchen Vereines in der Stadt Luzern hin.
Zu Lebzeiten des P. Theodosius konnte das Institut der Barmherzigen Schwestern noch keine solchen Häuser gründen. Später aber führte die Gemeinschaft nur in der Schweiz mehrere solcher Marienheime: in Luzern das Dienstbotenasyl 1874-1905; in Basel das Marienhaus 1880-1993 und das Dienstbotenasyl Lindenberg 1894-1908; in Solothurn das „Mägde-Asyl Marienhaus" im Forst 1897-1978; das Marienheim in Bern 1920-1948.

Verdingkinder
P. Theodosius verstand es, die traurige Lage der Verdingkinder und die Sünde, welche die harte Gesellschaft ihnen gegenüber begeht, den Hörern vor die Seele zu führen. Er sagte: „Es ist Pflicht, wir müssen für die Armen sorgen mit Liebe, nicht mit Härte und Spott und Verachtung, nicht wie es zuweilen geschieht, dass man sagt: es ist alles gut genug für diese Leute; denn sie haben ja nicht einmal eine Seele, sie sind wie das Vieh."
„Diese Verdingkinder sind solche, die man eben verdingt. Man gibt sie hin. Ich habe schon gesagt, es ist möglich, dass sie in gute Häuser kommen, wo sie glücklich werden. Aber in der Regel sieht es eben da nicht gut aus. An Geist und Körper werden sie gewöhnlich vernachlässigt und werden nie, was sie werden könnten,

wenn sie in anderer Gesellschaft aufwüchsen...." Die Vereine können dahin wirken, „dass Anstalten entstehen, wo dies möglich ist (dass man sich dieser Kinder annimmt), die sogenannten Waisenanstalten."[408]

Waisenkinder/Waisenhäuser
Eine wichtige Gruppe, denen sich P. Theodosius zuwandte, sind auch die Waisenkinder. Die SGG stellte sich am 29. September 1859 dem Thema: Sind die Waisenhäuser noch ein Bedürfnis unserer Zeit? P. Theodosius sprach am zweiten Tag und äusserte die Meinung, dass die Erziehung von Waisen in Familien das Beste ist, aber es ist nicht immer möglich. Er befürwortete Waisen- und Rettungshäuser für junge Leute, die sich in grosser Seelengefahr befinden. Er trat ein für verwahrloste Kinder, denen sich niemand annehmen will und welche entweder eine verkehrte oder gar keine Erziehung erhalten, oder für Mädchen, die der Gefahr ausgesetzt sind, der Verführung anheimzufallen. Sie sollten unter geistlicher Leitung oder unter derjenigen von Barmherzigen Schwestern stehen, denn die Pfleger müssen sich in ganzer, ungeteilter, uneigennütziger, ausdauernder Liebe dieser schwierigen Aufgabe hingeben.[409]

4. Einsatz für die Armen und Kranken durch die Tat
Nach seiner Versetzung im September 1845 nach Chur kam P. Theodosius sogleich auch mit der sozialen Not in Kontakt, gewannen die sozialkaritativen Werke immer mehr Bedeutung. Die Verarmung hatte in diesem Kanton verheerende Folgen angenommen und war nicht zuletzt dem Mangel an geeigneter Beschäftigung zuzuschreiben. Die Notwendigkeit der Arbeitsbeschaffung war offensichtlich. In Zusammenarbeit mit dem Protestanten Peter Conradin Planta bemühte er sich um die Einführung der Heimindustrie.[410]
Auch beim Elend der mangelhaften Krankenpflege musste Abhilfe geschaffen werden. P. Theodosius gab sich nicht mit Einzelfällen ab, sondern versuchte das Übel bei der Wurzel zu fassen. Die einzige grundlegende Lösung war die Gründung von Spitälern für die Armen. Arme Kranke sollten unentgeltlich oder gegen bescheidene Entschädigung gepflegt werden können. Durch das Vermächtnis einer Protestantin aus Schiers, Fräulein Maria Dorothea Ludwig, wurde er auf die Probleme

---

408 Zit. bei Gadient, Caritasapostel 356
409 Leben der Heiligen IV,549
410 Vgl. Anwalt der Würde des arbeitenden Menschen 207

hingelenkt. Sie führte zur Eröffnung der Planaterra im Frühjahr 1850. Im Herbst des gleichen Jahres gelangten die Gemeindebehörden von Näfels an P. Theodosius mit der Bitte zur Übernahme des Armenhauses.

Die Eröffnung der Planaterra in Chur im Mai 1850
Schon zu Beginn seiner Tätigkeit in Chur 1845 wandte P. Theodosius sein Augenmerk den Kranken zu. Chur besass damals das „Stadtkrankenhaus beim Totentor", das ausser der Krankenpflege auch der Versorgung altersschwacher oder anderer unterstützungsbedürftiger Menschen, der Pflege und Erziehung armer Kinder und Waisen sowie der Beherbergung und Unterstützung von Durchreisenden zu dienen hatte; es war eingerichtet für 30 Erwachsene und 20 Kinder. Die Geschäfte der Hausmutter besorgte die Protestantin Maria Dorothea Ludwig aus Schiers. Ihr Wunsch war seit Jahren, mit ihrem Vermögen und freiwilligen Beträgen ein eigenes Krankenhaus zu errichten.

Der Plan und Tod von Maria Dorothea Ludwig
Maria Dorothea Ludwig hatte den für die damalige Zeit aussergewöhnlichen Plan: Die protestantischen Patienten der Stadt sollten unter ihrer Obhut stehen, während die katholischen Armen der Pflege von Barmherzigen Schwestern übergeben werden sollten. Noch bevor ein solches Projekt entscheidungsreif war, holte sie sich bei kirchlichen und zivilen Behörden die Genehmigung zur Realisierung ihres Planes. Am 18. Mai 1844 schrieb sie an Bischof Kaspar von Carl und erhielt am 21. Mai die Erlaubnis, zu geeigneter Zeit die Pflege der katholischen Kranken und Armen an Barmherzige Schwestern weiterzugeben.[411] Die Mitwirkung des Bischofs beschränkte sich darauf, den Schwestern und den katholischen Kranken einen geistlichen Beistand zu stellen. Diesen fand der Bischof in P. Theodosius.

Planaterra Chur - Foto: GenArchiv SCSC

Maria Ludwig wollte das Spital selber errichten, aber ihr frühzeitiger Tod am 20. Dezember 1847 vereitelte die Ausführung ihres Vorhabens. Am 5. Mai 1848 liess

---
411 Positio 1991 dt I,120f.

der Bürgermeister von Chur den Bischof wissen, dass er ihn als Vollstrecker des Testaments von Maria Ludwig bezeichnet habe. Sie hatte den ansässigen Katholiken sechs Betten und ein Kapital von 4629,24 Gulden vermacht. Der Bischof wies den Dompfarrer P. Theodosius an, auf der Auszahlung zu bestehen. Aber statt des vereinbarten Betrages erhielt dieser lediglich 571 Gulden.[412]

Plan, das Spital mit Barmherzigen Schwestern von Innsbruck zu eröffnen
Das Domkapitel beschloss, Anstalten zu treffen, dass das Spital auf dem Hof errichtet werde. P. Theodosius schien daran ein besonderes Interesse zu haben. Er förderte zwei junge Frauen und schickte sie im Herbst 1848 zu den Barmherzigen Schwestern nach Innsbruck zur Ausbildung. Die zwei jungen Frauen wurden als für den Beruf untauglich entlassen. P. Theodosius versuchte es mit drei weiteren Frauen: Katharina Winiger, Antonia Dormann und Josefa Schwarz. Die beiden erstgenannten waren wahrscheinlich Kandidatinnen aus Menzingen. Sie sollten sich im dortigen Spital vorbereiten, sich in den Orden des Hl. Vincentius aufnehmen lassen und als solche in Chur die Leitung des Krankenhauses übernehmen.[413]

Mit der Eröffnung des Spitals wollte P. Theodosius nicht warten, bis die berufliche und religiöse Ausbildung der Kandidatinnen beendet war. Ein altes Haus, das der Familie Planta gehörte, wurde gemietet. Der Frauenverein half ihm bei der Anschaffung des Nötigsten. In Menzingen verlangte er einstweilen Lehrschwestern. Mutter Bernarda reichte ihm ohne Widerstreben die Hand zur Aushilfe und gab ihm die Lehrschwester M. Paulina Fuchs, die früher im Spital Solothurn Pflegedienste geleistet hatte und daher für diese Aufgabe passte. Sie machte Aushilfe bis April 1851. Auch Sr. Maria Zürcher konnte helfen und einige junge Mädchen, die Barmherzige Schwestern werden wollten.[414]

Übernahme der Armenanstalt in Näfels GL 1850

Im November des gleichen Jahres 1850 gelangte die Gemeindebehörde von Näfels an P. Theodosius mit der Bitte zur Übernahme des Armenhauses. Auf dem Dorf Näfels lastete seit Jahren eine unvorstellbare Armut. Versumpfung der Linthebene zwischen Näfels und Weesen, schlechtes Trinkwasser, Epidemien wegen der versumpften Linthebene, verheerende Kartoffelseuche, Missernte. Ein Brand

---

[412] Ebd. 121
[413] Vgl. Positio 1991 dt I,125f.
[414] Sampers, Chronik 137/50,151/63

der Schindlerschen Fabrik in Ziegelbrücke vernichtete 1833 die einzige Verdienstmöglichkeit. 1846 hatte der Gemeinderat die Errichtung einer Armenanstalt beschlossen. 1848 eröffnete Näfels eine solche im Freulerpalast. Auch Waisen und verwahrloste Kinder dürftiger Gemeindegenossen sollten Aufnahme finden, sofern die Leitung der Anstalt einem religiösen Orden anvertraut werden könne.

Für diese Aufgabe waren Schwestern der Providence von Portieux in Aussicht genommen. Diese waren aber von der Kantonsregierung nicht genehmigt worden. Nach einer Meldung der „Glarnerzeitung" hatte sich „gegen den Einzug der Schwestern ... ein gewaltiger Proteststurm wegen angeblicher Proselytenmacherei erhoben: die Schwestern seien eine Vorhut der Jesuiten".[415] Näfels hatte gegen das Verbot der Regierung rekurriert, musste aber nachgeben. Die Betreuung des Hauses war einem Ehepaar (Fridolin Landolt und Mariana Müller) übergeben worden. Die Armeneltern aber gaben ihre Aufgabe nach einem Jahr an die Behörden zurück. Die Nachfolgerin, Jungfer Magdalena Landolt, demissionierte ebenfalls schon 1850.

Im Oktober 1850 wurde P. Theodosius mit der Not der Gemeindebehörde von Näfels bekannt.[416] Mit der Suche nach einer Armenmutter war auch die Suche nach einer Lehrerin an der zu eröffnenden Arbeitsschule für Mädchen verbunden. Der Präsident berichtete in der Armenkommission vom 8. Oktober 1850, P. Theodosius habe ihm am 6. Oktober angezeigt, dass er eine Person kenne, welche sich bereitfinde den Posten in der Armenanstalt zu übernehmen, die zugleich auch fähig sei, als Arbeitslehrerin tätig zu sein. Sofort erkundigte sich die Armenkommission bei P. Theodosius nach der betreffenden Person. Es war keine andere als Sr. Maria Theresia Scherer.

Freulerpalast Näfels um 1900 - Foto: Staatsarchiv Glarus

Da sich kein Gemeindebürger für die Stelle gemeldet hatte, wurde am 25. Oktober beschlossen: „Es sei die Jungfer Theresia Scherer von Meggen Kanton Luzern für

---
415 Glarner Zeitung vom 8. Aug. 1846; vgl. Rutishauser, Liebe erobert die Welt 69f.
416 Positio 1991 dt II,282: Er hat offenbar durch seine Mitbrüder in Näfels Kenntnis von der Lage bekommen.

139

ein Jahr als Armenmutter gewählt." Der Vertrag wurde für ein Jahr mit P. Theodosius abgeschlossen. Die glarnerische Kantonsregierung genehmigte „den theodosianischen Schwestern auf Wohlverhalten hin den Einzug". Nach der Wahl zur Armenmutter erfolgte sehr bald auch die Ernennung der Jungfer Scherer durch den Schulrat der Gemeinde „zur Arbeitslehrerin für die hiesige neu zu errichtende Mädchenschule."[417]

Mutter Bernarda hatte P. Theodosius bereits im Frühjahr 1850 zur Eröffnung des Spitals in Chur mit zwei Lehrschwestern ausgeholfen. Nun überliess sie ihm auch eine dritte, Sr. M. Theresia Scherer, eine der tüchtigsten Lehrschwestern.[418]

Scheitern des Plans mit den Schwestern von Innsbruck

Die Verhältnisse entwickelten sich in Chur so, dass der Plan von P. Theodosius, ein Institut von Barmherzigen Schwestern von Innsbruck zu gründen, scheiterte. Im Frühling 1851 trafen die zwei Vinzenzschwestern Sr. Viktoria Perterer als Vorsteherin und Sr. Theodora Raffi mit den drei Novizinnen Vincentia Winiger, Josepha Dormann und Maria Schwarz in Chur ein. Die beiden Lehrschwestern, die P. Theodosius bei Mutter Bernarda ausgeliehen hatte, kehrten nach Menzingen zurück. Die Oberin der Vinzenzschwestern starb schon am 13. September 1851 und wurde durch Sr. Chriselda ersetzt. Diese war der Aufgabe nicht gewachsen, so dass Differenzen entstanden zwischen P. Theodosius und der Generaloberin der Vinzenzschwestern in Innsbruck.[419] Nach der Meinung von P. Honorius wollten die Vinzentinerinnen die Planaterra bald zu ihrem Mutterhaus zugehörig betrachten.[420] Das war weder der Plan von P. Theodosius noch der Behörden der Stadt. Die Vinzentinerinnen kehrten im Februar 1852 nach Innsbruck zurück.

P. Theodosius wandte sich an andere Institute, um Krankenschwestern für sein Werk zu erhalten. Aber ohne Erfolg. Er sah im Moment keinen Ausweg und wollte sich zurückziehen. Da ermahnte ihn der Bischof von Chur, die eigenen Schwestern zur Gründung zu nehmen.[421] So geschah es.

---

417 Rutishauser, Liebe erobert die Welt 84
418 Sampers, Chronik 164/55, 166/56; Mutter Bernarda drückt ihre Sorge aus, dass Sr. M. Theresia allein eine so schwierige Aufgabe übernehmen musste. Im April 1851 konnte sie ihr als Gehilfin Sr. Bonaventura Zeller geben.
419 Positio 1991 I,125
420 Elsener, Theodosius 31
421 Positio 1991 dt I,126; Sr. Cornelia Fürer schreibt: „P. Theodosius selbst schwankte einen Augenblick und wollte sich ebenfalls zurückziehen, aber der hochwürdige Bischof Carl verwies es ihm mit den Worten: ‚Wenn Sie sich zurückziehen, bekommen wir keine barmherzigen Schwestern. Nehmen Sie lieber eigene Schwestern zur Gründung Ihres Spitals'"; vgl. Fürer, Leben und Wirken 62

P. Theodosius bat Mutter Bernarda im Februar 1852 um Schwester M. Theresia Scherer, die begabteste aller Schwestern, die das Institut damals zu bieten hatte.[422]

Das war von grosser Bedeutung für die kommende Entwicklung des jungen Lehrschwesterninstituts und brachte tiefgreifende Änderungen. Gemäss dem ursprünglichen Plan schloss P. Theodosius dem Institut der Schulschwestern ein zweites an, dessen besondere Aufgabe die Pflege der Armen und Kranken sein sollte.[423]

5. Öffnen der katholischen Kirche für die soziale Frage

Die allgemeinen Forderungen auf dem Gebiet der sozialen Wohlfahrt hatten bei der katholischen Kirche noch nicht Eingang gefunden. P. Theodosius leistete mit seiner Soziallehre und dem sozialen Einsatz einen Beitrag zur Integration der katholischen Kirche in den modernen Staat. Was der Kirche auf politischen Gebiet nicht gelang, gelang ihr auf der sozialen Ebene.

Offen gegenüber säkularen Zeitströmungen

Das zeigt seine Mitarbeit in der SGG. Er war gegen eine rein humanitäre Ausrichtung des Wohlfahrtswesens und hielt mit seinen Bedenken nicht zurück. Das hinderte ihn aber nicht, das Gute, das von den Bestrebungen anderer ausging, anzuerkennen und so gearteten Organisationen beizutreten. Das unternehmerische Talent und der Glaube an die Zukunft, sein Einsatz für Schule, Humanität und Volksbildung rückten das praktisch Machbare und Notwendige in den Vordergrund und liessen die ideologischen Grundlagen verblassen. Sein Mut und seine Risikobereitschaft machten Eindruck. So kam es, dass P. Theodosius an den Versammlungen der SGG ein gewichtiges Wort mitsprechen konnte. Mehrmals hielt er grössere Referate.

Philipp Anton von Segesser würdigt in seinem Nekrolog auf P. Theodosius Florentini dessen diesbezügliche Leistung, indem er sagt, dass sein Bestreben dahin ging, den Katholizismus den sozialen Verhältnissen der Gegenwart dienstbar zu machen: „Man hat von ihm gesagt, er trachte die socialen Verhältnisse und Insti-

---

422 Positio 1991 dt I,126
423 Vgl. nächstes Kapitel: Die Gründung des Instituts der Barmherzigen Schwestern vom hl. Kreuz Ingenbohl 143f.

tutionen der Gegenwart dem Katholizismus, aber man dürfte vielleicht der Wahrheit näher kommen, wenn man umgekehrt sagte, dass sein Bestreben dahin ging, den Katholizismus den socialen Verhältnissen der Gegenwart dienstbar zu machen, die Lebensformen und Institutionen, die der socialen Bewegung der Gegenwart entstammen, mit dem Geiste des Katholizismus zu durchdringen."[424]

In ähnlicher Weise schildert der Protestant P. C. Planta die Verdienste von P. Theodosius: „Während es das Charakteristische des katholischen Kirchenregimentes und des katholischen Klerus ist, dass sie sich gegenüber den Zeitbestrebungen auf dem Gebiete der öffentlichen Erziehung, der Industrie, des Verkehrs und des materiellen Wohlseins überhaupt abweisend oder gar feindselig verhalten, war dagegen Theodosius zur Einsicht gekommen, nicht nur, dass ein Widerstand gegen diese Alles bewältigenden Zeitideen fruchtlos sei, sondern auch, dass dieselben ihre innere Berechtigung haben, indem sie es sind, welche Befreiung von Unwissenheit und leiblichem Elend in Aussicht stellen und dass von einem geistig und leiblich verkommenen Menschen wohl Aberglauben und Dummheit, nicht aber religiöses Gefühl und selbstbewusste Sittlichkeit zu erwarten sind.... Daher bemächtigte sich Pater Theodosius ... der neueren Zeitideen: der Ruf nach Verbesserung des Loses der unteren Volksklassen, nach Hilfe für die Armen und Kranken, nach Volksbildung und nach Arbeit wurde auch der seinige und der Kapuziner wurde so christlicher Socialist und als solcher gewissermassen bahnbrechend für den neueren katholisch kirchlichen Socialismus, er wurde Vater der Armen und der verwahrlosten Kinder, er wurde aber auch Volksbildner und Industrieller, so zwar, dass er alle diese Bestrebungen mit der Religion zu weihen und damit die Krankheiten der Zeit zu heilen suchte."[425]

Nicht nur P. Theodosius, sondern auch die theodosianischen Schwestern glaubten an die gesellschaftsverändernde Kraft der christlichen Liebe. Sie waren nicht nur ein kirchlicher, sondern auch ein gesellschaftlicher Faktor: Ihre Engagements waren Antworten auf die Bedürfnisse der damaligen Zeit. Sie nahmen Aufgaben wahr, für die die Gesellschaft noch nicht vorbereitet war. Dadurch wurden sie zu Schrittmacherinnen in und Begleiterinnen von gesellschaftlichen Entwicklungen. Sie arbeiteten zusammen mit staatlichen und gemeinnützigen Gremien, in staatlichen Betrieben, in öffentlichen Schulen und Heimen. Die Schwestern begleiteten Menschen auf dem Weg der vorindustriellen Gesellschaft zur ersten Industrie-Moderne.

---

424 Ph. A. v. Segesser, P. Theodosius Florentini 443
425 Planta, Pater Theodosius 25f.

Gründer des Instituts der Barmherzigen Schwestern vom heiligen Kreuz Ingenbohl 1852-1856

Die ersten katholischen Kongregationsgründungen in der Schweiz konzentrierten sich am Anfang ganz auf die Schule. Die sozialen, erbarmungswürdigen Zustände in der Schweiz brachten es mit sich, dass die junge Lehrschwesterngemeinschaft sehr schnell mit den sozialen Zuständen der damaligen Zeit konfrontiert wurde und sich gezwungen sah, Antwort zu geben. In der ersten Phase der Planung eines Spitals in Chur war das Institut der Lehrschwestern nur am Rand durch die beiden Kandidatinnen involviert, die P. Theodosius nach Innsbruck zur Ausbildung schickte und durch die zwei Lehrschwestern, mit denen Mutter Bernarda in Chur aushalf. Die Verhältnisse entwickelten sich in Chur aber so, dass der Plan, ein Institut von Barmherzigen Schwestern von Innsbruck zu gründen, scheiterte und P. Theodosius Mutter Bernarda im Februar 1852 um die Lehrschwester M. Theresia Scherer bat. Dieses Mal konnte Mutter Bernarda begreiflicherweise nicht schnell einwilligen.

1. Der Anschluss des Churer Spitals an das Institut der Lehrschwestern 1852

Mit der Bitte um Sr. M. Theresia war Mutter Bernarda klar: Der Zweig der Barmherzigen Schwestern sollte am Institut der Lehrschwestern angeschlossen werden. Mutter Bernarda gab die Einwilligung - wohl gegen ihren Willen - Sr. M. Theresia Scherer für den Neuanfang in Chur freizugeben. Sie schrieb in ihr „Tagebuch": „Im Februar 1852 musste unsere Schw. M. Theresia auf das Ansuchen des hochw. P. Sup. Theodosius nach Chur in den Spital in der Planaterra..., der bis jetzt von barmherzigen Schwestern aus Tirol geleitet wurde. Diese Schwestern mussten wegen verschiedenen Verhältnissen entlassen werden. Jetzt war Pater Theodosius in grosser Verlegenheit, und ich kam ihm auf seine Bitten hin nach Möglichkeit mit unsern Schwestern zu Hilfe, und so wurde die Abreise der Schwester M. Theresia beschlossen." Mutter Bernarda beendet ihren Bericht über die Freigabe von Sr. M. Theresia ins Spital nach Chur: „Sie wurde Vorsteherin der Novizinnen der ‚Barmherzigen Schwestern' in Chur unter der Leitung des hochwürdigen Pater Theodosius."[427]

Der „Handschlag" von Chur im März 1852

Sr. M. Theresia Scherer kam am Samstag 5. März 1852 mit der Novizin Rosalia Seyband in die Planaterra nach Chur. Über die Arbeit im Armen- und Waisenhaus in Näfels haben wir keinen Hinweis, dass sie sie ungern tat. Der Krankenpflege gegenüber schien sie mehr Vorbehalte gehabt zu haben, denn sie schreibt im Gewissensbericht: „Ich ging mit grossem Widerwillen und äusserst ungern zu diesem Zwecke nach Chur" und fügte bei: „Noch unlieber würde ich gegangen sin, wenn ich gewusst hätte, dass es ganz gegen den Willen der Fr. Mutter war, (mit) welcher der sel. P. Superior schon ein Jahr sich abgab, um die Einwilligung zu erhalten, was ich erst bei der Trennung der Institute vernahm."[428]

Mutter M. Theresia Scherer als junge Vorsteherin -
Foto: GenArchiv SCSC

Bei der Ankunft von Sr. M. Theresia kam P. Theodosius sogleich vom „Hof" herunter. Er führte sie in seine Vision von einem Institut, in dem Schule und Caritas verbunden sind, ein und erklärte ihr, dass er einen Spitalneubau vorhabe, wenn sie ihm zu helfen bereit sei. Sr. M. Theresia versprach ihm mit Handschlag „Treue, Hilfe und Beistand".[429] In diesem Moment muss die Berufung zur Caritas ihre Seele getroffen haben. Sie muss die ganze Schönheit und Richtigkeit der Pläne des P. Theodosius erfasst haben. In ihrem ganzen Leben findet sich kein Bedauern über den Wandel in ihrem Leben. Sie wird zur eigentlichen Mitbegründerin des karitativen Zweiges.

Sr. M. Theresia fand in der Planaterra 16-18 Kranke vor, die ein tüchtiger Arzt betreute. Dazu 4 oder 5 junge Leute als Pflegepersonal. Darunter waren die zwei

---

427 Gewissensbericht 1956, GenArchiv SCSC 02-002
428 Gewissensbericht 1956, GenArchiv SCSC 02-002
429 Positio 1991 dt II,288

in Innsbruck eingekleideten Novizinnen Sr. Josepha Dormann und Sr. Maria Schwarz. Beide verreisten im April 1852 ins Noviziat nach Menzingen. Sie hatten das Noviziat auf die Regel des heiligen Vinzenz gemacht und mussten nun das Noviziat wiederholen für den Dritten Orden des heiligen Franziskus.[430]

Bau und Eröffnung des ersten Kreuzspitals im „Gäuggeli" 1852/53
Auf die Dauer wurde die „Planaterra" zu klein. P. Theodosius dachte schon einige Zeit an einen Neubau. Allerdings fehlten ihm die finanziellen Mittel. Er hoffte auf eine Zusammenarbeit mit der städtischen Armenkommission. Diese war jedoch nicht mehr bereit, weil sie befürchtete, P. Theodosius würde eine einseitig katholische Anstalt errichten. Auch andere mögliche Partner liessen sich nicht finden.
P. Theodosius liess sich aber nicht beirren und kaufte 1851 auf Kredit (durch Conrad Furger von Vals) im „Gäuggeli" ein Grundstück von 2 055 Quadratmetern. Das Grundstück gehörte dem Schlossermeister Häussi, der den Kaufpreis auf 6 000 Gulden ansetzte. Sofort wurde mit dem Neubau begonnen. Der Bau eines verhältnismässig grossen katholischen Spitals war ein Problem für Behörden und Bevölkerung. Die Kredite stockten. Es wurde ein Baustopp verfügt, während P. Theodosius auf mehrmonatiger Bettelreise in Italien war.[431] Kaum zurückgekehrt, konnte er die Lage wenden und die Bauarbeiten gingen weiter.
Im kommenden Frühjahr konnte am 23. April 1853 das neue Haus, Kreuzspital genannt, bezogen werden. Im Sommer wurde es auch im Innern fertiggestellt. Im Herbst konnte Bischof Kaspar von Carl die Kapelle und das für 60-70 Patienten eingerichtete Spital einweihen. Mit berechtigtem Stolz berichtet Sr. Cornelia Fürer von Doktor- und Operationszimmer, von Separatzimmern für Augenkranke etc.[432]

Erstes Kreuzspital in Chur - Foto: GenArchiv SCSC Ingenbohl

Das Kreuzspital wurde zu einer immer bedeutender werdenden Institution. Es wurden durchschnittlich 30-36 Kranke verschiedenen Standes und verschiedener

---

430 Ebd. I,128
431 Ebd. I,130; II,289
432 Fürer, Leben und Werk 67

Konfession darin gepflegt. Die ersten Statistiken sagen aus, dass von der Eröffnung des Spitals bis 1861 2 014 Kranke betreut wurden. Das Spital hatte 200 Betten und 33 Pflegerinnen.[433] Allerdings hatten die Betreiber des Spitals immer wieder mit Unverständnis und Missgunst zu kämpfen. So musste P. Theodosius bei den Churer Stadtvätern 14 Jahre um einen Wasseranschluss kämpfen.[434]

Chur besass damals nur ein höchst ungenügendes primitives Spital, der Kanton gar keines. Das Kreuzspital, das mit grösster Liberalität Leidende ohne Rücksicht auf Herkunft, Vermögen und Religion aufnahm, entsprach daher einem dringenden Bedürfnis und erfüllte ganz die Aufgabe einer „Landeskrankenanstalt".[435] Der gute Ruf des Kreuzspitals half zusehends auch Vorurteile gegen Spitäler in der Bevölkerung abzubauen. Beim Tod vom P. Theodosius hob die „Bündnerische Wochenzeitung" hervor, dass P. Theodosius das ausgezeichnet eingerichtete Haus „jedem Kranken, ohne Rücksicht auf Heimat, Vermögen und Religion in liberalster Weise öffnete".[436]

2. Entstehen eines neuen Zentrums in Chur

Mit der Zunahme der Kranken wuchs auch die Zahl der Schwestern. Die Zahl der Helferinnen mehrte sich rasch. Schwester Lidwina Müller erzählt: „Fast täglich melden sich Töchter mit der Bitte um Aufnahme."[437] Der Platzmangel im Haus betraf nun nicht mehr allein die Krankenbetten, sondern auch die Schwestern und Klosteranwärterinnen wurden immer zahlreicher. Es bildete sich eine junge Gemeinschaft mit Chur als geistiger Heimat. P. Theodosius warf 1854 ein Auge auf das nahegelegene „Ludwigshaus", das zum Verkauf angeboten war und kaufte es.[438] Das „Ludwigshaus" wurde zum vorläufigen ersten Mutterhaus für die Barmherzigen Schwestern.

Das Ludwigshaus als vorläufiges Mutterhaus der Barmherzigen Schwestern

Im Ludwigshaus wohnten die Oberin und die Schwestern, die nicht direkt im Krankenhaus arbeiteten. Auf Wunsch von P. Theodosius wurde Sr M. Theresia „Frau

---

433 Ebd. 72
434 Rümmer, P. Theodosius Florentini 310f.
435 Planta, Pater Theodosius 31
436 Fürer, Leben und Werk 67f.
437 Sr. Lidwina Müller, Erinnerungen. Vgl. Positio 1991 dt II,288
438 Positio 1991 dt I,131

Mutter" genannt. Im juristischem Sinn aber hatte sie die Stellung einer Lokaloberin. Sie war Vorsteherin im Spital; dazu hatte sie die Aufnahme von Töchtern, die Barmherzige Schwestern werden wollten, und deren Erziehung zum Ordensleben. Für die Übernahme von neuen Aufgaben, neuen Stellen verkehrte P. Theodosius mit Mutter Bernarda. Diese unterschrieb die Verträge.[439]

Mutter M. Theresia gab die Leitung des Spitals ab. Neue Oberin im Spital wurde Sr. Friederike Bodenmüller. Sie hielt täglich die Schule der Kandidatinnen.[440] Am 2. Juni 1852 konnten bereits zwei Kandidatinnen Einkleidung feiern. Diese wurden im Herbst auf eine Aussenstation geschickt. Andere machten ihre Probezeit in Menzingen.

Neben Menzingen entstand auch in Chur ein Noviziat, weil die berufliche Ausbildung und die Einführung ins Ordensleben meistens zusammengingen. Gelübdeablegung fand auch in Chur statt. Chur führte ein eigenes Professbuch. Am Anfang kam Mutter Bernarda noch zu den Professfeiern nach Chur. Sr. Regina Hardegger berichtet in den „Notizen über die Jahre 1852-1863", dass im April 1853 die Novizin Ida Hardegger, Lehrerin an der Hofschule in Chur und Sekretärin von Mutter M. Theresia „in Chur die hl. Profession in die Hände der wohlehrwürdigen Frau Mutter Bernarda ablegte, da diese sich abwechselnd bald in Chur, Zizers, bald in Menzingen aufhielt, um die Geschäfte und Anstalten zu leiten."[441]

Entwicklung eines kleinen sozialen Zentrums in Chur

Im Mai 1854 kaufte P. Theodosius zwei an das Spital angrenzende Grundstücke dazu. Darauf erstellte er ein Waisenhaus und bald nachher ein Pfründnerhaus. 1857 wurde in den Räumen des Ludwigshauses ein kleines Pensionat eröffnet. Darin wurden fähige Kandidatinnen zum Lehramt herangebildet.

Das Rettungs- und Waisenhaus (1854-1858)

P. Theodosius führte im Waisenhaus Industriezweige ein, um dadurch arme verwahrloste Kinder dem Müssiggang zu entziehen, und zu guten Menschen und Christen heranbilden zu können. Die Kinder-Arbeitsschule wurde von einer Lehrschwester geleitet, welche täglich 1 bis 2 Stunden Unterricht erteilte. Die Arbeiten waren dem Geschlecht und Alter, sowie den Fähigkeiten der Kinder ent-

---

[439] Positio 1991 dt II,288
[440] Brief vom 30. Juli 1856 an Mutter Bernarda; GenArchiv SCSC 02-013
[441] Positio 1991 dt I,128

sprechend. Die Mädchen wurden hauptsächlich mit Stricken und Nähen, geschicktere auch mit Sticken, die Knaben grösstenteils für eine Zündhölzchenfabrik beschäftigt. Ältere Kinder betrieben auch Baumwoll- und Seidenweberei. Dieses Haus verkaufte P. Theodosius und kaufte 1856 das Schloss Paspel im Namen des Kreuzspitals, wohin die Kinder verlegt wurden.[442]

Die Pfründneranstalt (1855-1886)
Im Kreuzspital meldeten sich oft Leute, die nicht krank, aber doch altersschwach waren und „ihre Tage wohlverpflegt, ruhig und billig zu verbringen wünschten".[443] Dies veranlasste P. Theodosius, für solche „Pfründner" ein besonderes Asyl einzurichten. Dies geschah in einem mit dem Waisenhaus zusammenhängenden Nebengebäude. Später erwarb das Kreuzspital 1886 im sogenannten „Steinbruch" ein eigenes Haus („St. Elisabeth") für eigentlich Verpfründete.

Pensionat und Lehrerinnenseminar in Chur/Ingenbohl 1857/1860
Dadurch, dass Menzingen sich von P. Theodosius trennte und Ingenbohl sich in der Folge zu einem eigenständigen Institut entwickelte mit anfänglich eingeschränkten Möglichkeiten, Schulen zu übernehmen, richteten P. Theodosius und Mutter M. Theresia 1857 in Chur ein kleines Pensionat ein mit einer Töchterschule und einem dreiklassigen Seminar. Sie brauchten Lehrerinnen für die langsam wachsende Hofschule.[444]
1858 verfügte die städtische Behörde von Chur die Ausweisung aller in der Krankenpflege nicht benötigten Personen. Nachdem in Ingenbohl der verkommene Nigg'sche Hof in ein Mutterhaus verwandelt und 1860 durch einen Seitenflügel erweitert worden war, bot dieser Platz für einen Neubeginn des kleinen Pensionats und Lehrerinnenseminars.

Argwohn des Churer Stadtrates gegen eine klösterliche Anlage
Die Errichtung des Ludwig'schen Hauses als Schwesternhaus erregte den Argwohn des Stadtrates. Ab 1854 zeigte es sich, dass Chur kein Kloster in seiner Stadt haben wollte. Der Stadtrat von Chur befürchtete die Entstehung einer klösterlichen Anlage. Peter Conradin Planta schreibt in seinem Theodosius-Buch: „In

---

442 Planta, Pater Theodosius 35
443 Ebd. 37
444 Mürb, Geschichte 1,57; Venzin Sr. Renata Pia, Theresianum Ingenbohl 1857-1997, Schwyzer Hefte 80,9

dem sog. Ludwig'schen Haus hatte P. Theodosius im Sommer 1854 ein Mutterhaus für Krankenpflegerinnen eingerichtet. In demselben witterte aber ein stadträtlicher Zionswächter sofort ein künftiges Kloster und Gefahr für den reinlichen Protestantismus der Churer Bürgschaft. Auf seinen Antrag beschloss der Stadtrat eine Untersuchung des Sachverhalts."[445]

Der Untersuchungsbericht stellte fest, dass das Kreuzspital auf eine klösterliche Einrichtung schliessen lasse, indem besonders das Missverhältnis der Barmherzigen Schwestern und deren Gehilfinnen zu der Zahl der Kranken auffallen müsse, abgesehen davon, dass aus einzelnen Pässen aufs deutlichste hervorgehe, dass sich die betreffenden Personen in ein Kloster mit der Bezeichnung zum heiligen Kreuze begeben würden.

Daher beschloss der Rat „sichernde Massnahmen", die hart ausfielen, auf deren Inkraftsetzen jedoch verzichtet wurde. Man musste zugeben, dass nichts vorlag, was zu einem energischen Eingreifen gegen die Anstalt berechtigte. Es wurde nur die Verfügung erlassen, dass Reisepässe, die als Zweck der Reise auf ein Kloster in Chur hinwiesen, nicht mehr angenommen werden durften. Die Untersuchungskommission wurde beauftragt, sich näher mit der Angelegenheit zu befassen und weitere Vorschläge zu hinterbringen. Die Sache blieb vorläufig ruhen und wurde erst 1857 wieder aufgegriffen.[446]

3. Ungestümes Wachstum des sozial-karitativen Zweiges zwischen 1852 und 1856

Von 1852 bis 1856 machten in Chur 58 Schwestern Profess, die in 27 Niederlassungen gerufen wurden. P. Theodosius berichtet in seiner Autobiographie von 1855, dass von der Bildungsanstalt der Barmherzigen Schwestern vom Spital in Chur „schon 22 andere Armen-, Waisen-, Kranken- und Korrektionsanstalten mit Schwestern versehen worden" seien.[447] Im Vorwort der Konstitutionen von 1860 schreibt er, dass „die neue Kongregation nach einem Bestande von acht Jahren schon 240 Schwestern und 50 Kandidatinnen zählt und die Wirksamkeit des Institutes sich auf 75 Schul-, Kranken-, Waisen- und Strafanstalten erstreckt." Er sieht in der Ausbreitung und allseitigen Anpassung an die Aufgaben der Zeit mit Recht ein Zeichen katholischen Geistes: „Diese unerwartet erfolgreiche Verbreitung des

---

445 Planta, Pater Theodosius 42
446 Gadient, Caritasapostel 209f.; Mürb, Geschichte 1,20.46f.
447 Lebensabriss bis 1855 GenArchiv 03-051; vgl. Positio 1991 dt I,132

Institutes liefert wohl einen unzweifelhaften Beweis von der in der katholischen Kirche wohnenden stets wirksamen Liebe ihres göttlichen Stifters, die alle Zustände des Menschen umfasst, alle Leiden mit unermüdlicher Kraftanstrengung zu lindern sucht..."[448]

Übernahme von Niederlassungen
Waisen- und Armenanstalten
In der Schweiz lag der Akzent in der Gründungsphase ganz auf der Übernahme von Armenanstalten und Fürsorgeeinrichtungen für Kinder. Mit der Entsendung einer Armenmutter in die Armenanstalt Näfels leitete P. Theodosius 1850 die Wirksamkeit von Schwestern in Armen- und Waisenhäusern ein. Von da an nahm die Armenpflege ihren Weg ins Volk. Sobald der neue Zweig der Barmherzigen Schwestern in Chur ins Leben trat, häuften sich die Gesuche um Schwestern nicht nur aus der katholischen Innerschweiz, sondern auch aus Graubünden, St. Gallen und Appenzell. Private und Vereine wollten ihre meist vor kurzem gegründeten Anstalten den Schwestern übergeben. Oder es sollten neue Anstalten gegründet werden. An manchen Orten, wo die Armenpflege organisiert war, hatte weltliches Pflegepersonals versagt. Zur Erfüllung dieser äusserst schwierigen Aufgabe war damals wahrscheinlich eine religiöse Berufung notwendig.

Die junge Gemeinschaft reagierte mit grosser Flexibilität und Bereitschaft auf Anfragen, auch für kurze, nötige Einsätze. Überall sorgte Mutter M. Theresia (zunächst auch Mutter Bernarda) für klare Verhältnisse durch den Abschluss von Verträgen. Bis 1870 wurden ca. 86 Armenanstalten übernommen, mehr als die Hälfte aller Armenanstalten, die Ingenbohl in der Schweiz führte. Dazu wurden bis 1870 ca. 11 Fürsorgeeinrichtungen für Kinder übernommen. Viele davon waren mit industrieller Arbeit verbunden.

Krankenhäuser
Das Gesundheitswesen blieb in den Anfängen zum grossen Teil auf das Kreuzspital in Chur beschränkt. Es gab aber auch bescheidene Anfänge, die jedoch häufig den Beginn von langen Einsätzen markierten. In Altdorf wurde 1852 das Fremdenspital übernommen, das sich später zum Kantonsspital Altdorf entwickelte und in dem Schwestern bis 1990 wirkten. Auch in Rapperswil gab es eine Art Pilgerspital, in dem Schwestern zwischen 1857 und 1871 wirkten. Später entwickelte sich die Niederlassung zu einer Armenanstalt (genannt Bürgerspital). In

---

[448] Vorwort 4, Constitutionen 1860

Schwyz ging die Anregung zur Betätigung der öffentlichen Krankenpflege vom Frauenverein aus. 1853 übernahmen von Chur her drei Barmherzige Schwestern das erste Krankenhaus in Schwyz. Ingenbohler Schwestern wirkten dort bis 1972 im Krankenhaus Schwyz.

Privat (Haus-) krankenpflege
Dem Zweig der Barmherzigen Schwestern gehörten viele Kandidatinnen, Novizinnen und Schwestern aus Württemberg und Baden an. So ist es nicht erstaunlich, dass gleich zu Anfang des Bestehens des sozialen Zweiges von mehreren Kreisstädten und Gemeinden in Württemberg Schwestern für die Privatkrankenpflege begehrt wurden. Die erste Niederlassung wurde in Ravensburg übernommen. Dazu kamen Posten in Weingarten, Buchau, Leutkirch.
P. Theodosius dachte bereits daran, ein Zentralhaus für die dortigen Schwestern zu erwerben und fand auch ein solches. Aber im Jahr 1862 beschloss die königlich-württembergische Regierung die Ausweisung aller in Württemberg tätigen Menzinger und Ingenbohler Schwestern. Umsonst unterbreitete P. Theodosius eine Eingabe für die Duldung der Schwestern im Königreich Württemberg, speziell in Leutkirch. Umsonst auch waren die Bemühungen der Lokal- und Amtsbehörden, umsonst erhob sich die Stimme des Volkes für die Beibehaltung der Schwestern.[449]

Dorf- und Heimschulen
Durch die Abmachungen bei der Trennung der beiden Institute war den Barmherzigen Schwestern neben ihrem karitativen Wirken einzig das Führen von Schulen in Waisenhäusern und öffentlichen Schulen in Chur und Ingenbohl erlaubt. Bis zum Tod von P. Theodosius führten sie 11 Primarschulen und 5 Heimschulen.

Die Schwestern
Höchst interessant und aufschlussreich ist auch ein Blick auf die Schwestern, die nur in den Jahren 1852 und 1853 diese Niederlassungen eröffnen und aufbauen mussten. Er zeigt, welch ungeheuren Anforderungen sich alle aussetzten: Mutter M. Theresia, Mutter Bernarda, die neueintretenden Schwestern.

1852
Bereits im Januar 1852 wurde das Fremdenspital in Altdorf UR. Es gab noch keine

---

449 Mürb, Geschichte 1,68

ausgebildeten Barmherzigen Schwestern. Mutter Bernarda gab die Lehrschwester Maria Zürcher zur Aushilfe. Dazu kam die Novizin Sr. Josefa Dormann.[450]
Im März übernahm die Lehrschwester Luzia Hemmi von Menzingen aus die Leitung des Armen- und Waisenhauses in Buochs „mit 60 Personen verschiedenen Alters".[451] Ihr wurde als Hilfe die Novizin Sr. Borgia Baumüller (wahrscheinlich später ausgetreten) gegeben.
Im November brachen sechs Novizinnen, die erst vor kurzem Einkleidung hatten, auf. Zwei hatten die Armen- und Waisenanstalt in Ibach SZ, zwei das Waisen- und Korrektionshaus in Stans und zwei die weiblichen Sträflinge in Stans zu betreuen. Mutter M. Theresia begleitete die Novizinnen an ihren Bestimmungsort.
Im Jahr 1852 wurde auch die kantonale Korrektionsanstalt in Fürstenau GR übernommen: zuerst durch zwei Schwestern von Menzingen, dann im November 1852 durch zwei Schwestern aus dem Spital in Chur: Sr. Anastasia Hauser und Sr. M. Bonaventura Zeller.[452]

1853
In Ems übernahm eine Lehrschwester von Menzingen die Schule: Sr. Raimunda Gau und als Novizin Sr. Hildegard Krauter.
1853 machten die sieben ersten Barmherzigen Schwestern Profess: Unter ihnen war Sr. Perpetua von Euw, die die Waisenanstalt „Steig" in Appenzell übernahm. Sie begann mit der Novizin Sr. Euphrosina Wild.[453]
Alle anderen Niederlassungen, die 1853 übernommen wurden, mussten Novizinnen übertragen werden:
Die Waisen- und Armenanstalten wurden übernommen in Wolfenschiessen NW, Zug, Beckenried NW, Guglera/Giffers (nur für kurze Zeit), Sarnen OW, Flüelen UR, Altstätten SG.
Im Krankenhaus Schwyz begannen 2 Novizinnen: Sr. Ursula Studach und Sr. Mathilde Rumpold. Für die Privatkrankenpflege nach Ravensburg/Württemberg wurden zunächst 2 Kandidatinnen gesandt (Namen nicht erwähnt), die bald ersetzt wurden durch die Novizin Sr. Beatrix Seiband.

---

450 Sampers, Chronik 206/64; Henggeler, Lehrschwestern 77
451 Ebd. 209/65: „Wir gaben diese Schwester, weil man keine Spitalschwestern hatte und doch helfen sollte, weil der schickliche Zeitpunkt da war."
452 Sampers, Chronik 205/64; Mutter Bernarda nennt keine Namen, während sie sonst immer die Namen der Schwestern erwähnt.
453 Sampers, Chronik 228/70

Das Fabrikheim in Isleten UR übernahmen die Novizinnen: Sr. Julia Matt und Sr. Clementina Scherer.

In die Strafanstalt in Schwyz wurden die Novizinnen Sr. Meinrada Dick und Sr. Eustachia Hauser gesendet.

4. Die Errichtung des Mutterhauses in Ingenbohl

P. Theodosius hatte sich bereits im Jahr 1853 nach einem Generalmutterhaus umgeschaut. Das Ludwigshaus hatte er wahrscheinlich nur als provisorisch betrachtet, so dass die Frage des Mutterhauses für ihn offen blieb.

Suche nach einem Generalmutterhaus und Kauf des Nigg'schen Hofes in Ingenbohl

An den Orten Menzingen und Chur waren langsam Mutterhäuser entstanden. P. Theodosius wurde sich bewusst, dass sich in Chur keine klösterliche Institution beheimaten liess. Er sah sich einerseits gezwungen, das Mutterhaus der Barmherzigen Schwestern in Chur zu verlegen. Anderseits suchte er nach einem Platz für ein zukünftiges Generalmutterhaus, da er das Mutterhaus in Menzingen dafür als ungenügend erachtete. Er wollte es in die Diözese Chur verlegen, „um den Ablauf der doppelten Tätigkeit leichter zu gestalten."[454] Seine Absicht, das Mutterhaus von Menzingen wegzunehmen, teilte er seinem vertrauten Mitbruder P. Honorius mit. Dies drang als Gerücht 1853 nach Zug und führte zu ersten Auseinandersetzungen vor allem im Hilfsverein.

Ingenbohl, rechts neben der Pfarrkirche der Nigg'sche Hof -
Federzeichnung und Bleistift von Thomas Fassbind (1785-1824) Staatsarchiv Schwyz

Nach dem ersten Wunsch von Mutter Bernarda, dass das Mutterhaus der Lehrschwestern vom Spital in Chur getrennt werde und die Einflussnahme des P. Theodosius auf das Lehrschwesterninstitut ausgeschaltet werde, sah er sich ge-

---

454 Vgl. Integration des sozialkaritativen Zweiges ins Lehrschwesterninstituts? 164,168,179

drängt, sich intensiv nach einem Platz für ein zukünftiges Generalmutterhaus umzusehen. Am 3. September 1855 bot sich ihm eine einzigartige Möglichkeit. Er hatte in Steinerberg Exerzitien gehalten.[455]
Auf dem Rückweg vom Kollegium in Schwyz machte ihn Pfr. Johann Melchior Tschümperlin von Ingenbohl auf den Nigg'schen Hof aufmerksam. Obwohl P. Theodosius sah, dass der Hof arg vernachlässigt war, griff er zu, schon wegen der Lage, die für das Mutterhaus einer interkantonalen Kongregation sehr günstig war. Er stand mit leeren Händen da oder, wie die Tradition berichtet, mit einem Fünfliber in der Tasche. Oberst und Regierungsrat Xaver Aufdermaur, Besitzer des Gasthauses zum Adler in Brunnen, streckte ihm den Kaufschilling von 2 000.- Fr. vor. Am 3. September 1855 wurde der Kaufvertrag getätigt, der auf 26 000 Gulden (rund 45'700 Fr.) lautete. Verkäufer der Liegenschaft war Marzell Nigg von Gersau, wohnhaft in Ingenbohl, Käufer P. Theodosius Florentini, der aber als Kapuziner kein Eigentum besitzen konnte. Stellvertretend für die Oberin („Priorin") M. Theresia Scherer unterzeichnete Oberst Aufdermaur von Brunnen. Die Käuferin übernahm die darauf haftenden Hypothekarschulden auf Abrechnung. Diese machten 21 088 Gulden (37 078.97 Fr.) aus.[456]

Anfänge in bitterster Armut in Ingenbohl
Am 5. März 1856 schickte Mutter M. Theresia, selbst noch in Chur stationiert, einige Schwestern zum Aufräumen nach Ingenbohl. Denn es war geplant, dass die Schwestern im folgenden April dort ihre jährlichen Exerzitien machen sollten. Anführerin war Sr. Lidwina Müller, eine gesunde und kräftige Schwester, die schon von den Anfängen her in der Planaterra und im ersten Kreuzspital an Armut und Einfachheit gewohnt war.
Wahrscheinlich kamen die ersten Schwestern zu Fuss über den Haggen nach Ingenbohl. Je näher sie kamen, umso mehr mussten sie sich die Frage gestellt haben: Wie soll aus dem verlotterten, alten Hof ihr Mutterhaus werden?[457] Die kleine Gruppe scheute weder Armut noch harte Arbeit. Sie kehrte den Schutt aus dem Haus und reinigte die Räume. Einzurichten gab es nichts; denn im Haus fand sich nichts. Melchior Tschümperlin war seit Neujahr Pfarrer in Ingenbohl und lieh

---
455 SKZ 1855,376: „Seit 14 Tagen weilt der ehrw. P. Theodosius in unserer Nähe - in Steinerberg - und hält daselbst Exerzitien. Um - endlich zum erwünschten Zwecke gelangend, ein Mutterhaus zu gründen, hat er in Ingenbohl die ‚Liggenheimat' um 40 000fl. angekauft. Wer Segen aussät, wird Segen ernten."
456 Positio 1991 dt I,188
457 Rutishauser, Liebe erobert die Welt 114ff.

den Schwestern einstweilen das notwendige Kochgeschirr. Schwieriger war es, aus nichts eine Mahlzeit zu bereiten. Bei der Familie Fassbind im Rössliladen in Brunnen erhielten sie auf Kredit Reis und gedörrtes Obst für die erste Mahlzeit. Das Holz zum Kochen mussten sie vom Felde zusammenlesen und heimtragen. Für die Messfeiern gingen die Schwestern in die Ingenbohler Kirche. Die Dorfbevölkerung war skeptisch. Manche Ingenbohler freuten sich keineswegs über die Ankunft der Schwestern und gaben ihrem Unmut mit Beschimpfungen, Verleumdungen und üblen Nachreden Ausdruck. Viele misstrauten der Neugründung, sie bezweifelten ihre Lebensfähigkeit. Frau Agnes Mettler-Auf der Mauer bezeugt: „Zur Zeit der Gründung... erzählte man in meiner Familie oft, dass im Dorf niemand daran glaubte, die Gründung könnte fortbestehen. Einer meiner Verwandten, der Bäcker war, lieferte ihnen nicht einmal mehr Brot."[458]

Die ersten Exerzitien und Professfeiern in Ingenbohl
Die Schwestern arbeiteten Tag und Nacht, richteten in grosser Eile einige Räume ein, denn es galt das Gebäude notdürftig für die ersten Exerzitien mit Professfeier vorzubereiten. Als Ruhelager wurde Stroh herbeigeschleppt, das mit Leinen bedeckt und darüber eine Decke gelegt wurde. Bei allem Mangel durfte ein Gebetsraum, eine Art Oratorium, nicht fehlen. Eine alte Tür, gelegt auf vier rohen Holzklötzen, diente als Altar. Zunächst fehlte ein Kreuz, dessen Mangel P. Theodosius bemerkte. Er war nicht bereit, einen Vortrag zu halten, „sofern kein Kruzifix ins Zimmer komme".
Für die Exerzitien kamen die Schwestern aus den Armen-, Waisen- und Strafanstalten. Sie waren an Armut gewöhnt. P. Theodosius begann sofort die Vorträge der Geistlichen Übungen in seiner frischen, väterlichen Art. Acht Novizinnen legten am 31. März 1856 am Ende der Exerzitien „ohne Feierlichkeit in aller Stille ihre ersten heiligen Gelübde ab; die Professschwestern erneuerten diese".[459] Der armselige Altar war auch der erste Professaltar von Sr. Martina Burch. Am 11. April legten wieder vier Schwestern Gelübde ab: Sr. Eustachia Hauser, Sr. Emilie Egger, Sr. Wilhelmina Kieser, Sr. Leopoldina Leutenegger. Im gleichen Jahr feierten am 12. Oktober Sr. Pelagia Müller und Sr. Cornelia Fürer Profess.

---

458 Ebd. 146
459 Fürer, Geschichte 1888,43; Positio 1991 dt II,305

Reaktionen in Menzingen

In Menzingen löste der Kauf des Nigg'schen Hofs und der Gedanke, nach Ingenbohl umziehen zu müssen, Schrecken aus. Vikar Businger kam als junger Vikar 1855 nach Menzingen. In seinen „Erinnerungen" erzählt er: „Ums Neujahr 1856 kam - wie ein Blitz aus heiterem Himmel die unheimliche Botschaft: Übersiedlung des Menzinger Institutes nach Ingenbohl, und Verschmelzung mit dem, von P. Theodosius daselbst neuzugründenden Institute der ‚barmherzigen Schwestern'."[460]

P. Theodosius wollte in den Nigg'schen Hof die Leitung des Gesamtinstitutes verlegen. In Menzingen machte er nur Andeutungen. Immerhin kam es zu einer Besprechung seiner Pläne mit Pfr. Röllin und Mutter Bernarda. Die praktische Organisation bot Schwierigkeiten. Menzingen sollte Bildungs- und Noviziatshaus sein, Ingenbohl Professhaus. Pfr. Röllin stimmte seinen Plänen zu. Weil aber kein wirkliches Einverständnis erreicht werden konnte, sollte über die Vereinigung und den Standort erst im Herbst 1856 entschieden werden. Dazu kam es nicht mehr. Dadurch, dass die Auseinandersetzungen zwischen P. Theodosius und dem Lehrschwestern-Institut mit der Eigenständigkeit der beiden Institute endeten, wurde der Nigg'sche Hof Mutterhaus der Barmherzigen Schwestern.[461]

Bestätigung des Mutterhauses in Ingenbohl durch Bischof Kaspar von Carl von Chur

Am 23.Mai 1856 schrieb P. Theodosius an den Bischof von Chur und bat um die Bestätigung des Mutterhauses in Ingenbohl für das „Institut der Schul- und Armenschwestern".[462] Am 3. Juni1856 approbierte Bischof Kaspar von Carl für den Bereich seiner Diözese in Ingenbohl das Mutterhaus für die „Barmherzigen Schwestern vom heiligen Kreuz für den Schul- und, Armen- und Krankendienst. Die Konstitutionen sind - die notwendigen Änderungen vorbehalten - dieselben wie die der Lehrschwestern". Er schrieb: „Der sogenannte Nigg'sche Hof in Ingenbohl soll künftig bis auf weitere Verfügung ein Mutter- und Bildungshaus der barmherzigen Schwestern vom heiligen Kreuze für die Diözese und Administration Chur sein und als solches anerkannt werden."[463] Damit war ein wichtiger Grundstein gelegt für das Institut der Barmherzigen Schwestern.

---

460 Vgl. Businger, Dreissig Blätter 4f.
461 Vgl. Integration des sozialkaritativen Zweiges ins Lehrschwesterninstituts? 172
462 GenArchiv SCSC 23. Mai 1856; vgl. Positio 1990,473, Text abgedruckt ebd. 497
463 GenArchiv SCSC 3. Juni 1856; Text abgedruckt in: Positio 1991 dt I,237

Wahl von Mutter M. Theresia zur Generaloberin am 13. Oktober 1857

Mutter M. Theresia leitete die ersten Jahre die junge Gemeinschaft von Chur aus. Auch als sie noch in Chur weilte, war es von allem Anfang an die Absicht von P. Theodosius, die Verantwortung für das Haus in Ingenbohl und die Schwestern Mutter M. Theresia zu übertragen.

Am 13. Oktober 1857 wurde durch die Wahl von Mutter M. Theresia Scherer zur ersten Generaloberin ein weiterer Grundstein für das Institut der Barmherzigen Schwestern gelegt. Anwesend waren: P. Theodosius als Superior und Bevollmächtigter des Bischofs Kaspar von Carl, Herr Kommissar Tschümperlin und dessen Kaplan, Herr Businger. Von den 63 Schwestern wählten 59 Schwestern Mutter M. Theresia Scherer zur Generaloberin.[464] Zur Assistentin wurde Sr. Ida Hardegger mit 56 Stimmen gewählt; zur weiteren Rätin Sr. M. Friderica Bodenmüller von Weingarten. Das Wahlprotokoll dokumentiert das volle Vertrauen der Gemeinschaft. Lebhaft erinnerten sich die Schwestern zeitlebens der allgemeinen, spontanen Freude im Mutterhaus, des frischen, energischen und doch familiären Geistes, der mit Mutter M. Theresias Amtsantritt die Kommunität ergriff.[465]

Mutter M. Theresia Scherer - Foto: MpCH Ingenbohl

5. Restauration des Nigg'schen Hofes, Bau der ersten Mutterhauskirche und Umzug von Leitung und Noviziat nach Ingenbohl 1857/1858

Die eigentliche Restauration 1857

Nachdem die Schwestern die dringlichsten Instandstellungsarbeiten selbst durchgeführt hatten, zog man Handwerker bei, so dass das Haus wohnlicher und die Umgebung begehbar wurde. Auch Acker und Feld wurden bestellt, der Stall durch das eine und andere Stück Vieh bereichert. P. Theodosius und Mutter M. Theresia weilten oft in Ingenbohl, um Anordnungen zu treffen, um die Fortschritte zu sehen und die Schwestern zu ermutigen.

---

464 Positio 1991 dt II,306
465 Fürer, Geschichte (1869) 159f.

Obwohl die Reparaturarbeiten auch im Winter nie ruhten, erfuhr das Gebäude im Frühjahr 1857 eine Restauration von Grund auf. Die Keller des ersten Stocks beim Eingang verwandelten sich in ein grösseres Empfangs- und ein Arbeitszimmer. Im zweiten Stock wurden passende Räume für die Generaloberin und ihre Assistentin eingerichtet, dazu Gästezimmer. Im dritten Stock: Kranken- und Separatzimmer für schwächliche Schwestern; unter dem Dach geräumige Schlafsäle für die Schwestern. Die Aussenseite des Hauses wurde bestens verputzt und der strengen Winterkälte Einhalt geboten durch das Einsetzen von Vorfenstern.[466]

Der Bau der ersten Mutterhauskirche 1857/1858

Da die Zahl der Schwestern, Novizinnen und Kandidatinnen immer mehr anwuchs, machte sich das Bedürfnis nach einer Kirche im Institut fühlbar. Schon im Verlauf des Winters 1856/57 wurden Vorbereitungen getroffen. P. Theodosius hatte mit Mutter M. Theresia die Pläne entworfen, und im Frühling fand die Grundsteinlegung statt. Diese nahm Herr Kommissar Suter, Pfarrer in Schwyz, in Anwesenheit der Ortsgeistlichkeit vor. Das Archiv birgt noch die Abschrift der Urkunde mit den Schriftzügen des Gründers: „Kirche des Instituts der barmherzigen Schwestern in Ingenbohl. Patrocynium Exaltatio Sanctae Crucis."[467]

Renovierter Nigg'scher Hof und erste Mutterhauskirche um 1860 - Ausschnitt aus einem Aquarell von David Alois Schmid (1791-1861) - Staatsarchiv Schwyz

P. Theodosius, der zu dieser Zeit Vikar in Schwyz war, überwachte das Werk und zeichnete das Ziel vor, das bis zu seinem nächsten Kommen erreicht werden sollte. Auf diese Weise stand der äussere Bau samt dem Turm bis im Herbst 1857 da, so dass die Bauleute sich dem inneren Ausbau des Gotteshauses zuwenden konnten. Am Silvestertag 1858 erhielt das Heiligtum die einfache kirchliche Segnung durch den Ortspfarrer Melchior Tschümperlin. Das Allerheiligste wurde vom Oratorium in die neue Kirche übertragen, wo es von den Schwestern Tag und Nacht verehrt und angebetet wurde. Denn am Weihetag der ersten Klosterkirche führte Mutter M. Theresia die „ewige Anbetung" ein.

---

466 Fürer, Geschichte (1888) 47
467 Mürb, Geschichte 1,47

Mutter M. Theresia hatte ihren Sitz immer noch in Chur. Ihre Anwesenheit war nötig, weil die Schwestern im Zusammenhang mit der Rede des P. Theodosius am Katholikentag in Salzburg im September 1857 nochmals Schwierigkeiten mit der Stadtbehörde zu spüren bekamen.[468]

Untersuchung des Kreuzspitals durch den Churer Stadtrat 1857

Die Rede des P. Theodosius in Salzburg brachte dem Stadtrat die nun zurückliegende Kreuzspitalangelegenheit wieder in Erinnerung. Er setzte eine Untersuchungskommission ein, bestehend aus Staatsanwalt G. O. Bernhard als Präsident des Polizeiausschusses und Dr. Papon als Direktor des Niederlassungs- und Fremdenpolizeiamtes. Diese wurde beauftragt, die „inneren und äusseren Verhältnisse des Kreuzspitals zu untersuchen". In aller Stille wurde Material gegen P. Theodosius gesammelt.[469]

Einen Besuch machte die Kommission im Ludwigshaus nicht; aber sie konstatierte, dass eine vollständig eingerichtete Mädchen- Realschule mit einer Schwester als Lehrerin an der Anstalt existierte. P. Theodosius habe die Erlaubnis, Barmherzige Schwestern zu berufen, nur für die Krankenpflege eingeholt. Die Kommission konnte auch ein aufschlussreiches Verzeichnis des Personals vorlegen: 7 Barmherzige Schwestern (6 aus Deutschland), 15 Gehilfinnen (8 aus Deutschland) und 8 Schülerinnen; und dies für die Pflege von 24 Erwachsenen und 25 Kindern. Die Herren drückten die Erwartung aus, dass der Stadtrat der Sache nicht gleichgültig gegenüber stehe.

Die Kommission referierte das Ergebnis der Untersuchung am 22. März 1858 dem Stadtrat. Dieser beschloss:

- Die Anstalt im Gäuggeli sollte ihrem ursprünglichen und einzigen Zwecke der Krankenpflege zurückgegeben werden.
- Alle nicht strikt in der Krankenpflege nötigen, zum Orden der Barmherzigen Schwestern gehörenden Personen solllen aus der Anstalt entfernt werden.

P. Theodosius wurde benachrichtigt. Er hatte bereits alle Vorkehrungen zur Übersiedlung nach Ingenbohl getroffen und konnte daher getrost erklären, solche innert vierzehn Tagen bewerkstelligen zu wollen. An Mutter M. Theresia schrieb er am Palmsonntag, dem 28. März 1858: „Die Churerherren wollen Euch scheint's eine rechte Karwoche bereiten; aber lass dich nicht irre machen. Vertrau auf Gott und

---

468 Planta, Pater Theodosius 45f.
469 Positio 1991 dt II,307

bete und lass beten. Inzwischen erkläre einfach den Rekurs an den Kleinen Rat....
Alles, was nicht notwendig in Chur ist, schicke möglichst bald nach Ingenbohl. Gott
sei Dank, dass es hergerichtet ist."[470]

Der Umzug von Leitung, Noviziat und Pensionat nach Ingenbohl 1858-1860
Mutter M. Theresia organisierte sofort den Auszug; er konnte schon nach Ostern 1858 erfolgen, von den einen zu Fuss, von den Schwächeren mit der Post. Das provisorische Mutterhaus von Chur konnte nun nach Ingenbohl verlegt werden mit dem damals bestehenden Personal und auch der wichtigsten Fahrhabe. Die Schwestern kamen gerade recht, um den Arbeitern beim Kirchenbau zu helfen.

Mutterhaus Ingenbohl um 1865
Abbildung aus der Institutsgeschichte von 1870 - Foto: MpCH

Die endgültige Übersiedlung Mutter M. Theresias von Chur nach Ingenbohl im Frühjahr 1858 wurde von den Schwestern in Ingenbohl freudig begrüsst. Sie selbst erschauerte: „Bitte, gratuliert mir nicht", entgegnete sie den glückwünschenden Schwestern bewegt, „betet lieber, dass ich solch unberechenbare Last mit Gottes Hilfe tragen kann".[471] Auch das Noviziat wurde 1858 in Chur aufgelöst und nach Ingenbohl verlegt. Das Pensionat kam 1860 von Chur nach Ingenbohl. Im Spätherbst bezogen etwa 30 Schülerinnen den neuen Flügel. Damit hatten Mutter M. Theresia und die Schwestern dem Kreuzspital, der eigentlichen Wiege des Instituts, Lebewohl gesagt.

6. An die neue Ausrichtung angepasste Konstitutionen 1860
Als im Sommer 1856 jene Schwestern von Menzingen und Chur, die sich den Werken der Caritas widmen wollten, Mitglieder eines autonomen Instituts wurden, mussten die Konstitutionen von 1845/1852 der neuen Situation angepasst werden.

---

470 GenArchiv SCSC 04-052; vgl. Positio 1991 dt II,307
471 Rutishauser, Liebe erobert die Welt 118

Anpassung der Konstitutionen 1860

In den Jahren 1856 bis 1860 bearbeitete P. Theodosius die Konstitutionen und passte sie an die Bedürfnisse der Barmherzigen Schwestern an. Er bemühte sich um die rechtliche Grundlage des neuen Mutterhauses und sprach im Mai 1856 bereits davon, dass er die revidierten Konstitutionen in nächster Zeit dem Ordinariat vorlegen werde.[472] Am 17. Februar 1858 schrieb er von Freiburg i. Br. an Mutter M. Theresia: „Ich werde sobald wie möglich die Regel bearbeiten und schicken."[473] Im Herbst 1860 war die Arbeit beendet. Die überarbeiteten Konstitutionen erschienen unter dem Titel „Constitutionen der barmherzigen Schwestern vom heiligen Kreuze aus dem dritten Orden des heiligen Franziskus von Assisi". Sie wurden erstmals gedruckt in der eigenen Druckerei der Waisenanstalt Ingenbohl „mit Genehmigung der Obern".[474]

Änderungen gegenüber den ersten Konstitutionen von 1852

Rein äusserlich gesehen, könnten die Konstitutionen der Barmherzigen Schwestern als eine Erweiterung der ersten Satzungen von Altdorf bzw. Menzingen betrachtet werden. Der äussere Aufbau ist fast der gleiche wie bei den Konstitutionen der Lehrschwestern. Ihnen wurden Kapitel über die sozial-karitativen Tätigkeiten beigefügt. Kapitel 20 befasste sich mit der Krankenpflege; Kapitel 21 mit der Armen- und Waisenpflege; Kapitel 22 handelte von der „Übernahme von Strafanstalten, Irrenhäusern und Korrektionsanstalten für Mädchen".

Diese Konstitutionen waren aber nicht nur eine Erweiterung durch die Werke der Caritas. Schon der Vergleich der Zweckartikel zeigt, dass diese Konstitutionen auch eine stärkere „Verklösterlichung" im Sinne des Ordensrechtes sind. Auch enthielten sie Regelungen über die Errichtung von Provinzen, die Wahl der Generaloberin und des Institutsrates, die Verlängerung der Prüfungszeit und die Dauer des Noviziates, die Beobachtung der Klausur und die Aufgaben des Superiors.

---

472 Gadient, Caritasapostel 215 u. 218; Cornelia Göcking, Entwicklung unserer Konstitutionen 1987,5
473 Positio 1991 dt II,414
474 Gadient, Caritasapostel 219-223

Integration des sozialkaritativen Zweiges ins Lehrschwesterninstitut? 1852-1856

Im Jahr 1852 wurde in der Geschichte des Instituts der Lehrschwestern von Menzingen ein neues Blatt eröffnet. Mit dem Entstehen eines zweiten Mutterhauses in Chur war ein neues Institut[475] entstanden. Die Fragen, die sich damals stellten, lauteten: Soll der neuentstandene sozial-karitative Zweig ein eigenständiges Institut werden, oder sollen die beiden Zweige in einer Struktur vereinigt werden? Kann die Caritas in das Lehrschwestern-Institut integriert werden?[476] Da für P. Theodosius Schule und Caritas unzertrennlich zusammengehörten und er vielleicht seit Baden, spätestens aber seit Altdorf, an die Errichtung eines Instituts für Schule und Caritas dachte, erstrebte er eine Vereinigung der beiden Institute als eine Selbstverständlichkeit, und er wich auch nie von dieser Vision ab. Die Leitungsstruktur brachte zuerst noch keine Probleme.[477] In den Anfängen einer Gemeinschaft steht das konkrete Leben im Vordergrund. Die rechtliche Seite wird meist erst durch Konflikte reflektiert.

Ereignisse und Situationen, die in sich Konfliktstoff enthielten, durchziehen alle Jahre nach der Gründung des Instituts der Barmherzigen Schwestern, kommen in den Jahren 1854-1856 in eine intensive Phase, bis der Entscheid zur Eigenstän-

---

475 Manchmal ist die Rede von einem Institut mit zwei Zweigen, oft aber auch von zwei Instituten. In ihrer Chronik schrieb Mutter Bernarda: „Jetzt fasste der hoch. P. Theodosius den Entschluss, diese beiden Institute, die durch ihn ihren Ursprung erhielten, zu vereinigen"; Sampers, Chronik 208/64

476 Immer ist die Rede - schon damals - von einer Trennung der beiden Institute. Richtigerweise kann nicht von einer Trennung der beiden Institute gesprochen werden, weil sie nie in einer klaren Struktur verbunden waren. Trennungen haben jedoch stattgefunden: Einerseits zwischen dem Lehrschwesterninstitut Menzingen und P. Theodosius und andererseits zwischen dem Lehrschwesterninstitut und einer Gruppe von Lehrschwestern, unter denen sich Mutter M. Theresia Scherer befand. Mutter M. Theresia bestand darauf, dass es sich um einen Übertritt handle, nicht eine Trennung.

477 Vgl. Der Entscheid für das neuartige Ordensmodell für Frauen 117f.

digkeit beider Institute 1856 gefällt wird. In diesen Konflikten gehen unterschiedliche Zielvorstellungen, strukturelle und personelle Fragen und Entscheide ineinander und sind bis heute schwer zu entwirren. Weil diese Auseinandersetzungen zum grossen Teil nur P. Theodosius und das Lehrschwesterninstitut betrafen, nicht das Institut der Barmherzigen Schwestern, soll dieser für beide Seiten schmerzliche Weg in einem Extra-Kapitel behandelt werden.

1. Wichtige Ereignisse zwischen 1852 und 1856
Anfängliches Funktionieren
Es scheint, dass die Verbindung der beiden Zweige anfänglich geklappt hat. Sr. Regina Hardegger schrieb in den „Notizen über die Jahre 1852-1863": „Als ich im November in's Institut in Menzingen eintrat, kam es während des Jahres oft vor, dass Barmherzige Schwestern von Chur, wie Frau Mutter Scherer, in's Mutterhaus nach Menzingen kamen, um sich mit der Oberin Bernarda zu beraten oder nach ihrer Weisung auf einen anderen Wirkungskreis sich zu begeben."[478]
Aus den „Notizen" entnehmen wir weiter, dass die Novizin Ida Hardegger, die leibliche Schwester von Sr. Regina, Lehrerin an der Hofschule und Sekretärin von Mutter M. Theresia in Chur, im April 1853 in Chur die Profess in die Hände der wohlehrwürdigen Frau Mutter Bernarda ablegte, „da diese sich abwechselnd bald in Chur, Zizers, bald in Menzingen aufhielt, um die Geschäfte und Anstalten zu leiten".[479]

Elemente und Entwicklungen der Verselbständigung beider Institute
P. Theodosius führte aber Elemente ein, die eine Verselbständigung der beiden Zweige begünstigten. Neben Menzingen war auch in Chur ein Noviziat entstanden, weil die berufliche Ausbildung und die Einführung ins Ordensleben meistens zusammengingen. Da auch in Chur Professfeiern stattfanden, führte auch Chur ein eigenes Professbuch.
Mutter Bernarda hatte an Sr. Agnes in Buochs am 8. März 1852 geschrieben: „Die Barmherzigen und wir sind Eines, alle Novizinnen müssen durch uns aufgenommen werden."[480] Tatsächlich aber liefen die Dinge bald anders. Rein durch die damaligen Verkehrsmöglichkeiten und das ungestüme Wachstum des sozialkaritativen Zweiges, verselbständigte sich die Churer Gründung.

---
478 Sampers, Memoiren 5/38
479 Ebd. 4/37
480 Text abgedruckt in Positio 1990,299ff.; vgl. Positio 1991 dt I,128

Auch in Menzingen festigte sich die junge Lehrschwesterngemeinschaft. In den drei Jahren, nachdem Mutter Bernarda und ihre Schwestern nach Menzingen zurückgekehrt waren und dort in der Zwischenzeit eine Hilfsgesellschaft zur finanziellen Unterstützung der Gemeinschaft gegründet worden war, stabilisierte sich die junge Gemeinschaft. Die Hilfsgesellschaft verschaffte dem Institut 1851 ein Haus, das sich zum Mutterhaus entwickelte. Mutter Bernarda und die Hilfsgesellschaft hatten ein Interesse, das Mutterhaus des Instituts in Menzingen zu belassen.

Im September 1851 reisten Mutter Bernarda und Sr. Paulina Fuchs zu Bischof Salzmann nach Solothurn, um mit ihm die Angelegenheiten des Hauses zu besprechen und die Approbation der Konstitutionen zu erbitten, was auch ohne weiteres am 2. Oktober 1851 gewährt wurde. Bei diesem Besuche unterstellte der Bischof das Institut der besonderen Aufsicht des bischöflichen Kommissars Bossard in Zug, der als Stellvertreter des Bischofs gelten sollte.[481] Zudem wuchs Mutter Bernarda immer mehr in ihre Funktion als Vorgesetzte hinein.

Plan des P. Theodosius zur Verlegung des Mutterhauses 1853

An den Orten Menzingen und Chur waren langsam Mutterhäuser entstanden. P. Theodosius wurde sich bewusst, dass sich in Chur keine klösterliche Institution beheimaten liess. Er sah sich einerseits gezwungen, das Mutterhaus der Barmherzigen Schwestern in Chur zu verlegen. Anderseits suchte er nach einem Platz für ein zukünftiges Generalmutterhaus, da er das Mutterhaus in Menzingen dafür als ungenügend erachtete.[482] Er wollte es in die Diözese Chur verlegen, „um den Ablauf der doppelten Tätigkeit leichter zu gestalten". Seinem vertrauten Mitbruder P. Honorius teilte er mit, er gedenke, das Institut von Menzingen wegzunehmen, wenn nicht grossartige Bauten aufgeführt würden.[483]

Dieses Gerücht drang 1853 nach Zug. Dekan Schlumpf gab es an der Direktionssitzung des Hilfsvereins vom 3. Oktober zu Protokoll. Mutter Bernarda hatte bereits vorher von Landammann Hegglin von der Angelegenheit gehört. Sie versuchte das Gerücht in einem Brief an Dekan Schlumpf zu entschärfen. Sie schrieb, sie selber sei mit dem Haus zufrieden. Aber wenn die Vorsehung dem Institut „anderswo ein so grosses und ganz geeignetes Gebäude unentgeltlich" zur Verfügung stelle, könne man sich das Weggehen immer noch überlegen. Sie zieht es

---

481 Positio 1990,163; vgl. Henggeler, Lehrschwestern 75
482 Vgl. unten 179; Mürb, Geschichte 1,45
483 Positio 1991 dt I,622

aber vor, „das erhaltene Gut zu behalten und dasselbe auf schickliche Weise vergrössern zu lassen". Zum Schluss überlegt sie nochmals: „Wenn die Sache gelingt und sich vermehrt, so kann man anderswo auch wieder eine Wohnung aufschlagen, wie es eben zweckdienlicher sein wird."[484]
Auch wenn aus diesen Worten herauszuhören ist, dass Mutter Bernarda lieber in Menzingen bliebe, sah sie sich plötzlich zwischen den Fronten: Ihre Loyalitäten wurden geteilt. Einerseits war sie P. Theodosius zugetan und glaubte sich mit ihm grundsätzlich einig; (geistig verdankte sie ihm viel), andererseits wusste sie sich dem Hilfsverein verpflichtet, weil sie auf ihn finanziell angewiesen war. P. Theodosius konnte sie finanziell nicht mehr unterstützen.[485]

Erster Versuch Mutter Bernardas und der Hilfsgesellschaft, P. Theodosius von der Einflussnahme aufs Lehrschwesterninstitut auszuschalten 1854
Eine Schulangelegenheit gab den Anlass zu einem ersten Trennungsversuch Mutter Bernardas von P. Theodosius. Im Herbst 1852 übernahmen Lehrschwestern das Pensionat Reburg bei St. Fiden SG. Pfarr-Rektor Josef Popp hatte dort ein Mädchenpensionat gegründet.
Die Zusammenarbeit mit Pfr. Popp gestaltete sich äusserst schwierig. Wahrscheinlich riet P. Theodosius Mutter Bernarda, die Schwestern zurückzuziehen. Diese kündigte den Vertrag am 4. Januar 1854 und tat es in einem scharfen Brief, der den Pfarrer verletzte; er gelangte an den Bischof von Basel. Dieser liess alles durch Bossard als bischöflichem Vertreter und Mitglied des Hilfsvereins untersuchen. Mutter Bernarda wurde zu einem Gespräch nach Zug eingeladen.[486]
Beim Gespräch am 14. Februar 1854 konfrontierte Bossard Mutter Bernarda mit den Klagen des Pfarr-Rektors. Diese antwortete, dass sie im Brief den Anweisungen von P. Theodosius gefolgt sei. Zusätzlich kam viel Angestautes zum Vorschein: Bereits in Zizers habe P. Theodosius einen zu grossen Einfluss auf das Institut ausgeübt. Sie berief sich auf die Konstitutionen, dass sie das Recht habe, Schwestern zu senden und zu wechseln. Mutter Bernarda wollte wissen, wem sie zu Gehorsam verpflichtet sei.[487]
Kommissar Bossard rapportierte das Gespräch Bischof Salzmann nach Solothurn und vertrat die Meinung, dass die allzugrosse Einmischung von P. Theodosius die

---

484 Henggeler, Lehrschwestern 99f.; Binotto, Durch alle Stürme 114
485 Henggeler a.a.O. 100
486 Positio 1990,401; Positio 1991 dt I,176
487 Regest im bischöflichen Archiv von Solothurn; vgl. Henggeler, Lehrschwestern 81

Hauptursache des Konflikts sei.[488] Er verlangte darauf von Mutter Bernarda, ihm einige Bemerkungen hinsichtlich der Leitung des Instituts schriftlich mitzuteilen. Sie tat es am 5. April 1854. Dieses Schreiben enthält ihren klaren Wunsch, den sozialkaritativen Zweig von den Lehrschwestern zu trennen. Sie wollte die Verantwortung für das Institut der Lehrschwestern von jenem der Barmherzigen Schwestern trennen, da das Scheitern der Projekte des P. Theodosius auch das Institut der Lehrschwestern in den Abgrund ziehen könnte. Sie schreibt gegen Schluss des Briefes: „Ich bekenne noch, dass es mir ungemein schwer fallen würde, wenn Spital und Lehrschwestern alles auf meine Schultern gelegt, und ich zu allem und jedem mich herbei lassen müsste, was der hochw. P. Theodosius beginnen will. Für Alles einstehen und verantwortlich sein müssen, wovon man nicht einmal Kenntnis hat, und nicht weiss, wie weit die Sache sich noch ausdehnt etc., ohne Mittel und Garantie ausser der Persönlichkeit des hochw. P. Theodosius. Ich wünschte nur dem einzigen Werke, dem Unterricht der Kinder nach den gegebenen Statuten zu leben.[489]

Kommissar Bossard berichtete alles Bischof Salzmann. Dieser fand die „Emancipation der genannten Schwestern" schwierig und bedenklich, wenn P. Theodosius als Gründer und Stifter dieses Ordens sich nicht freiwillig zu einer Lösung verstehe. Deshalb möge auf P. Theodosius eingewirkt werden, dass er „sich des Mutterhauses in Menzingen gänzlich begebe".[490] Bossard trat dafür ein, dass sich Mutter Bernarda selber mit einer kategorischen Absage an P. Theodosius wende. Es kam wahrscheinlich nicht dazu. Aus späteren Briefen des P. Theodosius und P. Honorius erfahren wir, dass der Provinzial P. Luzius Keller sich um die Lage bemühte und diesen ersten Trennungsversuch von Mutter Bernarda verhindern konnte.[491]

---

488 Kommissar Bossard an Bischof Salzmann am 16. Februar 1854; vgl. Positio 1990,407f. (Text des Briefes)
489 Positio 1990,418f. (Text des Briefes)
490 Vgl. Brief von Kanzler Stadlin an Kommissar Bossard vom 10. April 1854; Positio 1990,420f.
491 Vgl. P. Theodosius am 27. Juni 1856 an Sr. Agnes Heimgartner; GenArchiv SCSC 04-053; P. Honorius an Mutter Bernarda Heimgartner am 23. Juni 1856; Positio 1990,502ff. (Text des Briefes)

Versuch von P. Theodosius, die Organisationsstruktur zu klären - Sommer 1855

Anfänglich hatte P. Theodosius geglaubt, es genüge eine Generaloberin, um die beiden religiösen Institute von Menzingen und Chur als Einheit zusammenzuhalten. Durch die Erfahrungen reifte in ihm der Vorsatz, den beiden Instituten eine zentrale, einheitliche Organisation zu geben, die ein einziges religiöses Institut schaffen würde. Nun erbat er sich von den Bischöfen von Chur und Basel die nötigen Vollmachten zur Durchführung seines Planes.[492]

Der Bischof von Chur Kaspar von Carl entsprach am 10. Juni 1855 dem Gesuch, beschränkte aber die Vollmachten auf den Bereich der Diözese Chur.[493] Bischof Karl Arnold-Obrist war am 14. Mai 1855 zum Bischof von Basel geweiht worden. P. Theodosius traf ihn auf seiner ersten Firmreise am 13. Juni 1855 in Sursee. Er legte ihm die Zusage des Bischofs von Chur vor. Dieser schrieb dazu: „Mit dem Obigen erklärt sich der Unterzeichnete einverstanden, insoweit es die Diözese Basel betrifft und die geistliche Administration derselben." [494]

Drängen Mutter Bernardas auf eine bischöfliche Entscheidung - August 1855

Mutter Bernarda merkte, dass P. Theodosius von seiner Vision nicht abzubringen war und für das Lehrschwesterninstitut sah sie keinen anderen Weg, als die Unabhängigkeit von P. Theodosius zu erreichen. Die Zerrüttung war zu weit fortgeschritten. Deshalb suchte sie eine Entscheidung des Bischofs zu erlangen. Am 12. August 1855 bat sie um eine Audienz bei ihm. Seine Antwort durch den Kanzler am 17. August war zurückhaltend. Er wolle sich nicht ohne berechtigten Grund in die Angelegenheiten eines religiösen Instituts einmischen.[495]

Gegen Ende August kam P. Theodosius nach Menzingen, um mit Mutter Bernarda die geplanten Änderungen zu besprechen. Er unterbreitete ihr den Plan der Verschmelzung der beiden Zweige. Mutter Bernarda leistete ihm Widerstand und berief sich auf die Konstitutionen, nach denen die Leitung des Instituts den rechtmässig gewählten Obern, d.h. der Frau Mutter und ihrer Assistentin zukomme. Demgegenüber berief sich P. Theodosius auf sein Recht als Gründer und auf kirchliche

---

492 Positio 1991 dt I,224
493 GenArchiv SCSC 04-037
494 Positio 1990,424f.; Positio 1991 dt I,225; Henggeler, Lehrschwestern 104
495 Vgl. Positio 1990,429, Text abgedruckt ebd. 443; Brief vom 17. August 1855: Positio 1990,429, Text abgedruckt ebd. 444

Vollmachten, die er habe. Mutter Bernarda erklärte P. Theodosius, sie werde die Frage dem Bischof vorlegen.[496]

Kauf des Nigg'schen Hofes als Generalmutterhaus - September 1855

Im September 1855 bot sich P. Theodosius eine günstige Gelegenheit ein Mutterhaus zu kaufen.[497] In den Nigg'schen Hof in Ingenbohl wollte er die Leitung des Gesamtinstituts verlegen. In Menzingen machte er nur Andeutungen. Immerhin kam es zu einer Besprechung seiner Pläne mit Pfr. Röllin und Mutter Bernarda. Die praktische Organisation bot Schwierigkeiten. Menzingen sollte Bildungs- und Noviziatshaus sein, Ingenbohl Professhaus. Pfr. Röllin stimmte seinen Plänen zu. Weil aber kein wirkliches Einverständnis erreicht werden konnte, sollte über die Vereinigung und den Standort erst im Herbst 1856 entschieden werden.[498]

Drängen Mutter Bernardas und der Hilfsgesellschaft auf eine bischöfliche Entscheidung 1855/1856

Am 6. September 1855 bat Mutter Bernarda den Bischof von Basel erneut um eine Unterredung. Auch Röllin schritt vermittelnd ein. Der Bischof antwortete auf beide Briefe durch den Kanzler Duret: Er wolle und könne sich nicht einmischen; er sehe auch keine Gründe, wie er sich hier einmischen könnte; umso weniger P. Theodosius ja vom Bischof von Basel eine schriftliche Bewilligung habe, „die Anstalten des von ihm gegründeten Institutes in der Diözese Basel zu regeln und zu leiten".[499]

Fünf Monate später, am 7. Februar 1856, ergriff die Hilfsgesellschaft bei der Direktionsversammlung des Hilfsvereins die Initiative und verlangte Klarheit über die „definitive Feststellung des geistlichen Vorstandes".[500] Kommissar Bossard brachte das Anliegen an den Bischof. Der Bischof hielt sich nochmals zurück und verlangte am 18. Februar 1856 von Mutter Bernarda „genauen Aufschluss über das, in welches Ersterer (Theodosius) unklug und unberechtigt sich einmische, und über das, was die Frau Mutter als genau ausgeschieden verlange".[501]

Mutter Bernarda machte sich an die Aufgabe und klagte am 25. Februar 1856 über das Verhalten des P. Theodosius. Als Kompetenzüberschreitungen erwähnt sie

---

496 Henggeler, Lehrschwestern 106
497 Vgl. Gründer des Instituts der Barmherzigen Schwestern vom hl. Kreuz 153
498 Positio 1991 dt I,189
499 Positio 1990,430, Text abgedruckt ebd. 445
500 Positio 1991 dt I,190
501 Positio 1990,433f.; Texte abgedruckt 448f. und 450

nur den Ankauf der beiden Häuser Rorschach und Ingenbohl, die er ohne ihr Wissen angekauft habe. Sie betont aber das zerrüttete Vertrauen, das für immer gestört sei. P. Theodosius verfüge über die Schwestern „nach Willkür" wie über eine „Ware".[502] Zur zweiten Frage bat Mutter Bernarda um Aufschluss über folgende Punkte: die rechtliche Oberleitung des Instituts der Lehrschwestern, das Verbleiben des Mutterhauses in Menzingen, das Verhältnis zu P. Theodosius und Vereinigung mit dem Spital in Chur oder eigenständiges Institut.

Am 4. März 1856 schrieb die Hilfsgesellschaft nochmals an den Bischof und führte alle Gründe gegen die Vereinigung der beiden Zweige auf.[503]

Einseitiger Entscheid des Bischofs von Basel zur Nicht-Vereinigung der beiden Zweige am 4. März 1856

Noch bevor der Bischof von Basel Karl Arnold-Obrist den Brief der Hilfsgesellschaft erhalten hatte, traf er eine Entscheidung: Am 4. März 1856 sprach er sich für die Nicht-Vereinigung der beiden Zweige aus und gegen eine Verlegung des Mutterhauses von Menzingen nach Ingenbohl. Wenige Tage später erhielt auch die Direktion der Hilfsgesellschaft Antwort vom Bischof.[504]

Mit der bischöflichen Entscheidung war für Menzingen und die Diözese Basel eine klare Lage geschaffen. Der Bischof von Basel fällte den Entscheid allein für das in seinem Bistum gelegene Institut und ohne Absprache mit dem Bischof von Chur, vor allem auch ohne P. Theodosius. Obwohl dieser in jenen Tagen nach Menzingen kam, wagte niemand, ihm den Entscheid des Bischofs mitzuteilen. Er ging weg und auf dem Weg hörte er in Schwyz von Landammann Reding vom Entscheid des Bischofs. Am 11. Mai 1856, also mehr als zwei Monate nach dem bischöflichen Entscheid, gab die Assistentin Sr. Feliziana Kramer P. Theodosius einen Teil-Bericht, nachdem die Schwestern bereits informiert worden waren. Eine Kopie des bischöflichen Schreibens an die Hilfsgesellschaft erhielt P. Theodosius erst am 21. Mai 1856 von Sr. M. Josepha Halbeisen, die verunsichert war, an wen sie sich halten sollte.[505]

---

502 Positio 1990,434; Text abgedruckt 451ff.; hier 453
503 Positio 1990,457 (Text)
504 Positio 1990,436; Text abgedruckt ebd. 455
505 GenArchiv SCSC 04-056; Text abgedruckt in Positio 1990,460; vgl. Positio 1991 dt I,196f.; Anm. 88 u. 89

Reaktion von P. Theodosius - Berufung auf die Gründerrechte

P. Theodosius liess nicht von seinem Recht und seinen Plänen ab. Er äusserte seine Überlegungen in einem Brief vom 11. Mai an die Assistentin Sr. Feliziana Kramer und verlor in seiner Verletztheit jedes Mass. Er griff leidenschaftlich auf seine Gründerrechte zurück und äusserte sich dahin, als ob das Institut ihm, dem Gründer, gehöre und er alle Rechte darüber besässe. Er schrieb: „Aus diesem Beschluss würde folgerichtig hervorgehen, dass das Institut meiner Leitung und meinem Einfluss entzogen sei; dass es aufgehört habe, mein Institut zu sein... Ich sage nämlich, dass das Institut in Menzingen mein Institut sei..." Zum Schluss fordert er die Vorgesetzten auf, „mir alles zurückzugeben, was sie von mir für das Institut als solches erhalten haben: Titel, Regel etc. Man kann sich Neues anschaffen. Das Alte bleibt bei meinem Institute in Ingenbohl, wo ich das neue Schulschwesterninstitut fortsetzen werde."[506]

Sein Mitbruder und Freund P. Anizet Regli, der Extra-Ordinarius im Lehrschwesterninstitut war, korrigierte P. Theodosius am 10. Juni 1856 und verbarg ihm nicht, dass Menzingen gute Gründe habe, das Mutterhaus dort zu behalten. Dazu gab er ihm zu bedenken, dass „derartige Institute, von der Kirche gutgeheissen und sanktioniert, der Kirche gehören", nicht dem Gründer. „Das Materielle gehört nicht in ihren Bereich... Dafür sind die Vorsteherschaft des Institutes und die Direktion (der Hilfsgesellschaft) aufgestellt..." Der Brief endete mit den Bitten: „Entziehen Sie sich doch, um Gottes Willen, nicht als Pater spiritualis dem Lehrschwesterninstitut und lassen Sie den Plan fallen, mit Ansetzung des Mutterhauses in Ingenbohl Lehrschwestern zu erziehen und so ein zweites Institut von Lehrschwestern unter der Hand zu gründen."[507]

P. Theodosius musste sich wegen der mangelnden Rechtsgrundlage seiner Ansprüche und der jurisdiktionellen Abhängigkeit des Lehrschwesterninstituts vom Bischof von Basel mit dem Entscheid abfinden. Am 2. Juni 1856 wandte er sich an Mutter Bernarda und verzichtete ausdrücklich auf die Leitung des Lehrschwesterninstitutes, obwohl er der Gründer bleibe und sich immer noch im Besitz der kirchlichen Vollmachten befinde.[508]

---

[506] GenArchiv SCSC04-056; Positio 1990,469; Text abgedruckt ebd. 469ff.; ebenso in Positio 1991 dt I,230ff.
[507] Text abgedruckt in Positio 1990,494ff.; vgl. Positio 1991 dt I,207f.
[508] GenArchiv 04-051; vgl. Positio 1991 dt I,202; abgedruckt I,236

Unruhe unter den Schwestern

Vom Brief, den P. Theodosius an Sr. Feliziana Kramer geschrieben hatte, wurden leicht gekürzte Kopien gemacht. P. Theodosius stellte sie den Schwestern zu, die ihn um Rat fragten, „weil denselben von dort (Menzingen) aus beständig vordemonstriert wurde, Menzingen sei allein im Rechte".[509] Das löste eine grosse Unruhe aus unter den Schwestern. Auch sonst unternahm P. Theodosius Schritte, um Schwestern von Menzingen zu trennen.

Aber auch Pfr. Röllin und Mutter Bernarda suchten Schwestern auf ihre Seite zu ziehen. L. C. Businger, damals Vikar in Menzingen, dem es nach seinen eigenen Worten oblag, „für Menzingen einzutreten, Konzepte zu den Briefen zu entwerfen, die hochw. Superior Pfarrer Röllin und Frau Mutter da- und dorthin schreiben", glaubte feststellen zu können, dass „beidseitig um die einzelnen Schwestern förmlich geworben" wurde.[510] Auch aus einem Brief von Mutter M. Theresia erfahren wir, dass Mutter Bernarda ebenso Schritte unternahm, Schwestern für Menzingen zu gewinnen.[511]

Mutter Bernarda wandte sich am 30. Mai 1856 an P. Luzius Keller, den Provinzial von P. Theodosius, und klagte über die Unruhe, die P. Theodosius und P. Honorius unter den Schwestern anrichteten.[512] Beunruhigt durch die Berichte der Schwestern wandte sich Pfr. Röllin an P. Anizet Regli und beschuldigte P. Theodosius, Schwestern von Menzingen abtrünnig zu machen und sie nach Ingenbohl zu ziehen, um da ein eigenes Lehrerinnenseminar zu gründen. Am 31. Mai 1856 richtete Mutter Bernarda ein Rundschreiben an alle Schwestern und warnte sie vor dem Brechen der Gelübde. Die Schwestern hätten nicht P. Theodosius Gelübde abgelegt.[513]

Am 10. August schrieb sie an den Bischof von Chur, er möge eine Entscheidung fällen wegen der Unruhe bei den Schwestern; am 23. August schrieb sie an Dekan von Haller und beklagte „das traurige Verhältnis für die Schwestern, die nicht ganz

---

509 P. Theodosius an Sr. Agnes am 27. Juni 1856; GenArchiv SCSC 04-053
510 L.C. Businger, Dreissig Blätter aus meinem Tagebuch 1855-1905, Solothurn 1906,5; Gen Archiv SCSC ohne Signatur
511 GenArch SCSC 02-013
512 Positio 1990,472; Text abgedruckt ebd. 494; Henggeler, Lehrschwestern 115
513 Positio 1990,513. Gegen diesen Vorwurf wehrten sich P. Theodosius und P. Honorius: Die Schwestern könnten legitim von einem Institut in das andere hinüberwechseln, ohne „Überläuferinnen" zu sein. Vom rechtlichen Standpunkt aus habe das Handeln der Schwestern nichts Tadelnswertes in sich. Keine Schwester habe „sich anders erklärt, als im Herbste austreten zu wollen, wo laut Regel der Austritt allzeit frei steht" (Positio dt I,251). Die Rechte der Oberin stünden nie in Frage. Der Konflikt, der die Gemüter errege, berühre das Schreiben nur nebenbei. Vgl. Positio 1991 dt I,628

gerne im Institut sind, wenn sich P. Theodosius ganz zurückzieht, und doch auch nicht gerne oder gar nicht nach Chur und Ingenbohl wollen, weil sie wissen, dass dort keine Ordnung sein wird, und weil sie auch nicht gern von mir ablassen... Wenn nur die Anhänglichkeit beseitigt wäre".[514]

Die Briefe aus jenen Tagen - es sind hauptsächlich solche Schwestern, die in Menzingen ihren Austritt meldeten, sprechen von schweren inneren Kämpfen. Sie zeigen die Liebe der Schwestern zu Mutter Bernarda, die sie all die Jahre mütterlich umsorgt hatte, und den festen Willen, den Gründer nicht zu verlassen, was den Schwestern wie Verrat vorkam.[515]

Definitive Entscheidungen - Juni bis September 1856

Schon vorher, am 23. Mai 1856, schrieb P. Theodosius an den Bischof von Chur und bat um Bestätigung des Mutterhauses in Ingenbohl.[516] Am 3.Juni 1856 approbierte Bischof Kaspar von Carl für den Bereich seiner Diözese in Ingenbohl das Mutterhaus für die „Barmherzigen Schwestern vom heiligen Kreuz" für den Schul-, Armen- und Krankendienst. Die Konstitutionen sind - dem Provinzial die notwendigen Änderungen vorbehalten - dieselben wie die der Lehrschwestern. „Der sogenannte Nigg'sche Hof in Ingenbohl soll künftig bis auf weitere Verfügung ein Mutter- und Bildungshaus der barmherzigen Schwestern vom heiligen Kreuze für die Diözese und Administration Chur sein und als solches anerkannt werden."[517]

Am 5. Juni 1856 entzog der Bischof von Basel Karl Arnold P. Theodosius die Vollmachten, die er ihm am 15. Juni 1855 zur Reorganisation gegeben hatte.[518] In einem Dekret fällte er am 7. Juli 1856 die definitive Entscheidung in Bezug auf den Ort des Mutterhauses, und auf den Gehorsam, den die Schwestern allein der Oberin schuldeten.[519]

Am 28. August 1856 anerkannte der Churer Bischof Kaspar von Carl die Beschlüsse des Bischofs von Basel, doch nicht ohne auf die Vollmachten für die Reorganisation des Instituts vom 10. Juni 1856 hinzuweisen.[520] Deshalb wurde der 28. August 1856 das offizielle Gründungsdatum des Instituts der Barmherzigen Schwestern vom heiligen Kreuz.

---

514 In Postscriptum zum Brief; Positio 1990,598 (Text); Positio 1991 dt I,214
515 Beispiele von Briefen, die diesen Kampf aufzeigen, in: Positio 1990,539ff.; Positio 1991 dt I,205
516 GenArchiv SCSC 04-070; vgl. Henggeler, Lehrschwestern 112
517 Text abgedruckt in: Positio 1991 dt I,237
518 Positio 1991 dt I,224
519 Positio 1990,571; Text abgedruckt ebd. 588
520 GenArchiv SCSC 05-052

Trennung einer Gruppe von Lehrschwestern vom Institut Menzingen

Am 2. September 1856 verschickte Mutter Bernarda ein Zirkular an die Schwestern, sich zu entscheiden. Innerhalb von 8 Tagen sollten sie ihren Entschluss bekannt geben.[521] Zuerst schrieben rund 20 Schwestern ihren Abschiedsbrief aus tiefem Trennungsschmerz und in dankbarer Liebe.[522] Einige besannen sich später wieder anders und wandten sich wieder Menzingen zu. Sr. Salesia Strickler, damals Vorsteherin des Stella Maris in Rorschach und später Nachfolgerin von Mutter Bernarda, hatte sich bereits zum Austritt aus der Menzingerkongregation entschlossen. Da bestimmte sie der damalige Domdekan und spätere Bischof von St. Gallen Carl Johann Greith zum Verbleiben in der Schule. P. Theodosius soll geweint haben, als er von ihrem Entschluss vernahm.[523]

Von 62 Professschwestern entschieden sich 11 für Ingenbohl: M. Theresia Scherer, Ida Hardegger, Alexandrina Krotz, Sophie Hegglin, Friederika Bodenmüller, Juliana Fischer, Euphemia Paul, Anastasia Hauser, Franziska Hösle, Johanna Kramer, Mechtilde Knecht, eine Novizin (Cornelia Fürer) und zwei Kandidatinnen (Karolina Ayerle, später Sr. Melania mit Profess 1857 und Verena Paul, später Sr. Clara Paul, mit Profess 1858). Sie vereinten sich mit den 53 Barmherzigen Schwestern, die bereits in Chur waren. Keine der Schwestern war mehr als 31 Jahre alt.[524]

Mutter M. Theresia Scherer im Konflikt und der Entscheid für P. Theodosius und den sozialkaritativen Zweig

Zu den Schwestern, die sich für das Institut der Barmherzigen Schwestern entschieden, gehörte auch Mutter M. Theresia Scherer. Während der Auseinandersetzungen blieb sie im Hintergrund. Erst als sich ein völliger Bruch abzeichnete, griff sie zur Feder. Sie schrieb am 30. Juli, 11. August und am 9. September 1856 an Mutter Bernarda. Im Übrigen schweigen sich die Akten über ihr Verhalten aus. Es sind auch die einzigen Schriftstücke Mutter M. Theresias aus jener Zeit.[525] Sie

---

521 Positio 1990,621f.; vgl. Henggeler, Lehrschwestern 130
522 Positio 1991 dt I,205
523 Henggeler, Lehrschwestern 173
524 Ebd. 130
525 Positio 1991 dt I,612f. Vor dem Tod von Mutter Bernarda müssen Dokumente vernichtet worden sein. Man weiss aber nicht, ob es sich um Dokumente über die Trennungsgeschichte handelt. Sr. Sonnleitner berichtet: „Après la mort de soeur Bernarda la soeur qui lui succéda fit brûler toute la correspondence entre mère Thérèse et soeur Bernarda, come c'était l'usage au debut dans notre province."

sind Zeugnis für den schweren inneren Kampf, den sie und andere Schwestern durchzumachen hatten.

Im Brief vom 30. Juli drückt Mutter M. Theresia ihren Schmerz aus über die Entfremdung Mutter Bernardas von P. Theodosius und dem sozialkaritativen Zweig, auch über ihre Distanzierung von ihr. Sie musste von Mitschwestern oft vernehmen, „wie sehr Mutter Bernarda von Vorurteilen gegen sie eingenommen sei".[526] Sie hatte das Rundschreiben von Mutter Bernarda an alle Schwestern vom 31. Mai 1856 nicht erhalten. Im Verlauf des Briefes erfahren wir auch, dass ihr Mutter Bernarda auf 3-4 Briefe keine Antwort gegeben hatte.

Mutter M. Theresia stand zwischen den Fronten und war offen für beide Seiten: „Was nun mich betrifft, oder vielmehr mein Entschluss, so könnte ich mich entschliessen nach Menzingen zu kommen oder beim Hochw. P. Superior zu bleiben." Der Beichtvater aber befahl ihr, bei P. Theodosius zu bleiben. Sie räumt auch ein, dass es der „Wunsch, nicht der Befehl des P. Superiors" sei, dass sie bei ihm bleibe, da in Chur noch keine Schwester soweit vorbereitet sei, dass er derselben die Aufgaben vorbehaltlos hätte anvertrauen können. Sie kannte die Absichten des P. Theodosius und war überzeugt, dass der liebe Gott seine Unternehmungen segnet.

Am 11. August bekam Mutter M. Theresia Antwort von Mutter Bernarda und war jetzt ruhiger. Sie war nun bereit, sich den Barmherzigen Schwestern anzuschliessen, „jedoch nur mit grossem Schmerze". Sie bittet aber Mutter Bernarda, sie „vor dem Professionstag im Verzeichnis nicht auszustreichen; ich trete ja eigentlich nicht aus, sondern ich gehe und bleibe, wohin mich meine Obern tun". Zum Schluss drückt sie ihre Hoffnung aus, auch später Mutter Bernarda schreiben und sie besuchen zu dürfen. Sie wünscht, der Klärungsprozess wäre ohne die traurige Spaltung verlaufen, ahnte aber vielleicht, dass aus diesem schmerzlichen Prozess Gutes entstehen könne. „Gott allein weiss die Zukunft."[527]

Im dritten Brief vom 9. September, in dem sie Mutter Bernarda ihren Austritt mitteilt, tröstet sich Mutter M. Theresia mit dem Gedanken, dass der Übertritt nur formale Bedeutung habe: „Wir trennen uns eigentlich nicht, indem wir alle Kinder und Schwestern eines Vaters im Himmel sind."[528]

Mit ihrem Bleiben im Institut der Barmherzigen Schwestern ermöglichte Mutter M. Theresia die Gründung der Barmherzigen Schwestern. In starker Bindung an den

---

526 30. Juli 1856; Positio 1990,560ff. (Text); GenArchiv SCSC 02-013
527 Brief vom 11. August 1856; Positio 1990,563; GenArchiv SCSC 03-037
528 Brief vom 9. September 1856; Positio 1990,565; GenArchiv SCSC 03-037

Stifter und den sozialkaritativen Zweig, aber auch in grosser Eigenständigkeit wurde sie zur treuen Begleiterin seiner Ideen und Unternehmungen.

Praktische Regelungen

Am 10. Oktober 1856 traf Mutter Bernarda in Solothurn nicht nur mit dem Bischof, sondern auch mit P. Theodosius zusammen.[529] P. Theodosius war wieder offen für konstruktive Lösungen. Es standen praktische Fragen im Vordergrund: P. Theodosius hatte im Verlauf des Sommers 13 Schulvorständen versprochen, die dortigen Schulen zu besetzen. Ebenso hatte er an 5 Orten versprochen, die Schwestern zu belassen. Er war in Verlegenheit und bat Mutter Bernarda, die von ihm eingegangenen Verpflichtungen zu übernehmen. Er werde seinerseits aushelfen mit allfällig in Ingenbohl verbleibenden Schwestern.[530] Für diese nüchterne Lösung bot ausgerechnet der Visionär P. Theodosius eine Lösung an.

Am 9. November reichte er beim Bischof einen Entwurf ein, wie er sich die Lösung dachte: Die beiden Institute sollten getrennt bleiben und die Wirkungskreise sich nicht überschneiden. Das Lehrschwesterninstitut dürfte ausser öffentlichen Schulen keine anderen Anstalten übernehmen, ausgenommen die Armen- und Waisenanstalt in der Gemeinde Menzingen selbst und der nahen Umgebung. Gleiches sollte für die Barmherzigen Schwestern gelten, ihnen werde neben ihrem karitativen Wirken einzig das Führen von Schulen in Waisenhäusern und öffentlichen Schulen in Chur und Ingenbohl erlaubt. Beide Institute sollten sich gegenseitig achten und unterstützen. Diesem Vorschlag entsprach der Bischof von Basel am 11. Januar 1857.[531] P. Theodosius wurden diese Bestimmungen durch die bischöfliche Kurie von Chur mitgeteilt.

Zwischen den beiden Instituten war man übereingekommen, dass gemäss dem Entscheid der einzelnen Schwestern, in Menzingen zu bleiben oder nach Chur überzutreten, auch die jeweilige Arbeitsstelle mitgehen oder bei Menzingen bleiben solle. So kamen die Schulen von Chur, Flüelen, Schwyz und Ems zu Ingenbohl.[532]

---

529 Positio 1991 dt I,132
530 Ebd. 132
531 Positio 1990,651 (Text des Dekrets); Henggeler, Lehrschwestern 132,136; Binotto, Durch alle Stürme 144
532 Doka, Das Schulwesen 133

2. Mutter Bernardas Gründe zur Trennung von der Einflussnahme des P. Theodosius und für die Eigenständigkeit beider Institute

Frühe Überforderung der Kräfte von Mutter Bernarda

Mutter Bernarda musste schon bei der zweimaligen Verlegung des Mutterhauses nach Rhäzüns und Zizers 1849/51 eine Überforderung der Kräfte gespürt haben.[533] Sie erlebte 1850 die körperliche und seelische Überforderung der jungen Sr. M. Theresia Scherer, die nach knapp einem Jahr Näfels verlassen wollte, „weil ihr Gefahr drohe".[534] 1852 war ein schwieriges Jahr für Mutter Bernarda. Sie musste nicht nur gegen ihren Willen die 27jährige Sr. M. Theresia Scherer als Vorsteherin ins neugegründete Spital nach Chur geben, sondern auch zur Kenntnis nehmen, dass, während in Chur das erste Kreuzspital gebaut wurde, P. Theodosius im Spätherbst 1852 bereits vier Niederlassungen übernommen hatte. Im November brachen sechs Novizinnen, die erst vor kurzem Einkleidung hatten, auf. Mutter Bernarda notierte im Tagesverzeichnis, „weil keine Professionsschwestern waren und man doch nicht warten wollte". Ein Unterton der Missbilligung ist aus dem Satz herauszuhören: „Hochw. P. Sup. Theodosius hat dieses so gewollt und diese Posten angenommen."[535] Man spürt die stille Auflehnung der Vorgesetzten gegen das Vorgehen des P. Theodosius, der die junge Gemeinschaft forderte und auch überforderte. Mutter Bernarda entsprach jedoch seinen Wünschen. Aber ihr Vertrauen zu ihm wurde bereits etwas erschüttert. Es begann sich ein Konflikt aufzubauen, der irgendwann zum Ausbruch kommen musste und nach einer Lösung verlangte. Aber es dauerte lange, bis Mutter Bernarda 1854 ihre Nöte und Schwierigkeiten zur Sprache brachte.

Risikoreiches Handeln von P. Theodosius

Schwer krank reiste Mutter Bernarda im Frühjahr 1863 nach Arlesheim zur Kur. Jede Hoffnung auf Besserung zerschlug sich. In dieser Situation riet ihr L. C. Businger, von Arlesheim aus „ein ausführliches Memorial in französischer Sprache über die Entstehungsgeschichte, die Bedeutung und die Kämpfe des Lehrschwestern-Institutes an den neugewählten Bischof Eugenio Lachat zu richten, um das Institut... ihm möglichst nahezubringen".[536] In diesem Zusammenhang sprach

---

533 Vgl. Positio 1990,199
534 Gewissensbericht von Mutter M. Theresia; GenArchiv SCSC 02-002
535 Sampers, Chronik 226/29
536 Abgedruckt bei Kälin, Mutter Bernarda Heimgartner 8,29 (französischer Text); vgl. Businger, Dreissig Blätter 10f. berichtet, dass die Patientin „mit unsäglicher Mühe" die erste

Mutter Bernarda von den Gründen, die sie bewogen hatten, sich von P. Theodosius zu trennen.

Als ersten Grund für ihren Schritt nennt sie das risikoreiche Handeln des P. Theodosius: „Als sich der hochw. Pater, von seinem lebhaften Geist und seinem Eifer getrieben, in unzählige riskante Arbeiten und Unternehmungen stürzte, die es ihm nicht mehr erlaubten, sich gründlich unserer Interessen anzunehmen." Diesen Grund zur Trennung nannte Mutter Bernarda bereits in ihrem Brief vom 5. April 1854 an Kommissar Bossard und ebenso im Brief vom 25. Februar 1856 an den Bischof von Basel: „Sein unternehmender Geist, der sich ohne Bedenken, so wie ohne alle weitere Besprechung mit uns, und wie ich glaube, auch ohne Zustimmung seiner Ordensobern, in gar weitschichtige Geschäfte hineinwagt, kann unser Institut über kurz oder lang in grosse Verlegenheit bringen."[537] In diese Richtung geht auch ein Gerücht, das der Bischof von Basel anfangs Juni 1856 in einem konfidentiellen Brief dem Generalvikar von Haller mitteilte. In einem Postscriptum fügte er bei, er habe gehört, dass „der ökonomisch missliche Stand des Armen-Institutes in Chur", ein Hauptgrund gegen die Verschmelzung der beiden Institute gewesen sei.[538]

Verbindung des Instituts der Barmherzigen Schwestern mit dem Lehrschwesterninstitut

Als zweiten Grund der Trennung von P. Theodosius nennt Mutter Bernarda: „als er das Institut der Barmherzigen Schwestern, das er ohne uns gegründet und geleitet hatte, mit unserem Institut verbinden und verschmelzen wollte". Mutter Bernarda wusste um die Absicht von P. Theodosius, die beiden Zweige zu verbinden und kurze Zeit spielte sie - wahrscheinlich gegen ihren Willen - mit. Zum ersten Mal sprach sie sich gegen die Verbindung der beiden Zweige am 5. April 1854 aus und „bekennt Kommissar Bossard, dass sie nicht Vorsteherin beider Institute sein könnte".[539]

Hälfte seines Konzeptes eigenhändig abgeschrieben, das Übrige habe Sr. Cäcilia, die ebenfalls auf Besuch im Pfarrhaus war, kopiert.
537 Vgl. oben 166; Brief vom 25. Februar vgl. Positio 1990,434.451ff.
538 Positio 1990,585; Positio 1991 dt I,202; vgl. auch Memoiren Sr. Felizitas Mühleis 55/12: "Sie (Mutter Bernarda) wolle nicht allzu grosse Schulden machen; daher konnte sie auf die gut gemeinten, aber zu weit gehenden Pläne des hochw. P. Theodosius nicht eingehen."
539 Vgl. oben 166

Verschiedene Zielsetzungen bezogen auf die Tätigkeitsfelder

Im Brief vom 5. April 1854 drückt Mutter Bernarda am Schluss ihren Willen aus, sich auf die Entwicklung der Schule zu konzentrieren: „Ich wünschte nur dem einzigen Werke, dem Unterricht der Kinder nach den gegebenen Statuten zu leben."[540] Auch Mutter M. Theresia war wegen der verschiedenen Beschäftigungen für zwei eigenständige Institute. Am 25. Februar 1856 schrieb Mutter Bernarda an den Bischof von Basel: „Frau Mutter M. Theresia in Chur findet auch, eine Vereinigung sei nicht gut. Die Schwestern haben verschiedene Beschäftigungen, verschiedene Bildung und sind in ihren Ansichten getrennt, dass die Vereinigung nur Quelle fortwährender gegenseitiger Unannehmlichkeiten und Reibungen wäre."[541] Mutter Bernarda wünschte keine Zersplitterung der Energien. Sie sah das Gebiet begrenzt, in dem die Schwestern wirken sollten: Erziehung und Bildung der Jugend. Carlo Moos verteidigt die „dezidierte Meinung" von Mutter Bernarda mit den Worten: „Schon die eingeschränkte Zielsetzung ihrer Konstitutionen"… sei „eine Aufgabe von solcher Bedeutung und Tragweite, dass sie die volle Konzentration und den ganzen Einsatz des Instituts erforderte und jede noch so wichtige zusätzliche Aufgabe eine Verzettelung der Energien und einen unverzeihlichen Raubbau an ihren bescheidenen Ressourcen bedeuten würde. Hier sich gegen den überrissen erscheinenden Aktivismus von P. Theodosius zur Wehr zu setzen, war eine Frage des schlichten Überlebens der ihr anvertrauten Schwestern".[542]

In den Anfangszeiten stellte sich mit Recht die Frage: Wie viel an konkreten Tätigkeitsbereichen erträgt eine Institution vor allem deshalb, da die Schwestern in allen Wirkbereichen Pionierarbeit leisten mussten. Und dennoch ist es erstaunlich, dass Ingenbohl trotz der „hektischen Vielseitigkeit" von P. Theodosius überleben und sich entwickeln konnte.

Verlegung des Mutterhauses nach Ingenbohl in die Diözese Chur

Als nächsten Grund nannte Mutter Bernarda im Brief an Bischof Lachat die Verlegung des Mutterhauses nach Ingenbohl in die Diözese Chur. Als Mutter Bernarda dem Bischof von Basel Auskunft geben musste, worin P. Theodosius seine Kompetenzen überschritten habe, griff sie den Kauf des Nigg'schen Hofes und des Hauses in Rorschach auf. Mehr nicht.[543]

---

540 Positio 1990, 419; Positio 1991 dt I,182; abgedruckt ebd. I,222ff.
541 Positio 1990,434f., abgedruckt ebd. 451
542 Moos, Zukunft aus dem Glauben 68
543 Vgl. oben 169

Nach der Rückkehr nach Menzingen 1851 verfügten die Lehrschwestern über ein eigenes Haus, das der Hilfsverein den Schwestern gegeben hatte. Sie verfügten über die Anerkennung durch den Bischof von Basel und über die Anerkennung ihres Lehrerinnenseminars durch den Kanton Zug. Menzingen war der Unterstützung durch den Hilfsverein sicher. Es ist begreiflich, dass Mutter Bernarda diesen sicheren Boden nicht mehr aufgeben wollte und konnte.

P. Theodosius hatte die Zustimmung zur Errichtung des Mutterhauses in Menzingen gegeben, aber zufrieden war er mit dieser Lösung nie. Am 23. August 1856 zählt er in seinem grossen Verteidigungsbrief an den Bischof von Basel die Gründe auf, warum er nie zufrieden war mit Menzingen als Ort des Mutterhauses:

- Die zu hohe rohe Lage, besonders zur Winterszeit (ungünstig für Brustleidende und an Lungen affizierte)
- Die Lage in der Diözese, der ich nicht angehörte, und die Furcht vor dem, was nun wirklich geschehen
- Die Persönlichkeit der Frau Mutter, welche, obschon mit vielen trefflichen Eigenschaften ausgerüstet, doch ... in der Heftigkeit vorschnell handelnd, viele Schwierigkeiten sich bereitet
- Die Persönlichkeit des Herrn Pfarrers Röllin, von dem er und andere glaubten, dass er für die Leitung des Instituts nicht tauge[544]
- Die Unzweckmässigkeit der Lokalität im Dorfe, an der Strasse, zwischen Wirtshäusern...
- Furcht vor dem Einfluss der Hilfsgesellschaft[545]

P. Theodosius reagierte darauf mit dem Bestreben, die Struktur zu klären und holte sich für die Reorganisation des Instituts die nötigen Erlaubnisse. Da er eine Vereinigung der beiden Zweige anstrebte, sah er sich um nach einem Platz für ein zukünftiges Mutterhaus. Er ergriff - ohne Absprache mit Mutter Bernarda – im September 1855 die Gelegenheit und kaufte in Ingenbohl den Nigg'schen Hof als Generalmutterhaus.

Abwerben der Schwestern nach Ingenbohl

Als vierten Grund der Trennung von P. Theodosius nannte Mutter Bernarda das Abwerben der Schwestern von Menzingen: „Als er unsere Schwestern, die eine

---

[544] Nach Sr. Paulus M. Kälin erkannte P. Theodosius als Erster die Schattenseiten von Pfr. Röllin. Sie schreibt: „Er spürte, dass diesem Mann etwas fehlte, was zur religiösen Führung unerlässlich ist." Mutter Bernarda musste es später schmerzlich erfahren; vgl. Kälin, Mutter Bernarda Heimgartner 1860-1863 1/24.

[545] Brief vom 23. August 1856; abgedruckt in Positio 1990,597f. und Positio 1991 dt I,248

um die andere, vom Gehorsamsgelübde abzubringen versuchte, das sie an das Mutterhaus in Menzingen und an ihre Obern band." Darüber war oben die Rede. Mutter Bernarda hatte sich bereits 1854 für die Eigenständigkeit beider Institute ausgesprochen. 1856 kam eine Verbindung der beiden Zweige für sie nicht mehr in Frage. Dennoch ist es begreiflich, dass die Unruhe unter den Schwestern und deren Verlust sie zeitlebens schmerzte und an ihren Kräften zehrte.

3. Die Vorstellungen von P. Theodosius
Der Plan der Verbindung der beiden Zweige

Mit der Bitte um Sr. M. Theresia Scherer für das Spital in Chur äusserte P. Theodosius den Plan, die beiden Zweige sollten selbständig sein und ein eigenes Mutterhaus haben, jedoch der Generalleitung in Menzingen unterstellt sein. Gemeinsam sollten den beiden Zweigen die Regel und die Konstitutionen, der Name, das gleiche Kleid und die Generalleitung sein. Jeder Zweig sollte ein eigenes Noviziat mit einem Mutterhaus haben, direkte Vorsteherinnen in jedem Zweig und eine eigene Buchhaltung. Auch führte jeder Zweig ein eigenes Professbuch. Als Vorbilder schwebten ihm Gemeinschaften vor Augen, in denen beide Zweige in einer Kongregation verbunden waren.

Als Begründung der Vereinigung der beiden Zweige sah er die gegenseitige Unterstützung und die Situationen in den Gemeinden. Diesen Plan unterbreitete er auch Mutter Bernarda; denn diese schrieb im Februar 1852 ins „Tagebuch": „Jetzt fasste der hochw. P. Theodosius den Entschluss, diese beiden Institute, die durch ihn ihren Ursprung erhielten, zu vereinigen, damit man sich gegenseitig helfe, und namentlich wegen der Gemeinden, welche beiderlei Schwestern wünschten. Er will diese Schwestern unter dieselben Generalobern stellen, allein sowohl die barmherzigen als auch die Schulschwestern sollen ein eigenes Mutterhaus und ein jedes die unmittelbaren Vorgesetzten haben."[546]

Festhalten des Theodosius an seiner Vision

Auch als Widerstände gegen eine Verbindung der beiden Zweige auftraten, hielt P. Theodosius an seiner Vorstellung fest und unternahm weitere Schritte zur Festigung seines Planes. Er war überzeugt, dass seine Vision umsetzbar sei. Er schrieb im grossen Verteidigungsbrief am 23. August 1856 an den Bischof von Basel: „Was ich anstrebte, besteht in Nancy, in Westphalen, unter der Leitung der

---

546 Sampers, Chronik 208/64

Jesuiten in Österreich, und Tirol... Aber auch in der Schweiz ist ein Beispiel, nämlich in Cham, bei den Schwestern von Baldegg."[547]

Pochen auf sein Gründersein
In diesem Brief pochte P. Theodosius nicht mehr auf die Gründerrechte, sondern auf das Gründersein: „Ich betrachtete mich nicht als einen Hauptgründer, sondern als den alleinigen Gründer des Institutes und vindizierte mir alle Rechte eines Gründers zur Einrichtung und Leitung des Institutes, zur Überwachung nicht nur der Untergebenen, sondern auch der Obern..."[548] Er geht dann in den Konsequenzen, die er aus seinem Gründersein zieht, wieder sehr weit, fordert volle Pietät dem Gründer gegenüber, rechnet nicht damit, dass Situationen entstehen können, dass eine Gemeinschaft den Ansprüchen des Gründers nicht mehr folgen kann.[549] Das Zerbrechen seines Planes war für P. Theodosius eine grosse Enttäuschung. Diese spricht er im Verteidigungsbrief an den Bischof auch an und kann nicht glauben, dass sich eine Gemeinschaft vom Gründer trennen kann, weil er die Beziehung zwischen Gründer und Gründung als Vater-Kind-Verhältnis sieht. Er schreibt. „Ich glaubte nie an die Möglichkeit eines Zerwürfnisses zwischen mir und dem Institut, nie an die Möglichkeit der Erscheinung, dass man von mir Schriften verlangen würde, ob ich von den Bischöfen oder von Rom zum Superior ernannt sei.... ob ich ein Recht habe zu tun, was ich tat. Es schien mir mein Tun so natürlich und mit dem des Verhältnisses verwachsen, dass das Gegenteil hätte auffallen müssen."[550] Wenn wir an sein Selbstbewusstsein, aber auch an die Arglosigkeit seines Charakters denken, können wir ihm diese Aussage glauben.

Die Geschichte gab P. Theodosius Recht
Noch zu seinen Lebzeiten und erst recht in der Geschichte der beiden Institute bekam P. Theodosius recht. Bis 1863 hielten sich die beiden Institute an die prak-

---

547 Abgedruckt in Positio 1991 dt I,248 und Gadient, Caritasapostel 521. Festhalten an eigenen Plänen kann ein positives Merkmal sein. In diesem Zusammenhang sehe ich es als „Hauptfehler" bei P. Theodosius. Das gleiche musste Mutter M. Theresia und alle Beteiligten bei den Fabrikunternehmen im Paradies Ingenbohl und der Baumwollweberei in Oberleutensdorf erfahren.
548 Ebd. 518
549 Hier stellt sich die Frage: Darf sich eine Gemeinschaft vom Gründer trennen? Eine Gemeinschaft hat das Recht dazu, wenn sie zur Überzeugung kommt, dass der Gründer einer guten Entfaltung hinderlich ist. Und das schien aus der Sicht und Erfahrung von Mutter Bernarda und ihrer Unterstützer der Fall zu sein.
550 Gadient, Caritasapostel 516

tischen Regelungen von 1856. Auf Neujahr 1864 sagte Menzingen zu, in Bremgarten das Waisenhaus zu übernehmen. Als P. Theodosius dies von Dekan Meyer von Bremgarten vernahm, schrieb er im Dezember 1863 recht ungehalten an Frau Mutter Salesia Stickler und drückte sein Erstaunen aus: „Man weiss in Menzingen, was für ein Vertrag zwischen den Instituten von den Ordinariaten in Solothurn und Chur abgefasst wurde. Das Institut in Ingenbohl hat denselben bisher demnach beobachtet, dass es alle Anfragen um Übernahme von Schulen... an Menzingen gewiesen hat." Er zählt dann all die Orte auf, von denen aus man sich zuerst an ihn wandte und fährt fort: „Daher mein Befremden, dass man ohne alle Mitteilung so von sich aus handelte. Ich will übrigens dagegen keine Einwendungen für die Zukunft machen, wofern man in Menzingen es mir nicht übel nimmt, wenn ich künftige Anfragen nicht mehr nach Menzingen weise, sondern von Ingenbohl aus erledige."[551]

Von diesem Zeitpunkt weg entwickelten sich die beiden Institute nach dem Plan von P. Theodosius, nach dem Schule und Caritas in einer Institution verbunden sind. In den Anfängen des sozialkaritativen Zweiges war das wohl verfrüht.

Verschiedene Auffassungen über die Ordensausbildung

In den Auseinandersetzungen kamen auch verschiedene Auffassungen über die Ordensausbildung zum Vorschein. So erfuhren wir, dass Mutter Bernarda schon 1852 für die Novizinnen und jungen Schwestern schwierige und isolierte Posten befürchtete.[552] Sie hegte auch Zweifel wegen der mangelnden Einführung der Novizinnen ins Ordens- und Berufsleben, besonders in Chur. Wenn man die Institutschronik von Menzingen aufmerksam liest, in der von der Übernahme von Schulen und Werken der Caritas die Rede ist, spürt man ein gewisses Unbehagen bei Mutter Bernarda. Kaum waren die Novizinnen eingekleidet, mussten sie bereits auf Posten gehen. Sie schrieb: „Es ist zu bemerken, dass alle Novizinnen aus dem Spital vor der Profession verschickt werden; damit man leichter urteilen kann, ob sie tauglich oder untauglich seien."[553] Sie litt darunter, wenn Novizinnen neue Niederlassungen aufbauen mussten und bangte um den Bestand und das religiöse und gemeinschaftliche Leben des noch nicht gefestigten Instituts.

Die rasche Ausdehnung des sozialkaritativen Instituts weckte auch in anderen Kreisen Bedenken über die genügende religiöse Ausbildung der Barmherzigen

---

551 Zit. Henggeler, Lehrschwestern 214f.
552 Vgl. oben 176
553 Sampers, Chronik 229,70; Positio 1991 dt I,129

Schwestern. Am 11. November 1855 vertraute der ehemalige Pfarrer Hürlimann Dekan Schlumpf an, der Abt von Einsiedeln habe es P. Theodosius ins Gesicht gesagt, dass es mit den Barmherzigen Schwestern ohne Noviziat nicht gehen könne. P. Theodosius habe es ihm abgenommen und gemeint, er könne es jetzt nicht, später aber werde er es anders machen.[554]

Bei P. Theodosius und Mutter M. Theresia bestimmten die stürmische Ausdehnung des sozialkaritativen Zweiges, der Mangel an Barmherzigen Schwestern mit Profess und die Not von Menschen ihr Handeln. Sie leisteten in den Anfängen eine Art „Erste Hilfe". Mutter M. Theresia hielt auch nicht allzu viel vom Sein in einem abgeschlossenen Noviziat. Sie hatte die Überzeugung, das Verhalten in den Niederlassungen gebe ihr die bessere Grundlage für ein Urteil über eine Novizin. Sie richtete in der Anfangszeit Lokalgemeinschaften als „Noviziatshäuser" ein, wo die Novizinnen bei einer erfahrenen Schwester Unterricht erhielten.[555]

Verschiedene Vorstellungen des Gemeinschaftsmodells
Die Vision von P. Theodosius
P. Theodosius dachte und handelte vom Bistum Chur aus. Ich frage mich aber, ob P. Theodosius nicht schon in den 50er Jahren des 19. Jahrhunderts in seiner weitblickenden Art das Modell eines weltweiten Personalverbandes mit einer Generaloberin an der Spitze vor Augen hatte, wie es bereits Mary Ward vorschwebte und zu seiner Zeit existierte. Dann wird auch erklärbar, warum er bereits 1852 die päpstliche Anerkennung anstrebte, zumal bis zum Ende des 19. Jahrhunderts nur die päpstliche Approbation als eigentliche Approbation galt.[556]

---

554 Pfarrer Hürlimann an Dekan Schlumpf (Pfarrarchiv Steinhausen); Positio 1991 dt I,132. P. Theodosius hat dann das Noviziat in den Konstitutionen von 1860 auf zwei Jahre ausgedehnt, so dass die Novizinnen einen Teil der Probezeit auf den Niederlassungen verbringen konnten. - Dazu ist zu sagen: Die Bestimmungen des Konzils von Trient über das Noviziat betrafen die Orden mit feierlichen Gelübden. Die Frage, ob diese Vorschriften auch für die neueren Frauengemeinschaften galten, besonders für jene, die die päpstliche Approbation noch nicht besassen, war zu jener Zeit noch nicht gelöst. Vgl. Schäfer Timotheus, De religiosis ad normam Codicis iuris canonici, Herder 1940; vgl. Positio 1991 dt I,426

555 Es mag sein, dass Mutter Bernarda diese Situation als „Unordnung" betrachtete. Als nach dem Entscheid der Nicht-Vereinigung eine grosse Unruhe unter den Schwestern ausbrach, schrieb sie am 23. August 1856 nämlich in einem Postscriptum an Generalvikar Haller, dass „die Schwestern, die nicht gern im Institut sind", auch nicht nach Chur gehen wollen, „weil sie wissen, dass dort keine Ordnung sein wird." Positio 1990,597f.; Positio 1991 dt I,214; Vgl. oben 171

556 Positio 1991 dt I,139: Päpstliche Approbation, weil er die Schwestern nicht in einer einzigen Diözese einsetzen wollte. Es erstaunt aber, dass P. Theodosius nicht - vor der päpstlichen Approbation - die Unterstellung seiner Gründung unter die Kongregation der Ordensleute anstrebte, da das Institut bereits nicht mehr auf eine Diözese beschränkt war. Dekan Haller spricht davon in seinem Brief an den Bischof von Basel am 29. Mai 1856; abgedruckt in: Positio 1991 dt I,235

Auffallend ist auch, dass Mutter M. Theresia Scherer bereits am 13. Oktober 1857 zur ersten Generaloberin gewählt wurde. Sie war in der Schweiz die erste Vorsteherin einer überregional organisierten Kongregation, der offiziell eine Generaloberin gestattet worden war. Viele der neuen Fraueninstitute überschritten sehr schnell die Bistums- und Landesgrenzen und entwickelten sich zu weltweiten Verbänden.

Zu diesen überregionalen Organisationen kamen bald auch Weisungen über die Errichtung von Provinzen. Durch die Verpflanzung des Ingenbohler Instituts nach Böhmen ergab sich die Notwendigkeit, die Wechselbeziehungen zwischen Mutterhaus und den Provinzen in einem besonderen „Statut" festzuhalten. Der Bischof von Leitmeritz/Böhmen wünschte, dass mit ihm eine Übereinkunft getroffen werde. Der erste Entwurf dieser Provinzstatuten wurde noch vom Stifter selbst niedergeschrieben. Er verfasste 1865 in Oberleutensdorf einen Organisations-Vorschlag und erklärte den Schwestern, er wolle ihn noch mit Mutter M. Theresia besprechen und ihn dann dem Bischof von Leitmeritz vorlegen. Der Tod ereilte ihn jedoch, bevor er seine Absicht verwirklicht hatte. Der Entwurf fand sich nach seinem Tod in der Reisetasche und wurde in die Chronik der böhmischen Provinz aufgenommen. 1866 überarbeitete P. Anizet Regli, der neue Superior, mit Spiritual Dr. Berlage das Provinzstatut.[557]

Die Vision von Mutter Bernarda Heimgartner

Diesem mehr visionär und theoretisch denkenden Mann stand die realistisch und praktisch denkende Mutter Bernarda gegenüber. In den Anfängen, vor allem bei der stürmischen Entwicklung des sozial-karitativen Zweigs, musste eine in der Gegenwart tragfähige Organisationsstruktur gesucht werden. Mutter Bernarda sah das junge Institut wie manche neuen Frauengemeinschaften ganz im Horizont von Menzingen[558] und dem Bistum Basel, das der bischöflichen Jurisdiktion unterstand. Sr. Felizitas Mühleis hält in ihren Memoiren über Mutter Bernarda fest: „Sie hielt sich mit Festigkeit und Pflichttreue an dessen Ausspruch und Verordnung;

---

557 GenArchiv SCSC Chronik Böhmen I,264ff.
558 Positio 1991 dt I,621: "Dem rechtmässigen Vorsatz Mutter Bernardas also, unter der Jurisdiktion des Bischofs von Basel bleiben zu wollen, mischt sich der weniger übernatürliche bei, dort bleiben zu wollen, wo die Unterstützung der Hilfsgesellschaft sicher ist. Im Grunde genommen zeigt Mutter Bernarda, dass sie das Institut im Horizont von Menzingen sieht - und das ist es, was sie von P. Theodosius unterscheidet."

denn er war der eigentliche Obere des Lehrschwestern-Institutes zu Menzingen."[559] Die Haltung Mutter Bernardas in der „Trennungsfrage" könnte kaum kürzer und klarer ausgedrückt werden. Es mag sein, dass ihr gegenüber den weitschichtigen Unternehmungen des P. Theodosius einzig der Bischof von Basel Garantie bot.[560]

Es fällt aber auch auf, dass das Institut Menzingen für ihre Vorgesetzte nicht die Bezeichnung „Generaloberin" anstrebte, sondern bei der Bezeichnung „Frau Mutter" blieb. Erst Frau Mutter Salesia Stickler nahm in den 80er Jahren des 19. Jahrhunderts die Bestrebungen von P. Theodosius von 1852 auf und ersuchte die päpstliche Approbation des Instituts. Am 12. März 1884 ernannte Papst Leo XIII. - im Zusammenhang mit dem Belobigungsdekret der Kongregation - Mutter Salesia Stickler zur Generaloberin. Sie ging als erste Generaloberin in die Geschichte des Instituts Menzingen ein. In der Folgezeit bemühte man sich wegen Schwierigkeiten in der praktischen Durchführung der von Rom gewünschten Änderungen nicht, die päpstliche Approbation zu erlangen. Erst 1901 erfolgte unter der Generaloberin Sr. Friederika Hahn die päpstliche Approbation.[561]

Auch in der Gründung von Provinzen ging Menzingen einen anderen Weg als Ingenbohl. Die erste Niederlassung in Altötting/Deutschland erfolgte 1896, die Errichtung zur Provinz 1928; die erste Niederlassung in Sondrio/Italien im Jahr 1888; die Errichtung zur Provinz 1938.

So schmerzlich die Trennung für beide Seiten war - sie war wohl notwendig. Es war ein Glück für Kirche und Gesellschaft, dass zwei Institutionen da waren, die der grossen Zahl von Anwärterinnen und Aufgaben gewachsen waren. Zwei Institute waren besser in der Lage, die grosse Zahl der jungen Frauen aufzunehmen, die sich ihren Gemeinschaften anschliessen wollten. Nur zwei Institute konnten ein gleichmässiges Bauen nach innen und aussen gewährleisten. Sie haben für den schweizerischen und süddeutschen Raum eine wahre Pioniertat vollbracht. Sie haben kleine Imperien katholischer Schulen und tätiger Nächstenliebe aufgebaut.

---

559 Sampers, Memoiren 12/55; Anm. 16: „Klar und offen legte Mutter Bernarda wichtige Angelegenheiten des Ordens... vertrauensvoll dem jeweiligen Diözesan-Bischof vor und hielt mit eiserner Festigkeit und unentwegter Genauigkeit zu dessen Verfügungen und Entscheidungen, da ja doch nur der Bischof eigentlicher und rechtmässiger Oberer der neugegründeten Kongregation sein könne."
560 Moos, Zukunft aus dem Glauben 69
561 Henggeler, Lehrschwestern 227f.

Gründer von Erziehungsheimen für Kinder und Jugendliche

Ab Beginn des 19. Jahrhunderts gab es in der Schweiz einen eigentlichen Boom privat initiierter Anstaltsgründungen.[562] Sie verstanden sich als kritische Bewegung und distanzierten sich von der herkömmlichen Art der Waisenhaus- und Verdingpraxis.[563] Bei aller Ähnlichkeit der Richtungen kann zwischen drei Modellen unterschieden werden. Neben den eher philanthropisch orientierten „Armenerziehungsanstalten" und neben den im Pietismus verwurzelten „Rettungshäusern" entstanden im Geiste von P. Theodosius eine Reihe katholischer Heime.[564] Sie waren u.a. eine direkte Reaktion philanthropisch und religiös motivierter Reformer und Pädagogen auf den Pauperismus. Ihr erstes Ziel war die Bekämpfung der Armut durch Arbeitserziehung, zunächst durch Landwirtschaftsbetriebe, dann auch in industriellen Anstalten. Da der Schulbesuch obligatorisch wurde, kam als zweites Ziel die Verbindung des Heimes mit Schulbildung dazu.

Bevor die Ideale und konkrete Versuche von Erziehungsheimen des P. Theodosius dargestellt werden, soll zunächst das Augenmerk auf die Kinderarmut, protestantische Modelle von Armenerziehungs- und Rettungsanstalten und Fabrikschulen gerichtet werden.

1. Orientierung an zeitgeschichtlichen Situationen und Projekten

Wie überall hat sich P. Theodosius auch in den Fragen und Problemen, die sich in Bezug auf Kinder und Jugendliche stellten, an konkreten Situationen orientiert.

---

562 Tuggener Heinrich, Schoch Jürg, Wehrli Daniel, Aufwachsen ohne Eltern: Verdingkinder, Heimkinder, Pflegekinder, Windenkinder: zur ausserfamiliären Erziehung in der deutschsprachigen Schweiz. Zürich 1989,18
563 Ebd. 89
564 Tuggener u.a., Aufwachsen ohne Eltern 18

Die grosse Armut und die damit verbundene Verwahrlosung vieler Jugendlicher blieb P. Theodosius nicht verborgen.

Kinderarmut
Zu den Allerärmsten gehörte neben den Frauen eine ausserordentlich grosse Zahl von Kindern. Im 19. Jahrhundert wandelte sich der Begriff „Waise".[565] Der Begriff Verwaisung wurde nicht nur auf Kinder, denen der Tod die Eltern entriss, verwendet, sondern auch auf jene Proletarierkinder ausgedehnt, die durch den Pauperismus „elternlos" wurden. Das konnte dadurch geschehen, dass die Sorge um das tägliche Brot die Eltern von den Kindern trennte und die Kinder sich selbst überlassen, also ohne Eltern, waren. Die ausserhäusliche Erwerbstätigkeit von Frauen setzte die Kinder einer „verderblichen" Verwaisung aus. Die dritte Form von Verwaisung war die „unheilvollste", weil sie durch Unglauben oder Liederlichkeit hervorgebracht wurde. Durch ein schuldhaftes Tun der Eltern verlor das Kind de facto seine Eltern. Verwaisung wird Verwahrlosung, aus dem unschuldigen Waisenkind ein verwahrlostes Waisenkind.
P. Theodosius widmete sich an der Generalversammlung des Piusvereins 1862 in Solothurn den Verdingkindern und ihrer Armut: „Was sind das für Kinder? Gewöhnlich sind diese, ich sage es gerade heraus, uneheliche Kinder, verwahrloste Kinder von solchen Eltern, die zu arm sind, ihnen eine gehörige Erziehung zukommen zu lassen, auch solche höheren Alters, die ihre Eltern verloren haben." Dann rief er empört und bewegt aus: „Mir kommt es gerade vor wie auf dem Sklavenmarkt. Da kommen die Händler, sondieren die Sklaven und bieten für diesen soviel, für jenen soviel und für einen dritten soviel. Sie werden verschupft, man gibt ihnen zu essen gerade soviel als nötig, um sie nicht sterben zu lassen; man wird in geistiger Beziehung ihren Unterricht vernachlässigen, sich nicht einmal um ihren Schulbesuch kümmern."[566]

Kinderarbeit
Die eigentlichen Opfer der industriellen Revolution waren die Fabrikkinder. In der ersten Hälfte des 19. Jahrhunderts war Kinderarbeit ein alltäglicher und kaum hinterfragter Tatbestand. Kinderarbeit wurde als nützlich und selbstverständlich be-

---

565 Vgl. Hürlimann Gisela, Versorgte Kinder. Kindswegnahme und Kindsversorgung 1912-1947 am Beispiel des Kinderheims Marianum Menzingen lic. phil I, Zürich 2000, 27ff.
566 Zit. bei Fürer, Leben und Wirken 188

trachtet. Die Fabrikarbeit der Kinder wurde zunächst nicht negativ besetzt, sondern einfach als Fortsetzung der landwirtschaftlichen Subsistenzsicherung mit anderen Mitteln verstanden. Ob dieser Beitrag in der Landwirtschaft oder in der Fabrik erarbeitet wurde, spielte eine untergeordnete Rolle

Die Hauptsorge der Eltern und Vorgesetzten bestand darin, die Kinder so früh wie nur möglich in den Wirtschaftskreislauf zu integrieren.[567] Das bedeutete auf dem Hof die Teilnahme an der Feldarbeit, in der häuslichen Werkstatt die Leistung von Hilfsarbeitern, in der Fabrik einen Arbeitstag von zehn bis vierzehn Stunden - und das noch vor dem Erreichen des vierzehnten Lebensjahres! Mahnende Stimmen wurden mit dem Hinweis auf die ausländische Konkurrenz zum Verstummen gebracht.[568]

Der Anteil der Kinderarbeit war besonders in der Heimindustrie sehr hoch. Der Arbeitsplatz einiger dieser Kinder verlagerte sich lediglich von zuhause weg in die Fabrik. Kinder erschienen damals für Fabrikarbeit besonders geeignet, erforderte sie doch wenig Muskelkraft und geringe Qualifikation, dafür umso mehr Unterordnung unter einen strengen Arbeitsrhythmus, auf den umzustellen dem realen selbstbestimmten erwachsenen Heimarbeiter schwerer fiel. Es brauchte möglichst billige Arbeitskräfte. Kinder bekamen teilweise keinen Lohn. Auch Heinrich Pestalozzi vertrat in seinen Frühschriften noch die Meinung, dass man Kinder vom sechsten Lebensjahr an in der Industrie verwenden könne. Freilich warnte er vor Übertreibungen und Missbräuchen.[569] Um 1810 waren beispielsweise bis zu 50% der Werktätigen in der Zürcher Baumwollindustrie Kinder unter 16 Jahren. Die St. Galler Sanitätskommission zählte im Jahre 1842 in 27 Fabriken des Kantons 421 arbeitende Knaben und 371 Mädchen. Die jüngsten arbeitenden Kinder zählten 6 Jahre.[570]

Eine Arbeiterfamilie konnte in der Regel nur dann existieren, wenn ausser dem Vater noch andere arbeitsfähige Familienmitglieder einem Erwerb nachgingen. So

---

567 Vgl. Erich Gruner, Die Arbeiter in der Schweiz im 19. Jahrhundert. Soziale Lage, Organisation, Verhältnis zu Arbeitergeber und Staat, Bern 1968,163ff.; Criblez Lucien, Jenzer Carlo, Hofstetter Rita, Magnin Charles (hrsg.), Eine Schule für die Demokratie. Zur Entwicklung der Volksschule in der Schweiz im 19. Jahrhundert Explorationen, Bern 1999,27
568 XIX. Jahresbericht des leitenden Ausschusses des Schweiz. Arbeiterbundes und des Schweiz. Arbeitersekretariats für das Jahr 1905 nebst den Protokollen der Sitzungen des Bundesvorstandes, Zürich 1906,46-47; zit. bei Joris Elisabeth/Witzig Heidi, Frauengeschichte(n). Dokumente aus zwei Jahrhunderten zur Situation der Frauen in der Schweiz, Zürich 1986,254f.
569 Tuggener u.a., Aufwachsen ohne Eltern 79
570 Bünter, Industrielle Unternehmungen 25

konnte das Familienbudget um 1840 herum nur dann ausgeglichen werden, wenn zum Verdienst des Vaters noch derjenige der Frau und zweier Kinder dazu kam.[571] Auch bei der Kinderarmut spielte die Geschlechtszugehörigkeit eine Rolle. Unter den arbeitenden Kindern waren meist mehr Mädchen als Knaben.

Protestantische Modelle von Armenerziehungs- und Rettungsanstalten
Die soziale Frage trat in der katholischen Schweiz später auf als in den früher industrialisierten reformierten Regionen.[572] So konnte P. Theodosius bereits auf Vorbilder auf protestantischer Seite blicken.

Armenerzieheranstalten Johann Heinrich Pestalozzis (1746-1827)
Die Heimerziehung des 19. Jahrhunderts knüpfte in ihrer Konzeption nicht bei den Waisenhäusern des 18. Jahrhunderts an, sondern bei den Armenerzieheranstalten Pestalozzis, der seinen Anstaltsgedanken klar von den Waisenhäusern des 18. Jahrhunderts abhob. Im Gegensatz zu den ackerbauenden Patriziern sah Pestalozzi auch in der „industriellen Beschäftigung der Jugend" ein Heilmittel gegen die Armut.[573] Er wollte die Erziehung zur Erwerbstätigkeit der theoretischen Bildung vorangehen lassen und deshalb den Unterricht mit der Arbeit verbinden. Sein Unternehmen endete mit einem Misserfolg. Aber er erkannte, dass die Industrialisierung nicht rückgängig gemacht werden konnte. Die Jugend sollte durch systematische Entwicklung der Kräfte in Unterricht und Erziehung vor Vermassung, Genusssucht und Sittenlosigkeit geschützt werden.

Pestalozzi hatte schon 1773 auf dem Neuhof bei Birr AG die ersten von ihm aufgenommenen Kinder nicht nur in der Landwirtschaft, sondern auch am Webstuhl arbeiten lassen. Ihm schwebte eine sich selbst finanzierende Armenerziehungsanstalt vor. Dieses Ideal wurde später von vielen Armenerziehern geteilt (auch von P. Theodosius), aber auch von diesen kaum je realisiert.

Die Vermittlung des Gedankenguts von Pestalozzi vollzog sich bei P. Theodosius mit grosser Wahrscheinlichkeit über den Braunschweiger Lehrer Karl Christian Lippe (1779-1853), der auf Schloss Lenzburg eine Erziehungsanstalt gegründet hatte.[574]

---

571 Gruner Erich, Die Arbeiter in der Schweiz im 19. Jahrhundert 142.
572 Ökumenische Kirchengeschichte der Schweiz (hrsg. von Lukas Vischer, Lukas Schenker, Rudolf Dellsperger), Freiburg 1994, 247
573 Stäger, Pädagogische Grundsätze 80
574 Vgl. Der Lebensweg des P. Theodosius Florentini 16

Armenschule in Hofwyl/Münchenbuchsee BE

Über Christian Lippe war Theodosius auch mit der Erziehungspraxis und den Projekten von Philipp Emanuel von Fellenberg in Hofwyl in Berührung gekommen. Lippe war dort Lehrer gewesen.[575] Das Interesse an Fellenberg war bei P. Theodosius vor allem in seiner Altdorferzeit erwacht.

Angeregt durch Pestalozzi übernahm Philipp Emanuel von Fellenberg (1771-1844), ein Berner Patrizier, 1798 den Landsitz Hofwyl. Er gründete dort 1801 eine Armenanstalt, in der er arme und verwahrloste Knaben aufnahm und sie in einen landwirtschaftlichen Musterbetrieb und durch Unterricht zur Eigenständigkeit führen wollte. Unter Johann Jacob Wehrli, der diese Armenschule seit 1810 führte, erlangte sie Weltruf. Wehrli liess den Knaben morgens und abends je eine halbe Stunde Unterricht in Lesen, Schreiben, Rechnen, Sprachlehre, Geographie, Vaterlandskunde, Naturkunde, Singen und Zeichnen erteilen.[576]

1830 gründete die Gattin Fellenbergs eine Erziehungsanstalt für Mädchen und 1841 eine Kinderkrippe. Fellenberg legte grosses Gewicht auf die Führung von Mädchenschulen. Er war der Ansicht, dass „jeder Schweizer männlichen und weiblichen Geschlechts Anrecht habe auf eine Elementarbildung, zu der neben den üblichen Kenntnissen auch Hauswirtschafts- und Vaterlandskunde, Bürgermoral und Religion gehörten". Diese Mädchenschule wurde nach dem Familienprinzip geleitet und sollte auch den Hofwyler Anstalten ein sittlich zuverlässiges Personal von Haushälterinnen und Mägden verschaffen.[577]

Fabrikschulen in Industriebetrieben

Die Verbindung von industrieller Arbeit und Schule bestand auch in Fabrikschulen, die bereits seit dem späten 18. Jahrhundert existierten.[578] Sie orientierten sich an der Realität des damaligen proletarischen Alltags und versuchten die Not der Kinder zu lindern, indem sie wenigstens für die grundlegendsten Bedürfnisse aufkamen. Viele Kinder blieben vom Schulbesuch ausgeschlossen, weil sie wegen einer Behinderung als bildungsunfähig galten, aus Armut kein Schulgeld bezahlen konnten oder weil ihre Familien auf den Verdienst aus der Fabrikarbeit angewiesen waren.

---

575 Lippe war von 1802-1822 Erzieher der jüngeren Zöglinge der wissenschaftlichen Elementaranstalt Fellenbergs in Hofwil. Fellenberg wiederum war mit Père Girard befreundet, der 1808 Hofwil besuchte und „von dessen Einrichtungen einen glänzenden Eindruck gewann". Girard machte wiederholte Besuche in Hofwil. Vgl. Stäger, Pädagogische Grundsätze 73
576 Ebd. 86
577 Ebd. 86f.
578 Vgl. verschiedene Artikel im Internet

Mit der zunehmenden Industrialisierung und Mechanisierung im 19. Jahrhundert war die Zahl der in den Fabriken arbeitenden Kinder gestiegen. Schon bald wurde auf die mangelnde Schulbildung sowie auf die körperliche, geistige und moralische Verwahrlosung dieser Kinder hingewiesen. Mit der Errichtung einer Fabrikschule wurde den Kindern ein Mindestmass an schulischer Ausbildung ermöglicht. Im Kanton Aargau erliess der Kleine Rat am 1. Mai 1828 eine niemals publizierte Verordnung, welche summarisch Lerninhalte, Eintrittsbedingungen und Jahresprüfungen der Fabrikschule umschrieb. Ausserdem verpflichtete die Verordnung die Fabrikherren zur Einrichtung einer Fabrikschule und zur Anstellung eines Lehrers.

Die Fabrikschule war ein Resultat der gebräuchlichen Kinderarbeit. Für die Kinder bestand schon damals die gesetzliche Schulpflicht, die aber wegen der Armut der Eltern, die auf den kargen Verdienst der Kinder nicht verzichten konnten, nur schwer durchsetzbar war. Mit den Massnahmen gegen die Kinderarbeit in der zweiten Hälfte des 19. Jahrhunderts erübrigten sich die Fabrikschulen.

2. Katholische Erziehungsheime nach der Vision von P. Theodosius Florentini

P. Theodosius ging die soziale Frage zunächst in der Pauperismus-Perspektive an. Als die Schulen von Rhäzüns und Zizers eingerichtet waren, schrieb er in einem Flugblatt vom 15. Januar 1851: „Damit war jedoch nur einem Bedürfnis gesteuert, nur das Leichtere begonnen, da Anstalten begüterter Eltern sich durch sich selbst erhalten... Das Notwendige blieb die Erstellung von Anstalten für arme Kranke, für Rettung verwahrloster Kinder und unglücklich gewordener oder der Verführung ausgesetzter Töchter."[579] Auch die Schulen, die in der Gründungszeit vor allem in armen katholischen Kantonen übernommen wurden, hatten einen caritativen Zug, insbesondere die sogenannten Armenschulen. In der Stadt Luzern wurde im Mai 1856 eine Armen-Arbeitsschule übernommen. Ihr kam die Aufgabe zu, die Kinder durch Anleitung zu weiblichen Handarbeiten vom Bettel abzuhalten.[580]

---

[579] Gedrucktes Faltblatt, unterzeichnet: Chur 15. Januar 1851. F. Theodos Cap. Sup.; zit. bei Gadient, Caritasapostel 234
[580] Gadient, Caritasapostel 235

Bevor an konkreten Beispielen gezeigt wird, welche Vision von Bildungsstätten P. Theodosius verwirklichte, sollen die Zielsetzungen, die er in seinem Einsatz für Kinder und Jugendliche verfolgte, dargestellt werden:
1. Die verwahrloste Jugend soll von der Strasse und vom Bettel weggeholt werden und sich an ein geordnetes, regelmässiges Leben gewöhnen.
2. Den Kindern und Jugendlichen soll eine christliche, ganzheitliche Erziehung zuteilwerden. In den Konstitutionen von 1860 schreibt P. Theodosius in Kap. 21: „Es sollen demnach die Schwestern sich derselben mit aller Liebe und Sorgfalt annehmen, und alles anwenden, um selbe zu religiösen, moralischen, sparsamen, ordnungsliebenden Menschen heranbilden. Sie sollen zu dem Ende besonders über sie wachen, selbe recht kennen lernen, um sie gehörig zu leiten, sie zum Gebete, zur Kenntnis der hl. Religion, zur Aneignung jener Fertigkeiten und Arbeiten anhalten, welche für ihren künftigen Lebensberuf nothwendig und nützlich sind - und dies mit Liebe und Ernst, wie es die Umstände erfordern." (P.9)
3. Wie die Philanthropen mass P. Theodosius der Arbeit grosse Bedeutung zu. Die Kinder sollen arbeiten lernen, um der armen Bevölkerung Verdienst zu verschaffen. In der Frankfurterrede sagte er: „Der Mensch ist zur Arbeit geboren, soll durch Arbeit sein Brot verdienen. Das nun soll das Kind schon lernen. In unsern Zeiten geschieht es unglücklicherweise, dass man die Kinder Tag für Tag sechs bis acht Stunden und noch länger in die Schule schickt und dies bis zum 12., 14., 15. Jahre. In diesem Zeitraum sollen sie allerlei lernen, und in diesen kleinen Kopf, in diesen winzigen Verstand, in dieses winzige Gehirn hinein, sollen schon alle möglichen Vorbereitungen für die Zukunft hineingehen; aber - es geht eben nicht. (Heiterkeit und Bravo!) Dabei aber ist ein Übelstand, und dieser liegt darin, dass unsere Kinder nicht mehr arbeiten lernen, ihr Körper wird nicht entwickelt, ihre körperliche Kraft bleibt schwach, sie gewöhnen sich nicht daran, zu arbeiten, und wenn sie mit dem 12., 14., 15. Jahre aus der Schule treten, so arbeiten sie nimmer gerne; sie sind oft sehr gescheit geworden und wissen vieles, vielleicht besser als ihre Eltern und lassen sich von den Eltern auch nimmer gern etwas befehlen; das ist eine Erscheinung, die wir in der Schweiz haben, ich weiss nicht, wie es bei Ihnen steht, aber ähnliche Ursachen dürften auch ähnliche Wirkungen hervorbringen. ..."[581]

---

[581] Frankfurterrede, vgl. Gadient, Caritasapostel 294

4. Die Jugend soll durch Bildung auf den künftigen Beruf vorbereitet werden. In den Armen- und Waisenanstalten wurden zuerst Schule und Caritas kombiniert. Es wurden Heimschulen errichtet und ihnen Aufgaben des öffentlichen Schulwesens übertragen, bis hin zur Besoldung der Lehrer. Man versuchte, diese Schulen ins öffentliche Schulwesen zu integrieren.
Gründe für das Führen einer Anstaltsschule waren:
- Abschirmung gegen schlechte Einflüsse
- Bessere Gewährleistung des Erziehungserfolges: bessere Aufsicht, besondere Aufmerksamkeit auf die Entwicklung des Kindes
- Entlastung der Gemeinde. Die Zahl der Kinder in den Heimen hätten zu oft zu einem Missverhältnis zwischen Heimkindern und einheimischen Kindern geführt.

Für jene Schüler und Schülerinnen, welche nach dem Austritt aus der Primarschule keine weiterführende Schule besuchten, wurden zur Wiederholung des Gelernten Repetierschulen eingerichtet. Solche Schulen dauerten im Kanton Zug eineinhalb Jahr. In Zürich folgte auf die sechsjährige Primarschule in den 1830er Jahren die dreijährige Repetierschule für die 12- bis 15-jährigen Schülerinnen und Schüler.[582]

Da im Kanton Glarus das Schulgesetz für die Fabrikarbeit der Kinder 12 Jahre vorschrieb, mussten die Kinder weiterhin in die Schule gehen. Die Kinder im Fabrikheim Rüti stammten meist aus dem Kanton Wallis, der eine niedrigere Schulpflicht-Altersgrenze besass. Da durften schon neunjährige Kinder zur Arbeit in die Fabrik geschickt werden. Bis 1861 waren wöchentlich drei Stunden Schulunterricht vorgeschrieben und von da an zwei halbe Tage.[583]

5. Durch Arbeit mithelfen, die Existenzgrundlage des Heimes zu sichern. Der Beginn im Waisenhaus in der Guglera/Giffers 1865 geschah in grosser Armut. Die Chronik berichtet: „Die Kinder verdienten etwas weniges mit Strohflechten und Knochenstampfen; das Heu wurde eingeheimst und grösstenteils verkauft, im Sommer Schafe zur Weide genommen; auch mussten die grösseren Kinder neben der Schule bei den Landarbeiten fleissig mithelfen."[584]

---

[582] Über die verschiedene Anzahl Jahre der Primar- und Repetierschulen vgl. Claudia Crotti, Pädagogische Rekrutenprüfungen. In: Lucien Criblez (Hg.), Bildungsraum Schweiz, Bern 2008,138 Anm. 9
[583] Stüssi Heinrich, Die industrielle Versorgungsanstalt in Rüti, in: Glarner Neujahrsboten 37 (2002)16
[584] Chronik Guglera/Giffers; PAII-MpCH G20a,3

6. Statuten sollten der Kinderarbeit Grenzen auferlegen und die Kinder vor übergrosser Beanspruchung bewahren. Die Statuten waren zwar unbestimmt, aber bildeten doch Ansätze einer rechtlichen Sicherung vor Ausnützung der Kinder.[585]

3. Verbindung von Erziehungsheim (Waisenanstalt/Armenanstalt), Schule und industrieller Beschäftigung

Zuerst muss ein klärendes Wort zu den verschiedenen Bezeichnungen für die Heime gesagt werden. Christa Stahel unterscheidet für das 19. Jahrhundert drei Institutionstypen: Armen- und Waisenhaus, das Waisenhaus und „andere Erziehungsinstitutionen".[586] Sie macht aufmerksam auf das bemerkenswerte Faktum, dass sich die beiden alten Institutionstypen aus dem 18. Jahrhundert - Armen- und Waisenhaus, Waisenhaus - während des ganzen 19. Jahrhunderts zu halten vermochten. Erst an der Jahrhundertwende deutete sich ein Um- und Durchbruch an hin zum Erziehungsheim. Es sind meist Heime, die eine Anstaltsschule haben. Armen- und Waisenhäuser wechselten zu Armenanstalt/Armenhaus, ein Begriff, der von Anfang an verwendet wird. Später wird daraus Bürgerheim. Die von den reformierten Heimen verwendeten Begriffe Rettungs- und Armenerziehungsanstalt fand bei den katholischen Heimen nur sehr wenig Aufnahme.

Es sollen drei Beispiele kurz vorgestellt werden, in denen P. Theodosius Erziehungsheim, Schule und industrielle Beschäftigung verband.

Appenzell: Waisenanstalt „Steig" 1853

1806 hatte der Rat von Appenzell eine Anstalt für Erwachsene und Kinder errichtet und damit keine guten Erfahrungen gemacht. Deshalb beschloss er, eine eigene Waisenanstalt zu errichten und kaufte dazu die „Steig". Nun wandte er sich an P. Theodosius. 1853 kamen zwei theodosianische Schwestern von Chur nach Appenzell in das von der Waisenbehörde errichtete Waisenhaus „Steig".[587]

Zunächst besuchten die Kinder die Dorfschule, 1862 wurde eine Anstaltsschule errichtet. Dazu kam 1867 eine Arbeitsschule, die auch von Mädchen des Fleckens

---

585 Bünter, Industrielle Unternehmungen 66
586 Vgl. Hochuli Freund Ursula, Heimerziehung vom Mädchen im Blickfeld: Untersuchung zur geschlechtshomogenen und geschlechtergemischten Heimerziehung im 19. und 20. Jahrhundert in der deutschsprachigen Schweiz. Frankfurt a. Main 1999,28. Sie beruft sich auf die unvollendete Lizentiatsarbeit von Christa Stahel.
587 Chronik Waisenhaus Steig PAII-MpCh A6a; vgl. Rümmer, P. Theodosius Florentini 375

besucht werden konnte.1857 erwarb P. Theodosius im Waisenhaus die auf dem jetzigen Grund stehende Fabrik; deren Betrieb sollte zugunsten verwahrloster Kinder ausgenützt werden. Die Jugendlichen arbeiteten in der Baumwollweberei, soweit sie der Schule entwachsen waren. Sie bezahlten ein kleines Kostgeld, der übrige Verdienst war Ersparnis für die Jugendlichen.

Waisenhaus „Steig" Appenzell - Abbildung in: 25 Jahre Stääg

Chur: Rettungs- und Waisenhaus 1854-1858

Als P. Theodosius 1853 in Chur das Kreuzspital gegründet hatte, „gab es in Graubünden zur Versorgung verwahrloster und verwaister Kinder nur zwei Landesanstalten, Forat und Plankis. Von Protestanten gegründet, dienten aber dieselben, wenn auch nicht grundsätzlich, so doch tatsächlich nur den Protestanten; die Verwaltung und das Dienstpersonal waren reformiert, auch wurde in denselben kein katholischer Religionsunterricht erteilt und hätten katholische Zöglinge, um diesen zu erhalten, einen Weg von drei Viertelstunden machen müssen. So war es denn für Theodosius gewissermassen selbstverständlich, den hilfsbedürftigen Kleinen seiner Konfession die rettende Hand zu bieten."[588]

So richtete er im „Ludwigshaus" 1854 eine Rettungs- und Waisenanstalt ein. Im Zusammenhang mit dem Kauf des „Ludwigshauses" schrieb er an Freunde und Bekannte am 24. Juli 1854 einen Bettelbrief und lud zur Subscription von Aktien ein: „Es ist ein Unternehmen zum Wohle unseres Vaterlandes; wenn jährlich 10-20 Mädchen dem Bettel und Müssiggange entzogen, zur Arbeit und Betriebsamkeit angehalten, in die Erlernung eines Berufsgeschäftes eingeführt, in den für die weibliche Jugend unerlässlichen Gegenständen unterrichtet werden, um einst bessere Hausmütter zu sein, als es gewöhnlich ihre vaganten Eltern sind, so dürfte eine Betheiligung an solchem Werke gewiss von keinem Vaterslandsfreunde von der Hand gewiesen werden."[589] Am 20. August empfahl er die Subscription für den 10-Rappen-Beitrag per Monat.[590]

---

[588] Planta, Pater Theodosius 35
[589] GenArchiv SCSC 05-225
[590] Ebd.

Die Anstalt in Chur nahm arme, verlassene, heimatlose Knaben und Mädchen auf. Eine Besonderheit war, dass P. Theodosius auch Kleinkinder vom 1. Lebensjahr an aufnahm. Im Januar 1855 zählte man bereits 54 Kinder. Sie wurden von einer Lehrschwester unterrichtet und zu entsprechender Arbeit angeleitet. Die Mädchen beschäftigten sich mit Stricken und Nähen, geschicktere auch mit Sticken.[591] Die Knaben arbeiteten für eine Zündhölzchenfabrik. Jugendliche beschäftigten sich in der Baumwoll- und Seidenweberei, die P. Theodosius in Chur eingeführt hatte. Das tägliche Kostgeld betrug 36 Rappen. Die Kinder und Jugendlichen sollten lernen, „für ihren Unterhalt zu sorgen, indem sie wöchentlich oder monatlich für denselben soviel in die Haushaltung einschiessen müssten, was ihnen durchaus ermöglicht werde, da Herr P. Theodosius sie etwas Nützliches lernen lasse, und sie dann zur Arbeit anhalte", schrieb die Schweizerische Kirchenzeitung.[592]

Tablat SG: Armenanstalt 1856

Die Gemeinde Tablat SG[593] musste von 1851 bis 1856 warten, bis sie die Armenanstalt den Schwestern des P. Theodosius übergeben konnte. Der Kleine Rat von St. Gallen hatte die Einwilligung verweigert, „weil das Gesetz über das Armenwesen die Pflege der weltlichen Behörde anheimgegeben habe und deshalb die Berufung von geistlichen Ordensschwestern damit in Widerspruch stehe". Nachdem ein Rekurs gegen diesen Beschluss Erfolg gehabt hatte, erfolgte die Berufung der Schwestern am 20. Februar 1856.[594]

Die sogenannte Waisenanstalt war mit dem Armenhaus verbunden, befand sich einige hundert Meter entfernt auf einer kleinen Anhöhe in einem Extrahaus. Im Haus befand sich eine 25-30 köpfige Kinderschar. Sr. Martina Burch war als Oberschwester bestellt und wohnte mit Sr. Stephanie Meier zusammen, welche Küche und Haushalt besorgte. Zur Beaufsichtigung der Kinder war die Kandidatin Jungfrau Augustina Pfeifer bestimmt.

Seit der Ankunft von Sr. Alexia für Küche und Haushalt besorgte Sr. Stephanie die Weberei. Es wurde für die Bedürfnisse des Hauses alles selbst gesponnen und gewoben, sowohl Bett- wie Leibwäsche, als auch die Kleider; aber auch von Aus-

---

591 Rutishauser, Liebe erobert die Welt 129ff.
592 Churer Zeitung 88 (1854); zit. in SKZ 29. Juli 1854,237
593 Tablat war eine Vorortgemeinde von St. Gallen und wurde 1918 eingemeindet, gehört heute zur Stadt St. Gallen.
594 Vgl. Chronik Tablat SG; PAII-MpCH StG5a

wärtigen übergebene Garne wurden gewoben. 1864 hörte das Heim mit der Weberei ganz auf, denn mehr und mehr verdrängte die Maschinenarbeit die Handweberei.

In Tablat sollte bereits im Jahr der Übernahme eine Anstaltsschule errichtet werden. Am 12. Oktober 1857 ersuchte der Gemeinderat von Tablat bei P. Theodosius um eine Lehrschwester. Diese sollte die jetzigen Obliegenheiten der jetzigen Erzieherin Sr. Alexia übernehmen. Am 2. November fange die Schule in Tablat an, darum die Eilfertigkeit. Er müsse noch erwähnen, dass die Lehrschwester vom kath. Administrationsrat patentiert werden müsse, sie also vorher auf ihre Lehrbefähigung sich prüfen lassen müsse. Ende Oktober 1857 kam als Lehrerin Sr. Euphemia Paul und mit ihr eine Tochter zu den Kindern. Im Mai 1862 kam Sr. Pankratia Widmer, die spätere zweite Generaloberin von Ingenbohl, als Novizin nach Tablat. Sie hatte kein St. Galler Patent, musste deshalb abberufen werden. Die Heimschule wurde 1864 aufgegeben, nachdem sie um die Auseinandersetzung von Lehrschwestern im Kanton St. Gallen betroffen war.[595] Von da an besuchten die Kinder die öffentliche Schule.

4. Die Fabrikheime von Unternehmern für Kinder und Jugendliche

Die Idee der Fabrikheime erwuchs aus dem Bestreben, das „Armenhaus", die Schule und die Fabrik in wohltuender Weise zu verbinden.

Isleten UR: „Erziehung armer Kinder an der Isleten" 1853-1858

Wahrscheinlich kam P. Theodosius während der Altdorferzeit mit den vielseitigen Bestrebungen von Karl Emmanuel Müller in Kontakt, der u.a. den Kanton Uri für die Industrialisierung öffnen wollte.[596] Müller baute 1851 bis 1853 das grosse markante Gebäude der Papierfabrik, ein zusätzliches Wohngebäude für das Personal u.a.m. Isleten war eine Filiale der Papierfabrik von Horw. Müller fragte P. Theodosius nach Schwestern, die mit Kindern Hadern (Lumpen) reissen könnten.[597]

---

595 Vgl. Der Schulreformer und Erzieher 67
596 Vgl. Hans Stadler-Planzer, Karl Emanuel Müller 1804-1869, Ingenieur, Unternehmer, Staatsmann, Schattdorf 1999,299ff; Burkhardt Hansjakob, Dynamit am Gotthard. Sprengstoff in der Schweiz. Eine Geschichte der Sprengstoffindustrie in der Schweiz am Beispiel Isleten am Urnersee, Baden 2012,20.
597 Eine Notiz in der Kirchenzeitung im Dezember 1853,418 erwähnt den Einsatz von Schwestern zur „Erziehung armer Kinder an der Isleten".

Die Fabrik beschäftigte drei Arbeiter und ein Dutzend „verwahrloste" Mädchen zwischen 10 und 16 Jahren. Die Mädchen kamen aus den umliegenden Seegemeinden und wohnten im Dachgeschoss des Fabrikgebäudes. Die Kinder erhielten per Zentner zerrissener und sortierter Lumpen 71 Rappen. Barmherzige Schwestern von Chur, Sr. Julia Matt und Sr. Clementina Scherer, wirkten dort als Aufseherinnen und Lehrerinnen. Die ersten Industrieversuche überlebten nicht lange in Uri. Man blieb beim Handwerk, das im Hauptort Altdorf und längs der Gotthardroute florierte und die Leute ernährte. So wurden auch die Schwestern bereits 1859 abberufen.

Gebäude der ehemaligen Papierfabrik Isleten -
Foto: Hansjakob Burkhardt Meggen

Neu-Ägeri: Erziehungs- und Arbeitsanstalt am Gubel 1854

Ein erstes Heim auf Menzingerboden wurde 1854 durch Landammann Hegglin und Pfr. Röllin für die Spinnereien in Ägeri errichtet, die sogenannte Papiri. Die Gründung stand in Beziehung zu der von Nationalrat Henggeler betriebenen Spinnerei in Neuägeri. 125 jugendliche Fabrikarbeiter im Alter von 12-16 Jahren arbeiteten und lebten dort. Die Leitung hatten zwei Menzinger Schwestern. Das Heim wurde vorzüglich von Waisenämtern der Kantone Zug, Luzern, Aargau, Schwyz und Unterwalden zur Versorgung von Waisenkindern benützt. Weder Luzern, noch der liberale Kanton Aargau hatten ein entsprechendes Heim besessen.[598]

Obwohl P. Theodosius an der Gründung des Heims nicht beteiligt war, sprach er am 23. August 1859 an der Generalversammlung des Piusvereins in Schwyz über diese Institution: „In Neu-Ägeri erhalten in einem Hause der Herren Henggeler hundert und mehr Fabrikkinder Kost und Logis für Fr. 2.80 oder 3.00 Fr. per Woche. Sie arbeiten in zwei Abteilungen: das eine Mal Unterricht, das andere Mal Arbeit, und so immerfort abwechselnd. Eine Sparkasse ist für sie gegründet. Nach Jahren, wenn die Kinder die Fabrik verlassen, nehmen sie ihre Ersparnisse von vielen hundert Franken mit."[599] So ideal, wie P. Theodosius die Situation schilderte, war der Wechsel zwischen Schule und Arbeit nicht. Die Kinder arbeiteten 12,5 Stunden in Tages- oder Nachtschicht. Den Fabrikanten drohte 1863 jedenfalls

---

598 SKZ 1855; vgl. Kälin, Mutter Bernarda Heimgartner 1860-1863,1/19
599 Abgedruckt bei: Fürer, Leben und Wirken 183; Henggeler, Lehrschwestern 143,216

Klage wegen der Arbeitsbedingungen, worauf die Anstalt geschlossen wurde.[600] Die St. Galler Zeitung bezeichnete das Heim als „Magd der dortigen Fabrik", als „eine Maschine, um unter dem Deckmantel der Menschenfreundlichkeit die zarten Kräfte der Jugend auf die unverantwortlichste Weise auszubeuten".[601]

Rüti GL: Industrielle Versorgungsanstalt 1858
Im Kanton Glarus erfolgte nach dem Niedergang der Handspinnerei und mit der Einführung von eigentlichen Textilfabriken - mechanische Baumwollverarbeitung - rasch ein hoher Industrialisierungsgrad, auch in Rüti. Um aus der Armut herauszukommen, beschloss die Bürgergemeinde 1846 mit der Firma Gebrüder J.J. & Joh Becker von Ennenda GL (ab 1851 Gebr. Becker & Milt) einen Vertrag, der 1847 zur Eröffnung einer bedeutenden Baumwollspinnerei im Sätliboden - am Südende des Dorfes - führte.[602]

Dem aufblühenden Unternehmen der Gebrüder Becker & Milt fehlte es zusehends an Arbeitskräften, vorab in der Spinnerei als Ansetzer und Knüpfer, eine Arbeit für Kinderhände. Pfarrer Klaus vom Amden machte den Herren Becker & Milt den Vorschlag, die Versorgungsanstalt, die 1856 gegründet worden war, den Barmherzigen Schwestern von Ingenbohl zu übergeben. Eine andere Leitung hatte sich nicht bewährt.[603]

Im Mai 1858 sandte Mutter M. Theresia Scherer zwei Schwestern. Sr. Veronika Lusser von Altdorf für die Erziehung und den Unterricht der Kinder und Sr. Birgitta Gerschwiler zur Besorgung der Küche. Später wurde noch eine Kandidatin zur Aushilfe in den häuslichen Arbeiten verlangt und auch hingeschickt.[604] Der Vertrag wurde am 28. April 1859 mit Gebrüder Becker & Milt abgeschlossen und ein Lohn von 100 Fr. vereinbart.

Dem Fabrikheim wurden von Pfarrämtern und Gemeinden verwaiste oder verwahrloste Buben und Mädchen zugewiesen. Sie hatten mindestens zwei Jahre in der Anstalt zu verbringen. In der Chronik von Rüti lesen wir: „Die Kinder kommen manchmal recht verwahrlost und mit ganz geringer Schulbildung in die Anstalt.

---

600 Gisela Hürlimann, Versorgte Kinder 20f.
601 22. Sept. 1863; vgl. Rümmer, P. Theodosius Florentini 396
602 Stüssi Heinrich, Die industrielle Versorgungsanstalt 9ff.
603 Glarner Zeitung vom 30.7.1859: „Dies sind ausschliesslich arme zum Teil verwaiste Kinder, die eine gehörige Aufsicht und Pflege in physisch und moralischer Beziehung sehr notwendig haben. Nachdem sich eine andere Leitung des Hauses dieser Kinder nicht bewährt hatte, wurde dieselbe zweien barmherzigen Schwestern übergeben, die nun die Haushaltung zur vollkommenen Befriedigung der Spinnereibesitzer besorgen."
604 Stüssi, Die industrielle Versorgungsanstalt 12

Und: „Dies sind ausschliesslich arme zum Teil verwaiste Kinder, die eine gehörige Aufsicht und Pflege in physisch und moralischer Beziehung sehr notwendig haben."[605]

Über die Zielsetzung schreibt die Chronik von Rüti: „Um sie vor dem Verderben besser zu bewahren, im Guten zu unterrichten und zu festigen und ihre etwaigen Ersparnisse sicher zu stellen, gründete er (P. Theodosius) Anstalten, wo sie in der Nebenzeit ihrer Fabrikarbeit durch Religionsunterricht und Schule weiter erzogen werden konnten."[606] Es werden hier drei Zielsetzungen erwähnt, die wir auch bei den protestantischen Rettungsanstalten antreffen: Trennung der Kinder von einem verderblichen Umfeld, religiöse und schulische Bildung und der ökonomische Aspekt: Ersparnisse zur Unterstützung evt. der Eltern und Hilfen für die eigene Zukunft.

Das Kostgeld betrug 70 Rappen und wurde vom Verdienst abgerechnet. Es wurde meistens aufgebraucht, besonders bei jüngeren Kindern. Die älteren Kinder (Schulentlassene) konnten etwas ersparen.

Sämtliche Kinder arbeiteten von 7-12 Uhr und 13-19 Uhr in der Fabrik. Die Kandidatin brachte um 9 Uhr ein Stück Brot in die Fabrik und Trinkwasser (musste aus dem Fabrikkanal geholt werden). Sie arbeiteten total 66 Stunden pro Woche. Dabei gab es viele Unfälle. Die Kinder liefen und standen ohne Strümpfe und Schuhe auf ölgetränkten Böden, bekamen dadurch böse Füsse.

Zuerst barg ein kleines Häuschen nahe dem Fabrikgebäude 20 bis 30 Kinder im Alter von 9, 10,12 und mehr Jahren. Im Jahr 1860 wurde die Fabrikanstalt in ein anderes Haus, das sogenannte Kosthaus, verlegt, das etwas mehr Platz für die Kinder bot. In den Schlafsälen lagen die Kinder je zu zweien, in grossen Betten zu drei und vieren. Ab 1868 schliefen die Kinder einzeln.

Berufung einer Lehrschwester für die Repetierschule

Ohne Schwierigkeiten konnten die Schwestern zur Besorgung des Heimes berufen werden. Anders war es bei der Errichtung einer Fabrikschule. Die Fabrikherren wandten sich an den Kantonsschulrat, um der von P. Theodosius zuerst ausgewählten Sr. Veronika Lusser aus Altdorf das Examen für die Repetierschule abzunehmen. Bei Vorlage dieser Zuschrift wurde von einer gewissen Seite darauf aufmerksam gemacht, dass ein Ratsverbot gegen die Aufnahme von „barmherzigen

---

605 Chronik vom Mädchenheim Rüti 1858,6 GenArchiv SCSC
606 Einleitung zur Chronik vom Mädchenheim Rüti 1858,3

Schwestern" in den Kanton bestehe."[607] Schliesslich nahm der Kantonsrat die theodosianische Lehrschwester „auf Wohlverhalten" an.[608]

Die protestantische Firma aber wurde in der Schweizerischen Kirchenzeitung gerühmt: „Ein anderes Zeichen (tolerante Haltung der Protestanten gegenüber der katholischen Gemeinde in Linthal) edelsinniger Duldung und Achtung der Confession ist folgende Tatsache. In der Fabrik eines Protestanten zu Rüthe, in der sich 30 arme katholische Kinder befinden, sind zwei barmherzige Schwestern aufgenommen worden... Der fast aus lauter reformierten Mitgliedern bestehende Kantonsschulrat hat einer der beiden Schwestern auch die Erlaubnis erteilt, den armen Fabrikkindern Unterricht zu erteilen. Das erfüllt die Katholiken mit Freude und Befriedigung."[609]

Dietfurt SG: Kosthaus 1864

1859 gründete Martin Wirth von Lichtensteig in Dietfurt unter dem Namen „Spinnerei Dietfurt" eine Baumwollspinnerei mit 18 624 Spindeln. 1861/62 erbauten die Gebrüder Mettler in Bütschwil den ersten Gebäudetrakt zur Weberei Soor, wo die Fabrikation mit 208 Stühlen begann.

1864 wünschte ein Herr Bösch-Schlumpf zwei Schwestern für die „Spinnerei Dietfurt in Lichtensteig"[610] zur Besorgung des zu errichtenden Kosthauses. Mutter M. Theresia berichtete am 4. September 1864 Bischof Greith von St. Gallen über diese Anfrage: "Ich bin gestern auch wieder von den Herren Fabrik-Besitzern in Dietfurt bei Lichtensteig Kt. St. Gallen angegangen worden, ihnen für die Errichtung eines Kosthauses für arme Kinder 2 Schwestern zu geben, wozu ich mich herbeigelassen habe, indem die Herren das Haus hergeben, die Einrichtung treffen, für die Kost sorgen und den nöthigen Unterricht von einem Lehrer besorgen lassen, wozu die Herren gerne einwilligen. Die zwei Schwestern hätten also die Erziehung der Kinder zu übernehmen, die Rechnung zu führen u. für die Zubereitung der Kost, Kleider etc. zu sorgen.... Weil das Kosthaus wahrscheinlich auf Bütschwiler Boden zu stehen kommt u. überhaupt die Fabrik näher bei Bütschwil ist, dort schon Schwestern sind,[611] und auch ganz katholisch ist, wo würde ich mit ihrer gütigen Erlaubnis vorziehen, dass die Schwestern und Kinder den Gottesdienst in Bütschwil besuchen und die hl. Sakramente empfangen. Ich habe bereits

---

607 SKZ 1959,309
608 Ebd. 276
609 SKZ 1859,329
610 Dietfurt liegt in der Gemeinde Bütschwil, nicht Lichtensteig.
611 Schwestern besorgten seit 1858 das Armenhaus

schon früher deshalb mit hochw. Hrn. Pfarrer von Bütschwil Rücksprache genommen. Die titl. Fabrik-Herren haben auch versprochen in der seelsorglichen Frage sich mit den beiden titl. Pfarrämtern Lichtensteig und Bütschwil zu verständigen. Es werden nur Kinder aufgenommen, die der Alltagsschule entlassen sind."[612] Mutter M. Theresia setzte am 4. September einen Vertrag auf mit dem Inhalt: Besorgen von 20-25 Kindern; Besoldung 120 Fr. je Schwester. Am 21. September 1864 schickte Herr Bösch den unterzeichneten Vertrag nach Ingenbohl. Im Oktober 1864 erschienen P. Theodosius und Mutter M. Theresia mit 2 Schwestern in Dietfurt, um ein Kosthaus für 15 Fabrikkinder, Knaben und Mädchen, einzurichten. Im Laufe des Monats Novembers konnte das Heim eröffnet werden.

Einige Hinweise zur Beurteilung der Fabrikheime für Kinder und Jugendliche

P. Theodosius kämpfte gegen die Kinderarmut und suchte ihre Schäden so weit wie möglich auszuschalten. Aber er nahm wie andere die Arbeit von Kindern und Jugendlichen als vorläufig unabänderliche Tatsache hin. Ziel war nicht die Abschaffung der Kinderarbeit, noch weniger des „kapitalistischen" Unternehmens.

Eine kritische Beurteilung der industriellen Anstalten haben wir nur vom Fabrikheim in Rüti GL. Dort wurde nach dem Tod eines Kindes eine Untersuchung durchgeführt.[613] Es wurde ein positives Gesamturteil abgegeben: Reinlichkeit, gute Haltung, fröhliche Tätigkeit, Anstand, Wohlbefinden. In Rüti gab es im Gegensatz zur Papiri in Neuägeri keine Nachtarbeit. Auch der Einsatz für Schulbildung, die katholische Kinder im Wallis wenig hatten, wurde hervorgehoben.

Kritik übte die Untersuchung an der Disziplin, den Strafen, der klösterlichen Ordnung im Heim. Jeden Monat wurde über die Verfehlungen abgerechnet: die Schwatzhaften erhielten für jeden Strich auf die flache Hand eine Tatze. Der Vollzug dieser Strafe oblag dem Pfarrer. Monatliche Lohn- und Straftage waren nach der Kommission pädagogisch verfehlt. Auch das Redeverbot während des Essens. Die Firma wehrte sich recht unwirsch, berief sich darauf, dass es eine private Anstalt sei. Nicht kritisiert wurden die langen Arbeitszeiten: 66 Stunden pro Woche. Auch nahm es die Fabrikleitung als gegeben an, dass 9-10jährige Kinder meist aus dem katholischen Wallis ins Fabrikheim aufgenommen wurden.

Die Firma schritt aber konsequent ein, als die Kinder an einem Kilbisonntag 1863 Richtung Klausen flohen. Sie hätten am Morgen arbeiten sollen, rebellierten aber

---

612 GenArchiv SCSC 02-090
613 Stüssi, Die industrielle Versorgungsanstalt in Rüti 17

dagegen. Sr. Fortunata wurde beschuldigt, die Kinder aufgewiegelt zu haben. Die Fabrikherren ersuchten Ingenbohl, die Schwester abzuberufen. Diese stand zur Fabrikleitung.[614] 1868 flohen nochmals alle Wallisermädchen unter der Anführerin Philomena Barbisch.

Das erste schweizerische Heimverzeichnis von 1876 betonte im Vorwort die positiven Seiten der Fabrikheime: „Wenn wir nun auch in der Ausführung dieses Programms Unvollkommenheiten genug wahrnehmen können, so haben wir dennoch die Überzeugung gewonnen, auch diese Anstalten seien ein nicht zu verachtender Ring in der Kette unserer Armenanstalten und bereits für manches Kind zur Wohltat geworden."[615] Die Fabrik bot eine wichtige Ernährungsmöglichkeit für die Bevölkerung in den armen Agrarkantonen. Man konnte der Verarmung ganzer Gemeinden wegen hoher Armenlasten entgegenwirken und Jugendliche von der Strasse auffangen.

Aber schon nach den ersten Gründungen wurde die industrielle Anstalt von verschiedenen Seiten kritisiert. Solche Kritik entzündete sich meist nach spektakulären Ereignissen: Massenentweichungen oder Krankheits- und Todesfälle. Bemängelt wurde: Schlechte Ernährung, überlange Arbeitszeiten, zu strenge Disziplin.[616] Die Kritiker anerkannten die industrielle Anstalt nicht als Einrichtung der Kinderfürsorge, sondern als Ort der Ausbeutung der billigen Kinder. Die Fabrikbesitzer hielten diesen Vorwürfen entgegen, dass Kinder zur Arbeit erzogen und vom Herumlungern abgehalten werden. Sie hoben hervor, dass sie dadurch an Reinlichkeit, Ordnung und Pünktlichkeit gewöhnt würden. Sie sahen in der industriellen Anstalt eine eigentliche Schule fürs Leben und eine Vorbereitung auf den späteren Fabrikalltag. Sie gestanden, dass sie finanziellen Nutzen aus den Kindern zogen, aber im Gegensatz zu anderen fürsorgerischen Einrichtungen verlangten sie kein Kostgeld.

Die industriellen Anstalten waren immer eine zwiespältige Angelegenheit. Ein Heimleiter sagte: „Je nach Leitung überwog der ausbeuterische oder fürsorgerische Aspekt."[617] Ich hoffe, dass in den Fabrikheimen der Barmherzigen Schwestern der fürsorgliche Aspekt überwog.

---

614 Ebd. 15
615 Die schweizerischen Armenerziehungs-Anstalten, Waisenhäuser und Rettungsanstalten, Taubstummen- und Blindenanstalten, Anstalten für schwachsinnige Kinder und industrielle Armenerziehungs-Anstalten: statistisch bearbeitet für die internationale Ausstellung in Philadelphia, die schweizerische Schulstatistik und den schweizerischen Armenerzieher-Verein Johannes Wellauer/Johannes Müller, 1850-1919, Basel 1876; zit. in: Aufwachsen ohne Eltern 83
616 Ebd. 82
617 Zit. in: Aufwachsen ohne Eltern 83

Anwalt der Würde des arbeitenden Menschen

Ein Teilaspekt der „Sozialen Frage" ist das soziale Elend der Industriearbeiter. Anders als in England gab es in der Schweiz erst nach der Jahrhundertmitte eine eigentliche „Arbeiterfrage". P. Theodosius war der erste in der katholischen Schweiz, der die Arbeiterfrage ernst nahm und nach Lösungen suchte. Seine Schriften und Reden zur Arbeiterfrage stehen in enger Beziehung zu seinen Plänen, die Unmenschlichkeit der Industrieverhältnisse durch Errichtung „christlicher Fabriken" zu korrigieren. Vor allem im letzten Jahrzehnt seines Lebens liessen ihn die Probleme der Arbeiter nicht los. Mit unwiderstehlicher Gewalt zog ihn die Industrie in ihren harten Dienst.

1. Begegnung und Auseinandersetzung mit der Arbeiterfrage

In der Schweiz siedelten sich die Industriebetriebe überall auf dem Land an geeigneten Flussläufen an. Träger der neuen Industrie waren nicht mehr die alten führenden Geschlechter, sondern ihre politischen Gegenspieler, die aus den ehemaligen Untertanengebieten stammten. Die Interessen fielen mit den Interessen der Landbevölkerung zusammen. Das Landvolk versprach sich neue Verdienstmöglichkeiten für die überzählige Bauernbevölkerung so wie die verarmten Handwerker und Heimarbeiter.[618]

Mit der Industrie kam auch die soziale Arbeiterfrage, die in der Schweiz ein eigenes Gepräge hatte. Hier siedelten sich die Industriebetriebe auf dem Land an, wo sie einem Bedürfnis entgegenkamen. Die Fabrikarbeit wurde im Allgemeinen begrüsst, doch zunächst noch nicht als vollwertiger Lebensraum und volle Verdienstquelle angesehen. Die Verarmung war Tatsache, und man war um den kleinsten Nebenverdienst froh. P. Adelhelm Bünter schreibt: „Man schätzte die Fabrik als ‚gemeinnützige Anstalt', stellte sie auf die gleiche Stufe wie ein Armenhaus oder

---

618 Vgl. Bünter, Industrielle Unternehmungen 22f.

ein Spital oder liess sie als notwendiges Übel gelten."[619] Eine Zeitung fragt: „Ist es ein Grund, mit der Industrie zu hadern, dass sie arme Arbeiter und reiche Herren hat?" und gibt die bezeichnende Antwort, „es sei besser, es gäbe Herren und Bettler als bloss Bettler".[620]

Die Situation des abhängigen Lohnarbeiters
Die Lage der Arbeiter war äusserst drückend. In der Frankfurterrede sprach P. Theodosius über das Los und Unglück der Arbeiter und verrät dabei eine scharfe Beobachtungsgabe. Sie enthielt fast alle geläufigen Kennzeichen der Lohnarbeit und ihre konkreten Auswirkungen im letzten Jahrhundert.[621] P. Theodosius sprach zunächst von den körperlichen Armseligkeiten:
„Ich finde im ganzen niemand unglücklicher als die Fabrikarbeiter. Unglücklich finde ich sie, sofern sie für einen geringen Lohn ihre ganze Kraft hingeben müssen und insofern die Arbeit unsicher ist. Es braucht nur eine Krisis zu kommen. Man erinnere sich an die bestehende Baumwollkrisis, infolge welcher Tausende von Arbeitern brotlos geworden. Ich finde ferner die Arbeiter unglücklich, weil das was sie verdienen, in der Regel von der Hand in den Mund geht. Wenn nun Krankheitsfälle eintreten, wenn der Arbeiter, oder seine Frau, oder seine Kinder krank werden, so fragt er sich, was sie, erhalten soll, denn der Verdienst dieser Leute ist so spärlich, dass sie selbst in gesunden Tagen genug zu tun haben, um sich zu erhalten. Was wollen sie also machen in Zeiten von Krankheiten?
Aber noch mehr. Wenn einer eine geraume Zeit in einer Fabrik war, so ist er zu jeder andern Arbeit unfähig… Ferner finde ich das Los der Fabrikarbeiter noch in anderen Beziehungen überaus betrübend. Die Arbeitszeit in allen Fabriken ist übermäßig lang; sie dauert gewöhnlich von morgens 5 bis abends 8 oder 9 Uhr mit nur einer Zwischenstunde Ruhezeit, kaum soviel, dass sie sich ein wenig restaurieren können, um nicht bei ihrer Arbeit zu erliegen. Hierbei wird der Mensch zur wahren Verdienstmaschine für den Fabrikherrn.
Traurig ist das Los der Fabrikarbeiter auch aus folgendem Umstande: in den Fabriken herrscht gewöhnlich auch eine sehr ungesunde Luft, teils wegen der Ausdünstung, teils besonders wegen des Staubes. Krankheiten werden mächtig befördert durch Einatmung der verpesteten Luft, weil die Zimmer besonders in Spinnereien und Webereien geschlossen sind."

---

619 Ebd. 24
620 Bündner Tagblatt 3. Dezember 1857; zit. bei Bünter, Industrielle Unternehmungen 25
621 Gadient, Caritasapostel 296ff.

P. Theodosius geht dann über zu den geistigen Armseligkeiten: „Gehen wir zu den geistigen über, so sieht es damit noch schlechter aus. Wenn die vollen sechs Tage einer angestrengten Arbeit gewidmet sind, so wird man am Sonntag in die Kirche gehen und sich da geistig erholen? Dem ist aber nicht so; bei uns geht man auf die Eisenbahn und in das Wirtshaus. Das ist die Kirche, die von den Arbeitern besucht wird, so dass der Verdienst der Woche in Genusssucht und Luxus aufgeht. Und wie steht es vollends mit dem Glauben und der Moralität?"
Schliesslich spricht P. Theodosius den Verlust des Familienlebens an: „Bei uns z. B. geschieht es nicht selten, dass ein junges Mädchen, wenn es 16 bis 17 Jahre alt geworden, zu seinem Vater spricht: ‚Höre Vater, nun kann ich für mich sein; ich brauche Dich nicht mehr, ich fange eine eigene Haushaltung an und will dir das Kostgeld zahlen." Dadurch geht das ganze Familienleben und -wesen verloren, und das, worauf Gott die menschliche Gesellschaft gebaut hat, verschwindet, und es verschwindet, meine Zuhörer, nicht bloss in Beziehung auf das Verhältnis zwischen Eltern und Kindern, sondern auch in Beziehung auf das Verhältnis zwischen den Gatten, wodurch die Familie und Gesellschaft im innersten Kern und Wesen zugrunde gerichtet wird."[622]

Kritik an der materialistischen Haltung der Fabrikherren
Auf seinen vielen Reisen begegnete P. Theodosius dem materialistischen und ausbeuterischen Geist vieler Fabrikbesitzer und sah erschüttert das Resultat dieser Entwicklung: die Ausbeutung der Menschen. Er tadelte die materialistische, egoistische Gesinnung der Fabrikherren mit den Worten: „…Man erinnere sich an Fabrikarbeiter, Tagelöhner, Handwerker und Dienstboten – an die Grösse und Dauer der Arbeit, an den niedrigen Lohn, an die betrübende und wegwerfende Behandlung des Arbeiters. Mit einem Worte, man ist milde gegen sich selbst und quält andere. Man will der Herr sein, dem andere in sklavischem Gehorsam als willenlose Werkzeuge sich unterwerfen sollen."[623]

---

[622] Frankfurterrede, vgl. Gadient, Caritasapostel 298
[623] Leben der Heiligen IV,175; Unterricht zum Fest des Hl. Hilarion am 21. Oktober

2. Karitative Bestrebungen zur Lösung der Arbeiterfrage durch Beschaffung von Arbeit für Arme

Als P. Theodosius 1849 in Chur die Reihe seiner industriellen Reformversuche begann, konnte von einer eigentlichen christlich-sozialen Bewegung im deutschen Sprachraum noch nicht die Rede sein. In dieser Zeit waren soziale Fragen von der grundsätzlichen Seite her nicht erörtert.[624] Immer mehr kam P. Theodosius zur Überzeugung, dass die Sozialreform die vordringlichste Aufgabe der Zeit sei. Seine Versuche lagen auf der Ebene der Caritas. Über die Heimarbeit ist er in die Probleme des Industriezeitalters eingestiegen.

Einführung der Heimindustrie in Chur 1849 - Einsatz für die Jugendlichen

P. Cajetan Krauthahn schreibt über die soziale Not, mit der P. Theodosius bei seiner Ankunft in Chur sogleich in Kontakt kam: „Nachdem er seine Pfarrgemeinde … geistig regeneriert hatte, wollte er auch ihren materiellen Nöthen zu Hilfe kommen. Er sah so viele Kräfte ungenützt und so viele Menschen unbeschäftigt, so viele Hände, welche sich zum Empfang von Almosen ausstreckten, aber nicht zu schaffender Thätigkeit sich bequemten.... Müssiggang ist die Quelle aller Uebel. Diese Quelle zu verstopfen, war sein erstes Geschäft."[625]

Die Verarmung hatte im Kanton Graubünden verheerende Folgen angenommen und war nicht zuletzt dem Mangel an geeigneter Beschäftigung zuzuschreiben. Die Notwendigkeit der Arbeitsbeschaffung war offensichtlich. P. Theodosius leitete der Grundsatz: Der Arbeiter hat ein Recht auf Arbeit. Es muss für Arbeit gesorgt werden.[626]

Den entscheidenden Anstoss zur Verwirklichung des Planes gab die Gründung und Zweckbestimmung der Sektion Chur der SGG 1847. Sie wollte die inländische, ganz besonders die häusliche, Industrie fördern.[627] Ehe diese schlüssig wurde, nahm P. Theodosius auf eigene Initiative hin die Seidenweberei an die Hand und übernahm sechs Seidenwebstühle. Er bemühte sich 1849 auch um die Einführung der Musseline- oder Tüllstickerei, welche damals in St. Gallen und Appenzell betrieben wurde. Er richtete sein Augenmerk auch auf die Strohflechterei und Baumwollweberei. Mutter Bernarda schickte ihm im Januar 1850 Schwestern

---

[624] H.U. Loosli, Sozialpolitische Ideen im schweizerischen Katholizismus 1848-1891, Zürich 1950, 5
[625] Krauthahn, Pater Theodosius 22
[626] In der Frankfurterrede sagte er: „Wir müssen vor allem an dem Grundsatz festhalten: die Arbeiter müssen arbeiten, es muss ihnen Arbeit gegeben, es muss für Arbeit gesorgt werden." Vgl. Gadient, Caritasapostel 293
[627] Zit. bei Bünter, Industrielle Unternehmungen 61

als Lehrmeisterinnen und Aufsichtspersonen.[628] Schon im April 1850 waren 42 Mädchen aus 22 Gemeinden mit Seidenweberei beschäftigt: 20 lernten die Stickerei, 5 die Baumwollweberei und 7 Kinder das Strohflechten.[629]
Als P. Theodosius nach seiner Aufnahme 1850 in die SGG in Chur die Versammlung betrat, forderte ihn der Präsident auf, über die Erfahrungen mit der Einführung der Heimindustrie zu berichten. Er erzählte: Nachdem er 1849 in Zug bei den dortigen Einwohnern die Seidenweberei gesehen habe, habe er sich gefragt, ob man nicht auch in Bünden diese Arbeit einführen könnte. Dieser Gedanke sei in ihm aufgestiegen durch die Erfahrungen, die er in Graubünden gemacht habe. Die Jugend sei körperlich und geistig vernachlässigt und ergebe sich dem Bettel. Deshalb habe er einen Webstuhl bestellt und eine Lehrerin kommen lassen.[630]
1853 musste P. Theodosius das Unternehmen an die SGG von Chur abtreten, die ihrerseits den Betrieb nach zwei Jahren einstellte. Sie musste sich "überzeugen, dass man auf Gemeinnützigkeit keine Industrie begründen kann".[631] Die Seidenweberei bestand aber noch einige Zeit in Chur und Felsberg fort.
Zum Misserfolg der Heimindustrie meint P. Cajetan Krauthahn: „In die ruhige Stadt Chur war Leben und Bewegung gekommen; sie ist industriell geworden.... Aber die neue Idee wurde belächelt... als undurchführbar, für Stadt und Kanton unpassend... Der Boden war noch nicht hinlänglich vorbereitet und es musste noch ein Dezennium vergehen, bis die Industrie im Kanton Graubünden sich einbürgerte und populär wurde."[632]
P. Theodosius schmerzte der Misserfolg. Er schrieb an Sr. Agnes Heimgartner: „Jetzt ist sie zwar ganz abgeschüttelt, aber die Wunden bluten noch lange fort."[633]
Der Misserfolg in der Heimindustrie in Graubünden bewirkte bei P. Theodosius nicht, dass er die Augen vor dem Elend der Fabrikarbeiter verschloss. Die Schwierigkeiten zeigten ihm wohl, dass mit den gewohnten Methoden der Caritas allein dem Grundübel der Zeit nicht beizukommen war und dass die Zukunft den fabrikmässig organisierten grösseren Unternehmen gehöre.

---

628 Sampers, Chronik 132/49, Sr. Marie als Lehrerin und Aufseherin
629 Planta, Pater Theodosius 27
630 Gadient, Caritasapostel 254
631 Planta, Pater Theodosius 27
632 Krauthahn, Pater Theodosius 22/23
633 Vgl. Gadient, Caritasapostel 256

3. Sozialreform durch christliche Musterfabriken

Die Erfahrungen in Chur führten P. Theodosius mit zwingender Notwendigkeit zur Sozialreform, näher hin zur Umgestaltung des industriellen Unternehmens. Sein schlagwortartiges Programm hiess: „Christianisierung der Fabriken, das sei unsere Losung!" und sogar: „Es müssen die Fabriken zu Klöstern werden."[634] Als P. Theodosius 1857 auf einer Kollektenreise in Deutschland war, schrieb er von Mainz aus: „Es ist hier überall ein reges Leben. Überall neue Institute. Alles will wirken und handeln. Sogar Bischöfe denken daran, Fabriken zu errichten."[635] So wagte auch er den ersten Versuch.

Der Kleinbetrieb in Ingenbohl 1857-1868

Die seit 10 Jahren verödete Camenzind'sche Fabrik forderte den Unternehmergeist von P. Theodosius heraus. Am 4. Juni 1857 kaufte das Schwestern-Institut die an die Liegenschaft des Mutterhauses anstossende Fabrik der Gebrüder Camenzind. Die Firma Honegger in Siebnen richtete die Baumwollweberei ein und liess sie mit 30 mechanischen Webstühlen und dem nötigen Zubehör bestücken. Der Voranschlag lautete auf 17'000 Fr.; die Einrichtung kostete aber 20'000 Fr. Mit der Firma Honegger schloss P. Theodosius einen Vertrag ab, durch den er den Gang des Betriebs zu sichern suchte. Honegger sagte die Leitung des Unternehmens, die Lieferung des Arbeitsstoffes und die Abnahme der Fabrikate zu.[636] So war die Möglichkeit gegeben, frei nach Belieben zu produzieren. Der Reinertrag des Geschäftes sollte der Erziehung armer Kinder zukommen.

Waisenanstalt „Paradies" um 1885 -
Abbildung aus Institutsgeschichte von 1888 - MpCH

Konzept

Im Kleinbetrieb des „Paradies" ging es um die Verbindung von Waisenhaus (Armenhaus), Schule und Fabrik für Jugendliche. Im Fabrikgebäude zu Ingenbohl sollte die Baumwollweberei mittels Wasserkraft eingerichtet werden, um arme,

---

634 Zit. bei Bünter, Industrielle Unternehmungen 78, Anm. 54
635 Fürer, Leben und Wirken 118
636 Ebd.119

verwahrloste Kinder zu beschäftigen und sie dadurch in den Stand zu setzen, sie christlich erziehen zu können. Die Jugendlichen sollten in der Weberei Fabrikarbeit leisten, zugleich aber auch ein Recht auf Bildung haben.1859 wurde die Buchdruckerei und Buchbinderei, die in Ortenstein ihre Anfänge hatte, ins „Paradies" verlegt.[637]

P. Theodosius bezog die Jugendlichen, die in der Weberei arbeiteten, aus einigen Armen- und Waisenhäusern gegen eine billige Entschädigung zur Erziehung. Von den gesamthaft 34 Kindern arbeiteten nur die Schulentlassenen, also etwa die Hälfte in der Fabrik. Mutter M. Theresia richtete das Gebäude auch für Waisenkinder ein. Sie nahm Kinder aus mehreren Armen- und Waisenhäusern der Innerschweiz, auch jene, die bisher auf dem Sattel betreut worden waren.[638] So wurde die Kleinfabrik auch in ein Waisenhaus verwandelt.

Die eine Hälfte der Fabrikmädchen arbeitete an den Webstühlen, die andere Hälfte erhielt in einer für sie eingerichteten Schule ihren Unterricht.[639] Je nach Fleiss und Befähigung erhielten die Jugendlichen den Lohn, der nach Abzug eines Kostgeldes zurückgelegt wurde und nach einigen Jahren zu einer nennenswerten Ersparnis anwuchs. Jede Woche wurde den Fabrikmädchen Zeit gegeben, sich im Stricken und Nähen zu üben; man leitete sie an zu verschiedenen häuslichen Arbeiten, namentlich in der Küche. Sie wurden in der Anstalt behalten bis zum 18. oder 20. Lebensjahr, wenn sie nicht vorher freiwillig austraten. Vor dem Austritt lehrte man sie vier bis sechs Wochen noch speziell in den weiblichen Arbeiten an. Nach dem Austritt wurden die meisten als Mägde untergebracht. Die Chronik berichtet: „Wir haben einzelne Mädchen gehabt, die monatlich nebst Kost und Kleidung 20 Franken ersparten, also, dass sie bei ihrem Austritte bis 300 Franken mitnehmen konnten."[640]

Für die kleineren Mädchen erbat die Oberin Sr. Anastasia Hauser 1863 bei den Obern eine eigene Hauslehrerin wegen der tatsächlichen harten Behandlung der armen Kinder in der Dorfschule Brunnen. Die erste Lehrerin Sr. Hermina wurde allseitig begrüsst. Rasch hatte die Schule eine Menge Anfragen um Aufnahme.[641]

---

637 Krauthahn, Pater Theodosius 30
638 Im Gewissensbericht zu den Bauten in Paspels, Ortenstein und Schwyz: „Dazu wurde die hiesige Fabrik angekauft und eingerichtet". GenArchiv SCSC 02-002
639 Gadient, Caritasapostel 261
640 Chronik „Paradies" 1863 PAII-MpCH I 7a
641 Ebd. 40

Der Gang der Weberei

Bis 1859 rentierte die Fabrik in genügendem Mass. Der Vertrag mit der Firma Honegger in Siebnen aber musste wahrscheinlich bald aufgelöst werden. Denn 1859 gab P. Theodosius der Leiterin des Unternehmens den Auftrag, wie sie die hergestellten Produkte an die Händler zu verkaufen habe. Von da an begannen die Schwierigkeiten. Sr. Anastasia musste den Garneinkauf und den Absatz selbst an die Hand nehmen. Bereits 1861 wurden die Löhne herabgesetzt. 1863 herrschte eine solch missliche Lage in der Weberei, dass an P. Theodosius der Vorschlag gemacht wurde, die Webstühle zu verkaufen, da diese bereits ein halbes Jahr still stünden.[642]

P. Theodosius dachte nicht daran, das Unternehmen aufzugeben. Er sah aber ein, dass er den nicht mit den nötigen Geschäftskenntnissen ausgestatteten Schwestern nicht die gesamte Einkaufs- und Verkaufsorganisation aufbürden konnte. Er knüpfte Beziehungen mit der Firma Becker und Milt in Rüti GL, verfasste einen Vertrag, der aber nur von Mutter M. Theresia unterschrieben wurde. Einige Jugendliche wurden in die Fabrik nach Rüti gebracht.

Ein Vertrag kam nicht zustande. Erst nach dem Tod von P. Theodosius 1867 wurde das unrentable Geschäft liquidiert. Die Weberinnen wurden 1868 von Milt in Rüti aufgenommen, teils auch bei Herrschaften. Viele Schulden waren abzutragen, und die Anstalt musste auf eine neue Grundlage gestellt werden. Sie wurde in ein Waisenhaus umgewandelt. Dies war ganz das Werk der umsichtigen und unablässig tätigen Sr. Anastasia Hauser. Buchdruckerei und Buchbinderei nahmen unter der Leitung von ihr und dem tüchtigen Geschäftsleiter Michael Müller einen erfreulichen Aufschwung.[643]

Einige Hinweise zur Beurteilung

In der Kleinfabrik in Paradies galt das Leitmotiv: „Es sollte alles den Armen dienen." Man konnte produzieren, wie man wollte. Die Fabrikarbeit stand ganz im Dienst der verwahrlosten und gefährdeten Jugend. Das geschah durch verkürzte Arbeitszeit (Halbtagsarbeit), Abschaffung der Nachtarbeit für Jugendliche sowie Abschaffung der Arbeit für Schulkinder. Besonders die Mädchen konnten sich in häuslichen Arbeiten tüchtig ausbilden.

---

642 Vgl. Bünter, Industrielle Unternehmungen 77, Anm. 50
643 Michael Müller aus München war als Kandidat des geplanten Institutes der „Brüder von der christlichen Liebe" in Ortenstein eingetreten. Er stellte seine Kraft und seine Dienste weiterhin in den Dienst der guten Presse, bis eine Krankheit ihn 1894 zum Rücktritt zwang. Vgl. Mürb, Geschichte 1,62

Die Fabrikarbeit war als ökonomische Grundlage der Anstalt gedacht und nur in diesem Ausmass betrieben worden. War eine solche gemeinwohlbedingte Aufgabe für ein Unternehmen tragbar oder nicht? Der Betrieb rentierte ein Jahr lang, so lang Honegger die Garne einkaufte und die Abnahme der Produkte zusagte. P. Theodosius rechnete mit dem sozialen und christlichen Empfinden der Unternehmer und war enttäuscht über deren Mangel. Von Anfang an zeigte sich bei P. Theodosius die Klippe, sich zu wenig nach den Gesetzen der Wirtschaft zu richten.[644] Nur zu Zwecken der Nächstenliebe konnte kein Fabrikbetrieb geführt werden.

Die Kleinfabrik bedeutete auch eine Überforderung der Schwestern. Die ökonomische Grundlage konnte nie gesichert sein. Schwestern hatten zu wenig Freude am Fabrikwesen und verfügten auch nicht über genügende betriebliche Kompetenzen.

Die Tuchfabrik in Oberleutensdorf 1860

Als 1859 die Kleinfabrik im „Paradies" zufriedenstellend rentierte, erfasste P. Theodosius eine eigentliche Leidenschaft, sich nicht mit einem Kleinbetrieb zu begnügen, sondern in die Grossindustrie vorzustossen. An der Generalversammlung des Piusvereins 1859 in Schwyz sagte er: „Sollten wir Katholiken nicht auch anfangen, Fabriken zu bauen? Warum überlassen wir das Monopol den anderen? Die und die, die ich auf Verlangen nennen kann, sind reich geworden, zu vier und fünf Millionen. Wir aber greifen nicht recht an, wir könnten's sonst auch werden."[645]

Kauf der Tuchfabrik

P. Theodosius benützte die günstige Gelegenheit in Oberleutensdorf in Böhmen eine zweite „Musterfabrik" zu wagen. Eine Reihe zufälliger Begebenheiten führten ihn dorthin. In Ossegg erfuhr er, dass im nahen Oberleutensdorf bei Teplitz, einem kleinen industriellen Städtchen am Fusse des Erzgebirges, eine Feinspinnerei und Tuchfabrik leerstehe. Diese war 1858 geschlos- sen worden und wurde zum Kauf angeboten. P. Theodosius betrachtete diese Mitteilung als Wink der göttlichen Vorsehung. Auch geistliche Würdenträger mussten ihn zum Kauf ermuntert haben.[646] Er ging am folgenden Tag hin und sprach mit Ortspfarrer Franz Habel. Dieser nahm Kontakt auf mit der Besitzerin der Fabrik, Comtesse von Waldstein-Wartenberg und berichtete P. Theodosius am 17. März 1860, ihr Angebot sei günstig.

---

644 Bünter, Industrielle Unternehmungen 63
645 Zit. ebd. 78, Anm. 54
646 Positio 1991 dt II,302

P. Theodosius machte zunächst nur Pläne von einer Gesellschaft von Bischöfen und Adeligen, die die Fabrik führen könnten. Mitten in den Bemühungen, mittels einer Gesellschaft das Unternehmen auf eine tragfähige Basis zu stellen, traf ein Brief von Pfr. Habel ein, der ausserordentlich stark zum Kauf drängte. Am 31. Mai 1860 kam der Kauf zustande. Pfr. Habel, war im Einverständnis mit dem Bischof von Leitmeritz Augustin Bartholomäus Hille Fabrikbesitzer und Leiter nach aussen. Der Kaufvertrag lautete auf 49 000 Gulden, die für 5% zu verzinsen waren. Im Vertrag war enthalten, dass der Käufer sofort 22 000 Gulden bezahlen musste. Für die restlichen 2 000 Gulden verpflichtete sich der Käufer, 5% Zins zu bezahlen. Woher aber sollte jetzt das Geld zur Deckung der Schuld und das Betriebskapital genommen werden? Er bezahlte mit fremdem Geld. P. Theodosius dachte an das Geld, das er für das Frauenkloster Münster in Wien flüssig machen konnte und erbat sich ein Darlehen von 53 000 Florin (115'000 Fr.), musste aber dafür das Kreuzspital in Chur mit einer entsprechenden Hypothek belasten.[647]

Tuchfabrik Oberleutensdorf - Foto: GenArchiv SCSC

Nach Hause zurückgekehrt, setzte er Mutter M. Theresia in Kenntnis. Diese war vom ersten Augenblick an gegen das Unternehmen.[648] Die Idee war zwar bestechend, aber sie hielt sie nicht für durchführbar. Sie war der Meinung, dass sich die Leitung von Fabriken durch religiöse Genossenschaften (besonders durch Frauen) nicht gut mit den Zwecken der Kongregation vereinen lasse. Es gelang ihr aber nicht, P. Theodosius von seinem Vorhaben abzuhalten. Er war bereits zu sehr involviert im Unternehmen. Dennoch stellte ihm Mutter M. Theresia fünf Schwestern für das Werk zur Verfügung. Sie kamen am 20. August in Oberleutensdorf an, und am 21. August wurde die Fabrik feierlich eingeweiht.[649]

---

647 ebd. II,316
648 ebd. II,316
649 ebd. II,317

Zielsetzung

Oberleutensdorf war grenzenlos arm. Der Bevölkerung sollte Beschäftigung und Verdienst gegeben werden. Zugleich bewarben sich auch zwei Juden um die Fabrik. Habel fürchtete um die Religion und die Sittlichkeit.[650] Als Zielsetzung schrieb P. Theodosius im Programm, das er im Frühjahr 1860 ausarbeitete: „Um der Bevölkerung von Oberleutensdorf Beschäftigung und Verdienst zu geben, dem Fabrikwesen den Stachel des Verderbens in religiöser und moralischer Beziehung zu nehmen, desgleich eine gerechtere Verteilung des Vedienstes zwischen totem Gelde und der arbeitenden Kraft zu erzielen, soll die Oberleutensdorferfabrik wieder in Tätigkeit gesetzt werden." Auf Antrag von Pfr. Habel wurde der Ausdruck „Stachel des Verderbens" weggelassen.[651]

Das Fabrikwesen sollte aus der Verquickung von nur ökonomisch denkenden Unternehmern gelöst und ein Unternehmen selbst oder mittels gemeinnütziger Institutionen an die Hand genommen werden. P. Theodosius wollte einen anderen Unternehmertypus schaffen, der nicht das Gewinnstreben, sondern das Wohl der arbeitenden Menschen und der notleidenden Bevölkerung in den Mittelpunkt seines geschäftlichen Planens stellte. Er forderte einen „christlichen Unternehmer".

P. Honorius Elsener spricht in seinem Nachruf auf P. Theodosius von einer dreifachen Zielsetzung der Fabriken:

1) Die Fabriken sollten einen wirtschaftlichen Gewinn abwerfen, der nicht nur an die Fabrikherren gehen, sondern teilweise auch den Arbeitern zugutekommen sollte. Die Arbeiter sollten Mitunternehmer und Mitnutzniesser sein. Ihnen sollte Arbeit verschafft und damit den Bedürftigen den Lebensunterhalt gesichert werden.

2) Die Fabriken sollten zudem ein Mittel zu wohltätigen Zwecken sein. Um die Zwecke der Nächstenliebe zu erfüllen, muss man Geld haben. Kollektieren, Betteln, geht nicht immer.

3) Die Schwestern sollten die Christlichkeit des Unternehmens sicherstellen.[652]

Organisation und Leitung des Betriebs

Pfr. Habel wirkte als Direktor, richtete die Fabrik ein, leitete die notwendigen Reparaturen. P. Theodosius drängte auf die Bildung eines Konsortiums, um den

---

650 Bünter, Industrielle Unternehmungen 82
651 Programm von Oberleutensdorf 1860; vgl. GenArchiv SCSC 04-005
652 Elsener, P. Theodosius 59

Kreis der Verantwortlichen möglichst weit zu ziehen. Pfr. Habel war anderer Meinung und blieb alleiniger Besitzer.

Die innere Aufsicht und Leitung der Fabrik wurde von den Barmherzigen Schwestern des heiligen Kreuzes übernommen, denen ein Manipulent als technischer Betriebsleiter und ein Kaufmann beigegeben werden.[653] Wo die Fabrikherren versagten, sollten Ordensleute einspringen und den Menschen und der Gesellschaft eine gerechte Arbeits-, Kultur- und Glaubensgemeinschaft vorleben. Die soziale Ausrichtung des Unternehmens konnte durch das Leben nach einer Regel und der persönlichen aszetischen Einstellung gesichert werden. Die Schwestern sollten die sozialen Ziele sicherstellen. Sie hatten für die menschlichen Beziehungen besorgt zu sein.

Sr. Alexandrina Krotz war Oberin, musste im Oktober 1860 in Böhmen und Österreich Aktionäre für das Fabrikunternehmen suchen; Sr. Sophie Hegglin war Buchhalterin. Ihr wurde am 22. Juli 1863 Sr. Veronika Lusser als Gehilfin beigegeben; Sr. Romana Bemberg hatte die Aufsicht in den Arbeitssälen; Sr. Sigismunda Andorfer war Haushälterin und Sr. Marina Held Köchin.[654]

Die soziale Ausrichtung des Betriebs

P. Theodosius kürzte die Arbeitszeit auf einen 11-Stundentag und hielt sich damit im Rahmen der sozialsten Forderung der Zeit. Er schaffte die Nachtarbeit für Frauen ab. Bei den Löhnen hielt er sich anfänglich an die niederen der damals üblichen Ansätze, hatte aber die Absicht, sie rasch zu erhöhen. Pläne für Sozialleistungen wurden anfänglich verschoben. Es war eine Art Gewinnbeteiligung geplant. Man weiss nicht genau, wie sie vorgesehen war, weil man nie in die Lage kam, diesen Plan in die Tat umzusetzen; eventuell mit Kapitalbeteiligung. Die Arbeit wurde mit einem kurzen Gebet begonnen und beschlossen. Es wurde sittlich und religiös einwandfreies Benehmen von der Arbeiterschaft verlangt. P. Theodosius suchte vergeblich nach geeigneten Direktoren. Er wollte die Gehälter niedriger ansetzen, als es damals üblich war, um einer einseitigen Begünstigung von Kapital und Unternehmerleistung entgegenzuarbeiten.

Mutter M. Theresia drängte darauf, dass zum Fabrikbetrieb soziale Institutionen errichtet werden.

---

653 Punkt 5 des Programms
654 Chronik der Provinz Böhmen I,1860 - August 1867, 20 u. 56 GenArchiv SCSC

Es wurde bereits am 21. Januar 1861 ein kleines Krankenhaus eröffnet und nahm Fabrikarbeiter, arme Dienstboten, Handwerksgesellen und Lehrlinge, auch sonstige Fabrikarbeiter und hilflose Kranke ohne Unterschied der Konfession, des Alters und des Geschlechts auf.[655] Zu diesem Zweck boten sich Räumlichkeiten im Fabrikgebäude an. Am 14. Februar 1861 erhielt man auf Vermittlung von Sr. Pelagia Müller die ersten Spenden für das Spital (150 Florin).

Im Fabrikgebäude wurde auch eine Waisenanstalt eingerichtet und am 19. November 1863 eröffnet. Auf die Verwendung von Mutter M. Theresia hin war sie für ganz arme Kinder über 8 Jahre geplant und mit 13 Kindern begonnen. Die arbeitsfähigen sollten unentgeltlich zu angemessenen Arbeiten in der Fabrik verwendet werden, arbeitsunfähige aber gegen eine bestimmte Entschädigung aufgenommen und erzogen werden. Mit dem Waisenhaus verbunden war eine Kleinkinderbewahranstalt. In ihr sollten Kinder während des Tages aufgenommen und verpflegt werden. Zur Pflege der Kranken in den Häusern wurden ebenfalls Schwestern zur Verfügung gestellt.

Am 24. Februar 1861 unterbreitete Vikar Schramm eine Eingabe an das bischöfliche Konsistorium von Leitmeritz zur Errichtung einer höheren Töchterschule für die der Schule entwachsenen Mädchen.[656] Dieses wünschte, zunächst eine Mädchenhauptschule einzurichten. P. Theodosius und Mutter M. Theresia waren einverstanden, wollten aber das Pensionat im Auge behalten. 1862 reichte Sr. Alexandrina ein Gesuch ein zur Eröffnung der höheren Töchterschule, die am 11. September 1862 gebilligt und mit 3 jungen Frauen eröffnet wurde.

Rücktritt von Pfarrer Habel - Barmherzige Schwester in unternehmerischer Funktion

Das Unternehmen hatte in den ersten Jahren Erfolg. P. Theodosius sagte 1863 in der Frankfurterrede: „Und der Erfolg ist der, dass wir nach vielen Kämpfen, Mühen und Sorgen - denn das darf ich sagen, das Unternehmen hat Sorgen verursacht - dass wir, sage ich, dieses Jahr nach vollendetem dritten Jahre bei der Bilanz einen Überschuss gehabt haben von 9 000 österreichischen Gulden. Wir sind also wenigstens nicht den Krebsgang gegangen."[657] In Wirklichkeit aber waren die Erfolge kleiner, als P. Theodosius in Frankfurt angab.

---

655 Ebd. I,25. Das ausführliche Programm ist in der Chronik enthalten.
656 Ebd. I,29
657 Frankfurterrede; vgl. Gadient, Caritasapostel 300f.

Pfr. Habel, dem die Leitung der Fabrik oblag, drängte immer mehr zum Rücktritt. Es fand sich keine Gesellschaft, die die Fabrik übernehmen wollte. Als Pfr. Habel keinen Fuss mehr in die Fabrik setzen wollte, sah sich P. Theodosius gezwungen, ihm den Betrieb abzunehmen. Da tat er einen ungewöhnlichen Schritt: Er unterschrieb den Kaufvertrag zusammen mit Sr. Alexandrina Krotz am 15. April 1862. Dieser bezeichnete die Kongregation der Barmherzigen Schwestern vom heiligen Kreuz in Oberleutensdorf als Käuferin. Die Fabrik trug von da an den Titel „Firma Krotz". Die Oberin Sr. Alexandrina hatte die Unternehmerfunktion wahrzunehmen.[658]

Mutter M. Theresia kam am 18. April 1862 nach Oberleutensdorf und reiste am 14. Mai mit Sr. Eugenia Welz nach Ungarn. Sie wusste nichts von diesem Kauf, auch nichts von dieser Unterschrift. Den Schwestern verbot P. Theodosius, Mutter M. Theresia über die finanziellen Verhältnisse in Böhmen zu informieren. Sie hätten den Auftrag, selbständig zu handeln und sich in Geldsachen an P. Theodosius zu halten. Aus dieser Zeit stammt ein kurzer undatierter Brief von P. Theodosius an Sr. Alexandrina: „Frau Mutter habe ich berichtet. Es wird schon wieder recht werden. Aber auch sie muss sich fügen."[659]

Fehlschlagen des Projekts

In der Zeit zwischen 1862 und 1864 unternahm P. Theodosius mit den Schwestern verschiedene Reformmassnahmen; er organisierte den Absatz, richtete Verkaufsstellen ein und unterhielt Verhandlungen für eine Generalvertretung in der Schweiz, erwarb sich Kenntnisse, wie man konkurrieren könnte.[660] Es gab Schwierigkeiten, das Betriebskapital aufzutreiben: Eine Bank in Chur übernahm die Bürgschaft für 5 000 Gulden. Es mussten Leute entlassen werden.[661] P. Theodosius musste vollends unhaltbare Zustände feststellen. Er suchte nach einem geschäftskundigen Mann. Er musste die Nachtarbeit einführen und kleinere Anleihen aufnehmen.

Im Sommer 1864 verschlechterte sich der Geschäftsgang in Oberleutensdorf. Die Gläubiger drängten ihn von allen Seiten. Mit einem Male stand alles auf dem Spiel: seine Unternehmungen, seine Ehre, sein guter Name. Schwestern und Freunde rieten dringend zum Verkauf der Fabrik. Aber inmitten aller Bedrängnis war P. Theodosius entschlossen, mit eiserner Willenskraft alles aufzubieten, um sich und

---

658 Chronik der Provinz Böhmen I,44-48 GenArchiv SCSC
659 Positio 1991 dt II,320
660 Theodosius an Sr. Alexandrina Brief 19. März 1862; GenArchiv SCSC 03-118
661 Brief an Sr. Alexandrina Krotz am 14. August 1862; GenArchiv SCSC 03-118

das Institut aus der drückenden Lage zu befreien. Innerhalb weniger Wochen durcheilte er wie ein gehetztes Reh die weitesten Strecken: Überall suchte er Hilfe, um die Fabrik in Oberleutensdorf vor dem Bankrott zu retten.

Im Spätsommer 1864 kam er zum Entschluss, entweder die Fabrik in Oberleutensdorf unter annehmbaren Bedingungen zu veräussern oder die nötigen Stützen für die Fabrik aufzubringen. P. Theodosius neigte zu Letzerem.[662] Aber es sollte nicht sein. Nach der Hetze angestrengter Reisen traf ihn am 14. Februar 1865 in Heiden AR ein Hirnschlag. In den Nachmittagsstunden des 15. Februars starb er. Nach seinem Tod wurde ein Konsortium gebildet zur Rettung der Fabrik. Aber alle Hoffnungen auf Hilfsbereitschaft zerschlugen sich am Ausbruch des preussisch-österreichischen Krieges. Die Fabrik war praktisch lahmgelegt. Der böhmische Adel war im Krieg; die Hilfeleistungen kamen ins Stocken. Deshalb entschloss sich das Konsortium, die Fabrik zu verkaufen. Es fand sich kein Käufer. Da wurde die Pfändung eingeleitet. 1867 wurden die Arbeiter entlassen. 1869 verliessen die letzten Schwestern Oberleutensdorf. In Eger fingen sie neu an und legten die Grundlage für die rasch aufblühende Provinz Böhmen. Die Verbundenheit der Schwestern mit Land und Leuten wurde ihnen zum Segen.[663]

Die Papierfabrik in Thal 1862

Zum Teil gleichzeitig mit dem Versuch in Oberleutensdorf lief ein weiteres Unternehmen in der Schweiz, die Papierfabrik in Thal SG. Im dritten Versuch passte sich P. Theodosius den Gesetzen und Gewohnheiten der Markwirtschaft an. Er hatte nämlich in Ungarn Papierfabriken kennen gelernt, welche mit Erfolg Maisstroh als Rohstoff verwendeten. So glaubte er, dass im st. gallischen Rheintal, wo es an solchem nicht fehlte, diese Fabrikation ebenfalls gelingen müsste und ein neuer Erwerbszweig eingeführt werden könnte. Wachsender Papierbedarf wies auf eine gute Zukunft hin. Das Anliegen, eine Sozialreform anzubahnen und die Fabrik zu verchristlichen, war aber ebenso ausschlaggebend.[664]

Plan und Gründung einer Aktiengesellschaft

Ein Graf Lippe von München hatte 1859 in Thal, eine Papierfabrik eröffnen wollen, doch blieb das Unternehmen erfolglos. Er wusste P. Theodosius dafür zu gewinnen. Dieser war vorsichtig, er versprach aber kapitalkräftige Geldgeber zu suchen.

---

662 Mürb, Geschichte 1,74
663 Gadient, Caritasapostel 276
664 Bünter, Industrielle Unternehmungen 167

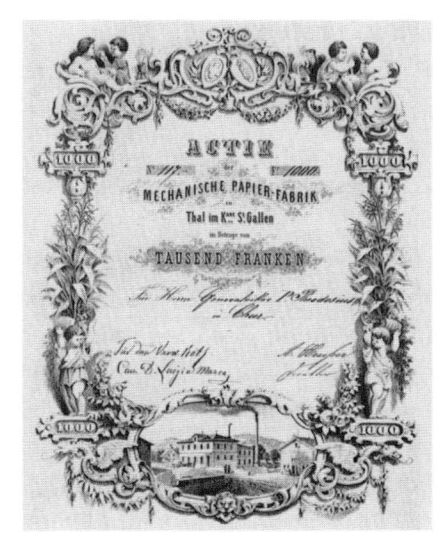

Lippe verschwand. Dafür tauchte ein Heinrich Federer, ein Müller von Berneck, als Hauptinitiant auf. Ihm gelang es bald, einen billigen Maisstroh-Karton herzustellen.

1862 kam eine Aktiengesellschaft zusammen, deren Geschäftskapital aus Aktien (200 000 Franken) und aus einer Anleihe (60 000 Franken) bestand. Die von Fachleuten erstellten Kosten-Voranschläge und die Rentabilitätsberechnungen liessen P. Theodosius wieder hoffen, sein soziales Ideal, die christliche Fabrik zu erreichen. Er trat der Aktiengesellschaft bei, um Oberleutensdorf finanziell zu unterstützen.

Aktie im Wert von 1000 Franken, von P. Theodosius unterzeichnet

Probleme und Scheitern des Projekts
Sozialreformerisch sollte die Ausschüttung des Gewinnanteils sein. Aber es war schwierig, einen solchen für soziale Werke in die Statuten zu bringen. Die Aktiengesellschaft strich in den bereinigten Statuten vom Oktober 1862 jeglichen sozialen Gedanken. Da verlor P. Theodosius sein Interesse am Unternehmen und zog sich zwei Jahre später ganz zurück. Wegen Mängel an der Anlage erfüllte die Fabrik die gehegten Erwartungen nicht. Die Aktionäre muteten im Sommer 1864 P. Theodosius zu, die Fabrik in den gewünschten Stand zu versetzen - oder zurückzutreten. Er wählte das letztere. Am 11. Februar 1865 unterschrieb er den Kauf- und Zessionsvertrag und überliess der Aktiengesellschaft den ganzen Betrieb um Fr. 250 000 Franken. Die Erfahrung in Thal mit der Aktiengesellschaft war für P. Theodosius die grössere Enttäuschung als die Fabrik in Oberleutensdorf. Die kleinste Gewinnbeschränkung für soziale Werke fand kein Gehör.[665]

---

[665] Bünter, Industrielle Unternehmungen 112

4. Auf der Suche nach neuen Wegen der Sozialreform

Durch die enttäuschenden Erfahrungen kam P. Theodosius in den letzten Jahren zur Einsicht, dass einerseits Produktivgenossenschaften, und andererseits vermehrte staatliche Sozialpolitik notwendig wurden.

Ausdruck einer Änderung der praktischen Zielsetzung kam in der berühmten Frankfurterrede im September 1863 zum Ausdruck.[666] P. Theodosius erhob stark die Forderung nach Genossenschaften und besonders nach Produktivgenossenschaften. Hier liegt das Neue in der Rede: Produktionsgenossenschaften sollten ein Weg zur Lösung der Arbeiterfrage sein. Die Forderung war zuerst allgemein gehalten: es müsse zu Assoziationen kommen, weil der Einzelne stets der Gefahr ausgesetzt sei, zugrunde zu gehen. Als konkrete Möglichkeiten zum Zusammenschluss schlug P. Theodosius die Gesellenvereine, die Meistervereine und Genossenschaften vor. Auch die Fabrikarbeiter sollten sich „assoziieren". Der allgemeinen Forderung nach Assoziation der Arbeiter folgte sogleich die konkrete Forderung nach Produktivgenossenschaften. Eine Reform habe „von unten" durch den Zusammenschluss des arbeitenden Volkes zu geschehen. Auch P. Honorius Elsener bestätigt, dass P. Theodosius „besonders in den letzten Lebensjahren" die „christliche Assoziation" zu fördern suchte.[667]

Noch ein anderer Gedanke tauchte in den letzten Lebensjahren auf, nämlich die Überzeugung von der Notwendigkeit staatlicher Sozialpolitik. Die Pflichten der Gerechtigkeit gewannen Raum. Im vierten Band der „Leben der Heiligen", der kurz vor seinem Tod entstand, findet sich ausdrücklich die Forderung nach staatlichen Schutzgesetzen gegen die Misshandlungen der Fabrikarbeiter.[668] Auch wenn P. Theodosius gegen die Revolution als Weg zu Reformen war, so verwies er doch „auf die rechtmässigen Mittel der Abwehr" und „auf gesetzliche Wege, um gegen Unrecht vorzugehen". Der Staat muss als Organisationsprinzip stärker in Erscheinung treten, der Appell an den Einzeln genügt nicht.[669]

P. Theodosius war es nicht mehr vergönnt, Vorstösse in diese Richtung zu machen. Der frühe Tod am 15. Februar 1865 machte dem rastlosen Mühen um eine realisierbare Sozialreform ein Ende. Aber noch auf seinem letzten Weg nach Heiden plante er, in Appenzell eine Produktionsgenossenschaft zu gründen.

---

666 Vgl. Bünter, Industrielle Unternehmungen 115ff.
667 Elsener, P. Theodosius 44f.
668 Leben der Heiligen IV,176; Unterricht zum Fest des Hl. Hilarion am 21. Oktober
669 Ebd. IV, 21; Unterricht zum Fest des Hl. Leodegar am 2. Oktober

5. Hinweise zur Beurteilung der Fabrikunternehmen

Obwohl es zur damaligen Zeit von entscheidender Bedeutung gewesen wäre, nicht nur Theorien über die Sozialreform zu haben, sondern sozialreformerische Unternehmen, vermochte P. Theodosius über sozial orientierte „Musterbetriebe" keine richtungsgebenden Impulse zu geben. Auch die christliche Ausrichtung des Fabrikwesens gelang ihm nicht. Aber auch im Scheitern zeigt sich seine prophetische Gabe. Durch seine theoretischen Überlegungen und wagemutigen Werke sah er intuitiv die wesentlichen Postulate einer modernen sozialen Betriebsführung. Aber es gelang ihm nicht, die sozialreformerischen Postulate zu verwirklichen, unter den tatsächlichen, damals vorhandenen Verhältnissen.

Sein Verdienst liegt aber doch darin, die Bedeutung der Sozialen Frage erkannt und nach Lösungen gesucht zu haben. In einer problematischen Situation nach Alternativen suchen ist bereits wertvoll. Man gibt sich nicht zufrieden mit einer unseligen Situation. Und P. Theodosius blieb nicht bei theoretischen Überlegungen stecken. Er hatte den Mut zum Wagnis und zur Pionierarbeit.

P. Honorius Elsener lässt in seiner Biographie über P. Theodosius einen fingierten Gegner der Fabrikunternehmen sagen, „er hätte das Fabrikwesen durchaus lassen sollen". Ihm antwortet P. Honorius: „Mag vielleicht sein, dass er seine Zwecke nicht erreichen konnte; allein untersuche seine Motive, seinen gottbegeisterten Plan, wovon du nichts zu verstehen scheinst, dann wirst anders urtheilen!"[670] Und über die Motive von P. Theodosius sagt P. Cajetan Krauthahn: „Die Beweggründe seines Handelns wurzelten im Christentum, in der Nachfolge desjenigen, der vor bald zweitausend Jahren gesprochen hat; ‚Was ihr dem Geringsten aus meinen Brüdern thut, das habt ihr mir getan'. ‚In pauperibus Christo' war die Parole, die er nie verläugnete bis zum Ende… Den Armen zu lieb verirrte er sich auf das Gebiet der Fabrikthätigkeit. Um der Armen willen brachte er die grössten Opfer an Zeit, Gesundheit und Geld.

---

[670] Elsener, P. Theodosius Florentini 65

Zur Persönlichkeit und Spiritualität von P. Theodosius Florentini

Obwohl im Darstellen des Wirkens von P. Theodosius bereits viel von seiner Persönlichkeit aufgezeigt wurde, soll zum Schluss explizit der Frage nachgegangen werden: Was für ein Mensch war er? Aus welchen Kräften lebte er? Dabei stütze ich mich vor allem auf das, was er über sich selbst gesagt hat und was andere über ihn erzählt haben. Dabei gebe ich jenen den Vorzug, die mit ihm gelebt, ihn gekannt und begleitet haben.

1. Zur Persönlichkeit
Ein imponierendes Äusseres
P. Theodosius hat viel an menschlichen Vorzügen und Begabungen mit auf den Weg bekommen. In fast dichterisch angehauchter Schilderung sprechen seine frühen Biographen P. Cajetan Krauthahn und Sr. Cornelia Fürer von seiner imponierenden Erscheinung: „Wer hat diese ehrwürdige Gestalt und imponierende Figur mit ihren klaren Augen und gewinnenden Manieren nicht gekannt? Und wer hat ihn gekannt und nicht geliebt oder bewundert?"[671] „Wer hat ihn gesehen, den ehrwürdigen, vor der Zeit mit Silberhaar geschmückten Mann, emporragend aus der Menge, majestätischen und leichten Schrittes einhergehend, und das leutseligste, allen Hilfsbedürftigen ein offenes Herz im Busen tragend - wer hat ihn gesehen und kann ihn vergessen! Und seine friedlichen, immer heiteren unvergleichlichen Gesichtszüge - wer hat sie gesehen und bewahrt sie nicht tief im Herzen!"[672]

---

671 Krauthahn, Pater Theodosius 7
672 Fürer, Leben und Wirken 236

Herausragendes geistiges Format

P. Theodosius ragte durch seine hohe Gestalt aus der Menge, noch viel mehr durch sein geistiges Format, seine hohe Intelligenz und sein breites Wissen. Nachdem P. Honorius einige Schattenseiten des P. Theodosius aufgezählt hat, endet er mit der Aussage: „Er ist einmal doch ein ausserordentlicher Geist."[673]

Von Lehrer Pitsch ist ein Ausspruch über den Knaben Anton Crispin überliefert: „Wo nur ein Zipfel der Florentönis sich zeigt, da ist Talent."[674] Wie leicht gingen dem jungen Crispin die Studien! In Chur bestand er glänzend die Gymnasialprüfung. Das Zeugnis lautete in allen Fächern: „Erste Klasse erste Note". Das Wissen des jungen Philosophen muss weit über den Rahmen des Schulplanes hinausgegangen sein. Dem Siebzehnjährigen wurde der Lehrstuhl für Philosophie am Lyzeum in Chur angeboten.[675]

P. Theodosius Florentini vor dem Priesterhaus in Ingenbohl - Foto: Martin Rindlisbacher

Man hat gesagt, P. Theodosius sei kein grosser Gelehrter gewesen. Weil er ganz Praktiker war, sei ihm nicht die Zeit für wissenschaftliche Arbeit geblieben. Aber er hat sich umfangreiche und gründliche Kenntnisse erworben, wie in den einzelnen Kapiteln gezeigt wurde. Er hatte die Gabe, seine Gedanken und Pläne zielstrebig und überzeugend darzulegen. Grosse Unternehmer suchten Kontakt mit ihm, kamen sogar nach Ingenbohl, um die Druckerei Paradies zu besichtigen. P. Cajetan Krauthahn schreibt: „Wer hat nicht gerne mit ihm gesprochen und über sein allseitiges, tiefes Wissen gestaunt? Er hatte ein Gespür dafür, was wichtig war in seiner Zeit. Er versuchte, auf die aktuellen Fragen der Zeit Antworten zu geben. Weil er das Gespür dafür hatte, was notwendig und richtig war, ging eine Faszination von ihm aus."[676]

P. Theodosius war Vorkämpfer für grosse Ideen z.B. in der Diasporafrage. Mit der Einwanderung so vieler Katholiken hatte sich ein Umbruch ergeben, der neue

---

673 Positio 1991 dt I,209
674 Gadient, Caritasapostel 18
675 Ebd. 22
676 Krauthahn, Pater Theodosius 7

Wege und Ziele erforderte. P. Theodosius hat mehr Dinge gesehen als solche, die einen beschränkten Horizont haben. Auch im Scheitern spürt man noch seine prophetische Gabe und seine aussergewöhnliche Kraft.

Voll Feuer, dynamisch, stets auf Neues sinnend
Man sagte: Florentini war deutsch in Geist, Gesittung und Gemüt, italienisch wie sein Name an Feuer und Lebenskraft. P. Honorius schreibt nach seinem Tod: „Wem strahlt nicht nach seinem Tode noch sein Feuer und Begeisterung sprühender Blick in die Seele?"[677] Und P. Cajetan: „Gerade das Feuer des Temperamentes trieb seine Seele, wie der Dampf die Maschine, zu unausgesetztem Denken, Dichten, Trachten, Schaffen an; und seiner, durch Vernunft und Religion gemilderten, natürlichen Erregtheit haben wir theilweise seine, jedes andern Menschen Kräfte übersteigenden Leistungen zu verdanken."[678]
Dieses Feuer trieb P. Theodosius stets auf Neues. Er war ein Stürmer, der tausend Dinge denkt, sich rasch entschliesst und unternimmt. Denken wir an die vielfältigen Gebiete, in denen er tätig wurde. Und wenn die Dinge Menschen sind, die Hilfe benötigen und nach ihr rufen, ist es schön und würdig, dass ein hochherziger Mensch der Stimme dieser Impulse nicht aus kluger Berechnung den Dämpfer aufsetzt, sondern dass sie dem Antrieb folgt, um möglichst viel Gutes tun zu können.
Der dynamische, stets auf Neues sinnende Mann musste aber die Ausführung meist anderen überlassen. Die Dynamik des P. Theodosius ist unbestritten, sie wäre aber in vielen Fällen wirkungslos geblieben, wenn sie nicht vor allem Schwestern mit ihrer Dynamik aufgefangen und weitergeleitet hätten. Sein Wirken hätte nie die Bedeutung, das Ausmass und die räumliche Breitenwirkung gefunden, ohne die grosse Zahl der Schwestern und ihrem heroischen Idealismus.

Väterlich wohlwollend, freundschaftlich, populär
In P. Theodosius war eine Mischung aus Kraft und Güte. Für manche Schwestern war P. Theodosius nicht nur Gründer, sondern auch Vater.[679] Eine Schwester erzählt: „Es schien den Schwestern, keine richtigen Exerzitien gemacht zu haben,

---
677 Elsener, Theodosius 58
678 Krauthahn, Pater Theodosius 61
679 Im Frühjahr 1853 hielt P. Theodosius den Novizinnen und Kandidatinnen in Menzingen Exerzitien. Sr. Regina schreibt: „Da zeigte er sich noch recht väterlich für alle besorgt, und es war uns eine selige Freude, wenn er uns ein kurzes Stündchen der Unterhaltung gönnte." Memoiren 6/38

wenn P. Superior nicht wenigstens einen Vortrag hielt oder zum Beichthören kam." So schrieb einmal eine Exerzitantin ganz beglückt einer anderen Schwester mit stummen Zeichen an die Wand: „Der Vater ist da."[680] Die Schwestern schienen sich nicht daran gestossen zu haben, wenn er sie duzte, auch Mutter M. Theresia nicht.

Nachdem Mutter Bernarda schlechte Erfahrungen mit Pfr. Röllin machte, sehnte sie sich fast zurück nach der wohlwollenden Art von P. Theodosius. Sie schrieb am 19. April 1860 an Pfr. Röllin: „Wie hätte ich damals denken dürfen, dass ich nach kurzer Zeit in die jammervolle Lage kommen würde, nach diesem Mann wieder eine Sehnsucht zu fühlen. Ja, wahrhaft, unter solchen Verhältnissen - sollte es unter die Schwestern kommen - müssten diese nach früheren Verhältnissen und nach jenem so wohlwollenden Manne sich sehnen."[681]

Pfr. Röllin sagte von P. Theodosius, er habe wenig Freunde, was kaum stimmt.[682] Er hatte unter seinen Kapuziner-Mitbrüdern Freunde. Von P. Honorius und P. Cajetan war immer die Rede; Auch mit P. Anizet Regli war er befreundet, der als Superior der Barmherzigen Schwestern das Werk von P. Theodosius weiterführte und Mutter M. Theresia eine wertvolle Stütze war. Dazu kommen die vielen freundschaftlichen Beziehungen weit und breit. Auf seiner letzten Reise in die Schweiz besuchte er in Brixen noch rasch die befreundete Familie Wisial und fand am 9. Februar 1865 Aufnahme beim Kantonsrat Rist in Altstätten.[683] P. Cajetan berichtet: „In gemüthlichen Stunden pflegte er guten Freunden die Abenteuer auf der Flucht zu erzählen und mit heiterem Humor jene Situationen auszumalen, in die er nicht selten geriet. Es war für ihn eine Art Erholung, vor seinem Geiste jene Gefahren und Stürme Revue passieren zu lassen, die ihm damals drohten und deren er unter höherem Schutze der Vorsehung entging."[684]

Es war eine Sensation und Aufsehen erregend, als P. Theodosius als Generalvikar von Chur im Habit mit dem protestantischen Stadtpräsidenten von Zürich per Bregg (Kutsche, Pferdewagen) durch die Stadt geführt wurde. Dieser wollte ihm die Stadt zeigen, und P. Theodosius benützte die Gelegenheit, um mit ihm über die Errichtung von katholischen Pfarreien in der reformierten Stadt zu verhandeln.[685]

---

680 Aus alten Aufzeichnungen, in: Theodosia 56 (1941) 24
681 Kälin, Mutter Bernarda Heimgartner 2/3
682 Positio 1991 dt I,209
683 Gadient, Caritasapostel 312
684 Krauthahn, Pater Theodosius 14
685 Gadient, Caritasapostel 397

Führernatur, motivierend, bestimmend, aber auch hart und unnachgiebig

P. Theodosius war eine ausgesprochene Führernatur. Er vermochte die katholischen Männer im Piusverein in ihrer Resignation nach dem Sonderbund aufzuwecken und zu motivieren, die Aufgaben an die Hand zu nehmen. Davon zeugt die Programmrede des Piusvereins 1859 in Schwyz. Als Ziel und Zweck des Vereins nannte er Betätigung der christlichen Gesinnung, und vor allem Weckung und Belebung derselben, da wo sie nicht tätig ist.

Wie vermochte er viele junge Frauen zu äusserst schwierigen Aufgaben zu motivieren! Immer wieder heisst es: P. Theodosius kam und vermochte uns neu zu motivieren. Wenn es um die Platzierung von Schwestern ging, beriet er sich bisweilen mit Mutter M. Theresia. Anderseits war er auch klar bestimmend: Diese Schwester passt dorthin, jene muss gewechselt werden.

Joseph Bättig schreibt: „In den schwierigen Verhandlungen, vor allem aber in der konkreten Begegnung mit Freunden, Zweiflern und Gegnern wusste er, wie er seine Überzeugungskraft ins Spiel bringen konnte. Es war nicht leicht, ihm zu widerstehen. Ihm zu widersprechen konnte wegen seines cholerischen Temperaments und seiner Neigung zu Zorn, keineswegs ungefährlich sein."[686]

Er wehrte sich gegen die Eigenständigkeitsbedürfnisse von Mutter Bernarda. Nach ihrem Empfinden und ihren Aussagen vollzog sie die schmerzliche Trennung vom Gründer, weil er sich Kompetenzen anmasste, die in ihrer Verantwortung lagen.[687]

P. Theodosius war von seinen Plänen und Projekten nicht abzubringen. Über alle Widerstände hinweg hielt er daran fest. Mit kompromissloser Härte verfolgte er seine Ziele. Das zeigte sich im unbedingten Festhalten an seinem Plan, die beiden Institute in einer Grossorganisation zu vereinen, auch wenn die Entwicklungen anders verlaufen waren. Das zeigte sich auch in seinen Fabrikprojekten. Er wollte und wollte nicht aufgeben, obwohl ihm rund herum alle dazu rieten. Dadurch verursachte er viel Leiden und Ungemach. War sich P. Theodosius bewusst, mit welchen materiellen und spirituellen Gewichten er die Schultern anderer belastete?

P. Theodosius hatte menschliche Voraussetzungen, um Grosses für die Menschen, für die Kirche und letztlich für Gott zu wirken. Aber er hatte auch einen nicht leicht zu ertragenden Charakter. Die beiden ersten Biographen P. Honorius Elsener und P. Cajetan Krauthahn, obwohl begeisterte Anhänger und Mitarbeiter von ihm, haben seine Schattenseiten nicht verschwiegen. P. Honorius schrieb an Mutter Bernarda über den Charakter von P. Theodosius am 23. Juni 1856: „Ich weiss

---

686 Bättig, 150 Jahre Kollegium 30
687 Kälin, Mutter Bernarda Heimgartner 2/8

so gut wie Sie, dass er oft schwierig und eigensinnig ist, und oft sehr aufbrausend und grell, und dass er von den einmal gefassten Ideen kaum abzubringen ist, es will mir oft selbst hart werden, mich anzupassen, allein hintendrein muss man dann doch wieder sich selbst gestehen, dass es so gut war, u. ist das Donnerwetter vorüber, so scheint die Sonne lieblicher und friedlicher als je. Ich kann Ihnen auch sagen, dass er der Frau Mutter im Spital gerne volle Freiheit lässt im Handeln, und ihren Ansichten gern beipflichtet, wenn er sie vernünftig und angemessen findet. Bis dahin ist noch alles recht herausgekommen, wenn man ihm gefolgt, und gewöhnlich schlecht, wenn man ihm nicht folgte. Er ist einmal ein ausserordentlicher Geist, und sieht 10 Dinge ein, die ein gewöhnlicher Geist nicht ahnt…"[688]

Schwach im Umgang mit den Finanzen
Als Kapuziner durfte P. Theodosius nichts besitzen und folglich auch nichts erwerben. Und doch musste er für seine Werke Kauf-, Darlehens- und Lohnarbeits-Verträge von mitunter bedeutendem Belang abschliessen. Das war möglich, weil er andere (Strohmänner) vorschob oder im Namen schon errichteter Häuser handelte (Kreuzspital; Mutterhaus Ingenbohl). Aber er konnte nicht vermeiden, auch persönliche Verpflichtungen einzugehen.
Es gelang P. Theodosius, immer wieder Gelder für seine Unternehmungen zu bekommen. Als Generalvikar reiste er nach Wien, um über die Zurückgewinnung der verlorenen Gelder des Frauenklosters in Müstair GR zu verhandeln. Diplomatisch wandte er sich zuerst an die Mutter des Kaisers Franz. Diese war begeistert von P. Theodosius, nahm ihn bei der Hand und führte ihn zum Kaiser mit der Bitte: „Der Theodosius braucht Geld. Franzi zahl ihn aus."[689]
Seine Stellung als Generalvikar gab ihm mehr Kredit, verwickelte ihn aber noch mehr in Schwierigkeiten: Wo ging es um persönliche Belange, wo war das Bistum haftbar? Durch die Tuchfabrik in Oberleutensdorf und die Papierfabrik in Thal geriet er vollends ins Räderwerk der modernen Industrie, das er nicht zu beherrschen vermochte. „Die Finanzen waren stets seine schwache Seite gewesen, er war hierin allzusehr Sozialist, schätzte das Geld allzuwenig, war zu schnell bereit, es preiszugeben und wurde zu oft von Unwürdigen missbraucht. „Buchhaltung führte er überdies keine", sagte die Bündnerische Wochenzeitung nach seinem Tod.[690]

---

688 Positio 1991 dt I,209
689 Vgl. Gadient, Caritasapostel 416
690 Planta, Pater Theodosius 21

Den übermenschlichen Anstrengungen und aufreibenden Sorgen, die ihn besonders in der letzten Zeit, von Ort zu Ort, von Land zu Land trieben und ihn unausgesetzt Tag und Nacht in Atem hielten, musste selbst eine riesige Konstitution wie die seinige erliegen.

Zeichen des Widerspruchs und der Kritik

Die Vielseitigkeit des P. Theodosius erregte Misstrauen und wurde zum Zeichen des Wider-spruchs. Er war ein umstrittener Mann. Er bekennt von sich selber: „Bis zum Jahr 1831 hatte ich keine Feinde." Aber als er begann, sich mit dem Zeitgeist auseinanderzusetzen, da erhob sich Widerspruch. Man betrachtete ihn als „Fanatiker", als „Aufwiegler", einen steckbrieflich, von staatlichen Autoritäten Verfolgten und Verurteilten. Bereits in Baden machten ihn die Gegner zum Feindbild einer reaktionären katholischen Kirche. Das Bild im Distelikalender von 1842 tat seine Wirkung auf viele Jahre hinaus.

Wie einflussreich P. Theodosius war, auch aus Reaktionen von liberalen Gegnern hervor. Ein liberaler Zentralschweizer schrieb kurz nach der Gründung des Vereins der Inländischen Mission in der St. Galler Zeitung: „Es ist dieser Verein das Werkzeug in der Hand weniger, namentlich und vorzüglich in der Hand eines Pater Theodosius und des Grafen Theodor von Scherer. Diese beiden Köpfe dirigieren die ganze Herde, nach ihrer Geige tanzt der ganze Schwarm... P. Theodosius bedient sich dieses Vereins, um die Projekte, die sich im Kopfe dieses Mannes kreuzen, zur Verwirklichung zu bringen ... Jedenfalls ist er der gefährlichste Gegner des Liberalismus, gefährlicher als die ganze Klerisei mit der päpstlichen Nuntiatur an der Spitze. Sehen Sie ihm auf die Finger und in die Karten, die er mischt!"[691]

Am 8. April 1853 konnte P. Theodosius an Mons. Bovieri, den päpstlichen Geschäftsträger in der Schweiz, schreiben, dass er jetzt von seinen Gegnern weniger verfolgt wird. Das hängt nicht damit zusammen, dass er sich jetzt zu anderen Prinzipien bekannte, sondern dass er einen anderen Umgang fand. „Die freundliche Gesinnung der Radikalen kommt vielmehr von der Art und Weise, wie ich die

---

[691] Zit bei Künzle, Zürcher Katholiken 24

Dinge anfasse und behandle... wenn ich bisweilen mit Radikalen verhandeln musste, so habe ich es deshalb getan, um entweder drohende Übel abzulenken, oder irgend ein Gut zu fördern und ich bin sicher, dass die katholische Kirche in diesen Zeiten in unserem Vaterlande nicht so grossen Schaden gelitten hätte, wenn diejenigen, welche die Verhandlungen führen mussten, grössere Autorität und Klugheit und Toleranz im öffentlichen Leben an den Tag gelegt hätten."[692]

In der Koadjutorfrage fand er auch Gegner unter Mitbrüdern im geistlichen Amt. Anführer der Opposition war Probst Jakob Franz Riesch. Er berichtete nach Rom, die Beförderung von P. Theodosius würde die Diözese Chur zugrunde richten. Auch die Domherren von Chur wie auch Geistliche aus den Urkantonen waren strikte gegen diese Berufung, weil sie den Arbeitswillen und die Organisationsfreude des Kapuzinerpaters Theodosius fürchteten und Angst hatten vor dem Verlust ihrer bisherigen Machtposition.[693]

2. Erfüllt von einer Vision, die alle Kräfte in Anspruch nahm.

P. Theodosius hatte viele Begabungen mit auf den Weg bekommen: Intelligenz, Tatkraft, Energie, Mut, Aufgeschlossenheit, Liebenswürdigkeit, eine ausgesprochene Führungsbegabung usw. Aber bei aller rastlosen Tätigkeit war er ein spiritueller Mensch. Sein Werk ist Zeugnis für sein Leben aus dem Geist. In seinem Leben war eine andere Kraft da, die ihn - oft ohne irgendwelche Sicherheiten - unbeirrbar seinen ungewöhnlichen Weg gehen liess.

Grosses Sendungsbewusstsein

P. Theodosius wusste sich von einem religiös begründeten Sendungsbewusstsein getragen. Er war überzeugt, von Gott einen Auftrag zu haben. Schon bei der Erfahrung seiner Rettung, nachdem er 1841 aus Baden fliehen musste, sah er im Hintergrund Gott, der ihn noch brauchte. P. Cajetan schreibt: „Es lag in seiner Rettung eine Mahnung für ihn, das ihm so wunderbar erhaltene Leben auszunützen und höheren Zwecken dienstbar zu machen. Dieser Mahnung hat er sein Ohr nicht verschlossen, sondern er ist ihr treu gefolgt bis zum letzten seiner Tage."[694]
P. Theodosius war überzeugt, dass Gott die Menschen als Mitarbeitende und -wirkende braucht. Joseph Bättig sagt von ihm: „Seine Selbstsicherheit gründete

---
[692] GenArchiv SCSC 03-157
[693] Vgl. Gadient, Caritasapostel 378
[694] Krauthahn, Pater Theodosius 15

nicht in einer unbelehrbaren Selbstüberschätzung, sondern einer vor dem eigenen Gewissen verantworteten Überzeugung, dass hier und jetzt der Versuch gestartet werden sollte, Gottes Pläne mit Hilfe von Menschen zu verwirklichen."[695]
P. Theodosius wurde gerne mit Paulus verglichen, der danach strebte, „allen alles zu werden" (1 Kor 9,22). Über eine Predigt in St. Gallen am 17. Januar 1858 wurde geschrieben: „Es hat dieser Mann vom Schöpfer die Gabe erhalten und versteht die sonst äusserst seltene Kunst, Allen Alles zu werden, den Gelehrten wie den Ungelehrten, die einfältig fromme Seele wie den tiefen Denker kann er befriedigen, und es ist wohl kein Verhältnis in der Welt und kein Ereignis im Leben, welches er nicht durchschaut und für welches er nicht Belehrung und Erhebung weiss."[696]
Beim Eröffnungsgottesdienst des Schwyzer Kollegiums sagte P. Theodosius: „Gott möge diese Pflanze ausreissen, wenn sie nicht von ihm gepflanzt ist, sonst aber möge Jesus Christus, der wahre Pädagoge der Menschheit sie schützen und pflegen."[697] Zu dieser Bitte schrieb die „Schwyzer Zeitung": „Besonders ergreifend war diese Bitte zum himmlischen Vater… Dieser grossartige Unternehmergeist, diese Tiefe religiöser Auffassung, diese werktätige Liebe zum Wohle der aufblühenden wie der leidenden Menschheit, diese so richtige Weltanschauung und Welterfahrung, dieser philosophische Scharfblick, dieses logische Denken, dieses reichhaltige Wissen, die in so hervorragendem Masse in Pater Theodosius sich vereinigen, schaffen denselben in der Tat zum Universalgenie. Wieviel Gutes kann nicht ein solcher Mann wirken, der vom Geiste der Wahrheit und der Liebe Christi durch und durch beseelt ist?"[698]

Grenzenloses Gottvertrauen und Risikobereitschaft
P. Theodosius spürte seine Sendung und wusste, dass Gott seine Absichten früher oder später kundtut. Drei Jahre nach der Eröffnung des Kollegiums trat dort die erste, schwere Krise ein: Sieben Lehrer demissionierten gleichzeitig. Man befürchtete, die Schule werde sich wegen der Schuldenlast und der geringen Löhne nicht halten können. P. Theodosius ergriff am Ende des dritten Schuljahres nochmals das Wort, weil ihn der demonstrativ wirkende Weggang von sieben Lehrern irritieren musste und wiederholte u.a.: „Weit entfernt nun, dass die Anstalt nicht fortbestehen werde, beweise ich, dass sie in diesem Jahre ausgedehnte Grundla-

---

695 Bättig, 150 Jahre Kollegium 31
696 Zit bei Planta, Pater Theodosius 19
697 Zit. Bättig, 150 Jahre Kollegium 32
698 Gadient, Caritasapostel 169

gen und noch mehr reelle Garantien ihrer Fortexistenz und Konsolidierung erhalten hat. Vor drei Jahren sagte ich auf dieser Kanzel: Ist die Anstalt aus Gott, so wird sie bestehen, ist sie nicht aus Gott, soll sie zugrunde gehen. Ich möchte heute im Vertrauen auf Gottes allmächtigen Schutz vor allem dieses Wort wieder in Erinnerung bringen. Allerdings können wir in der Gegenwart nicht wissen, wie die Absichten Gottes sich erfüllen, wir können nur das Unsrige tun und müssen das Übrige Gott und der Zukunft anheimstellen."[699]

Mit fast fatalistischem Gottvertrauen schreckte er vor keinen Schwierigkeiten zurück: „Wenn Gott will, so wird es gelingen, wenn Gott nicht will, so wird es zerfallen", sprach er zu den kopfschüttelnden Zweiflern.[700] Aus allen Texten, die von und über P. Theodosius überliefert sind, spricht ein grenzenloses, alle Schwierigkeiten überwindendes Gottvertrauen. „So wahr ein Gott ist, so wahrhaftig gibt es und muss es geben eine allwaltende Vorsehung: ein Auge, das alles sieht, ein Herz, das voll Liebe für die Menschen schlägt, ein Arm, der stark genug ist Hilfe zu leisten. Es gibt eine Vorsehung, die sich aller Menschen annimmt… Vertraue, und verzage nicht, auch wenn es noch so dunkel ist... Vertraue!, denn ein Gott führt dich und lässt dich nicht sinken. Vertraue, aber wirke mit, sonst ist dein Vertrauen ein vermessenes. Wirke mit; sei tätig, und wende deine geistigen und körperlichen Kräfte an: Bist du sein Kind, so wird er dein Vater sein … O wie gut, wie sicher ruht man in Gottes Hand!"[701]

Die Gesinnung ist erhärtet durch viele Widerstände und Misserfolge. Ein Zürcher Kaufmann sagte: „Er hatte eben das Gottvertrauen der Heiligen."[702] Den Erweis seines Gottvertrauens legte P. Theodosius dort ab, wo Gott bittere Verdemütigungen zuliess. Durch welche Enttäuschungen war er gegangen, als er schrieb: „Gott hat mich noch nie enttäuscht."[703]

Mut zum Wagnis und Pioniergeist

Auch der Wagemut und die mangelnde finanzielle Sicherung der begonnenen Werke hatte bei P. Theodosius im Gottvertrauen ihre tiefste Wurzel. Es war nicht Sorglosigkeit, sondern tiefste und ehrliche Überzeugung, wenn er dem Bischof von

---

699 Bättig, 150 Jahre Kollegium 32; Gadient, Caritasapostel 176
700 Planta, Pater Theodosius 26
701 Leben der Heiligen II,55ff.; Unterricht zum Fest des Hl. Wilhelm am 7. April
702 Gadient Veit, Bewegende Liebe. Die Frömmigkeit im Wirken des Caritasapostels P. Theodosius Florentini, Solothurn 1948,43
703 Zit. bei Gadient, Caritasapostel 443

Chur gegenüber als hauptsächlichste Subsistenzmittel seiner Schwesternkongregation die „göttliche Vorsehung" nennt und überzeugt beifügt: „Dass ich diesen Punkt wieder berühre, kommt daher, weil viele glauben, aus nichts werde nichts und ohne 100 000 Fr. sei nichts Rechtes zu erwarten. Gottes Vorsehung ist mir mehr als 100 000 Fr. wert."[704]

Als er daran ging, 1856 das Kollegium Maria Hilf in Schwyz zu erneuern, rief er den Zweifelnden und Zagenden zu: „Wohin käme ich mit eurem magern Gottvertrauen?" Der Plan des Theodosius wurde in weiten Kreisen begrüsst; beste Freunde aber rieten ihm entschieden ab, weil sie seine Kräfte überlastet glaubten. „Doch alle Mahnungen prallten an seinem kühnen Gottvertrauen und an seiner seltenen Energie ab", bemerkt die Schwyzer Jubiläumsschrift von 1906.[705] Mit seinem Gottvertrauen und Sendungsbewusstsein konnte er immer neu anfangen, auch wenn etwas schief ging. Bei seinen Fabrikunternehmen hatte er dreimal begonnen, und jedes Mal ging es schief. Er fing immer wieder an, wenn etwas misslungen war.

Es gibt aber auch eine Grenze im Gottvertrauen. Als die Lage in der Weberei im Paradies immer misslicher wurde und die Webstühle bereits ein halbes Jahr still standen, riet die Oberin des Hauses Sr. Anastasia Hauser in einem Brief vom 29. Juli P. Theodosius, die Webstühle zu verkaufen. Aber P. Theodosius dachte nicht daran, das Unternehmen aufzugeben. Und auch Mutter M. Theresia und die Schwestern verkauften die Webstühle erst nach seinem Tod.[706]

Eine am Kreuz Jesu genährte Liebe

Ein Artikel in der Julinummer der Theodosia 1902 zum 50jährigen Jubiläum war eine dankbare Erinnerung an den Stifter P. Theodosius. Die Autorin des Artikels, wahrscheinlich die Generaloberin Mutter Aniceta Regli selber, schrieb: „In Theodosius brannte eine am Kreuz genährte Liebe zu den Armen und Unglücklichen. Diese Liebe ist der wahre Grundstein unseres Instituts."[707] Es hatte einen tiefen Sinn, als Mutter M. Theresia im Todesjahr des Stifters zwischen Mutterhaus und Klosterfriedhof einen Kreuzweg errichten liess und ihn dem Andenken des Stifters widmete.

---

704 Brief vom 26. April 1845; GenArch SCSC 04-042
705 Zit. bei Gadient, Caritasapostel 167
706 Chronik „Paradies" PAII-MpCH I 7a
707 Theodosia 17 (1902) 42

P. Theodosius war ein „Kreuzträger" und trug die Weisheit des Kreuzes im Herzen. „Zuerst am Kreuze sterben und dann herrlich auferstehen, das ist göttliche Ordnung." Deshalb auch seine Gottergebenheit: „Mir geht es gut, weil es immer geht, wie Gott will."[708] Das Kreuz ist ihm Zeichen und Ursprung der Liebe, aber auch Kraft, alles Schwere zu ertragen. Eine Schwester sagte: „Niemand konnte so eindringlich über den gekreuzigten Heiland predigen. Man fühlte, wie sein Herz brannte von Liebe zu Jesus, wenn er auf das Kreuz zeigte mit den Worten: ‚Da Schwestern, lernet leiden, dulden, ertragen! Fahret mit der Hand über die Stirn und schauet, ob es blutet; wenn nicht, so klaget nicht mehr, denn der Heiland hat blutigen Schweiss für uns vergossen'!"[709]

Ein Hinweis, wie sehr P. Theodosius die Kreuzesspiritualität bei sich und den Schwestern vertiefte, ist ein Büchlein, in dem sein Name und die Jahrzahl 1855 stehen.[710] Zu verschiedenen Kreuzesdarstellungen wird eine „Lehre" vom Kreuz entwickelt. Da steht z.B.: „Man muss die Kreuze nicht selber wählen, sondern diejenigen, nehmen, die Gott uns schickt." Oder: „Man soll sein Kreuz nicht schleppen, sondern tragen, nicht sich dessen schämen, sondern sich desselben rühmen. Wenn dich zurück schreckt meines heil'gen Kreuzes Last, so ist's nur, weil du noch die rechte Lieb' nicht hast." Die vierte „Lehre" lautet: „Man soll auf dem Kreuzweg nicht vorangehen, sondern nachfolgen." Die fünfte Lehre: „Um sein Kreuz recht zu tragen, muss man recht auf Jesus hinschauen. Wenn du ertragen willst des Weg's Beschwerlichkeiten, so lass dich Schritt für Schritt von deinem Vorbild leiten." Die neunte Lehre: „Man soll sich durch den Gedanken an den Himmel mit Mut beleben." Auf diese Lehren folgt eine passende Bibelstelle oder Worte, die Jesus an den Menschen richtet. Die kleinen Meditationen werden mit einem Gebet der Hingabe abgeschlossen. Durch die einzelnen Bild- und Textbetrachtungen soll die kindliche Hingabe, der Edelmut des Menschen, demütige Herzenseinfalt, Beharrlichkeit, Geduld, lebendiger Glaube, feste Hoffnung, inbrünstige Liebe geweckt werden.

Ein Geist des Gebets und der Gottverbundenheit
Eine prüfende Lektüre seiner Legenden und Unterrichte im „Leben der Heiligen" zeigt uns, wie P. Theodosius gerade seine grössten, bleibenden Ideen in den Stunden der Betrachtung und des Gebets in sich aufnahm, um sie dann zur Ausführung

---
708 Zit. Gadient, Bewegende Liebe 43
709 Theodosia 56 (1941) 25. Dieses Kreuzesverständnis war zeit- und situationsbedingt.
710 Die kleine Schrift ist eine Übersetzung aus dem Französischen und ist 1854 in der J. Dilger'schen Buchdruckerei in Freiburg i. Breisgau herausgegeben worden.

zu bringen. Er verstand es, ein intensives inneres Leben mit der allseitigen und aufreibenden Tätigkeit zu verbinden. Oder: das innere Leben gab ihm die Kraft, den verschiedensten schwierigen Aufgaben zu begegnen. P. Veit Gadient arbeitete die mystisch vertiefte Frömmigkeit von P. Theodosius sehr schön in einer Schrift heraus: „Bewegende Liebe. Die Frömmigkeit im Wirken des Caritasapostels P. Theodosius Florentini."[711]

P. Theodosius war ein Mann des inneren Lebens, der im Angesicht Gottes wandelte. Er war ein Mann des Gebets. „Sollte mich auch der liebe Gott plötzlich abberufen, so bin ich bereit. Man glaubt zwar, dass ich wegen Geschäften und Reisen zerstreut bin, aber ich kann die Versicherung geben, dass ich auch in den Eisenbahnen immer mit dem lieben Gott beschäftigt bin! Ich glaube nicht, dass es eine Stunde in meinem Priesterleben gibt, in der ich mich nicht lebhaft in die Gegenwart Gottes versetzte Habt nicht Angst um mich, der Tod kann mich treffen, wo er will, er trifft mich nie unvorbereitet."[712] Als er von Ingenbohl Abschied nahm, sprach er die denkwürdigen Worte: „Mit dem lieben Gott bin ich Tag und Nacht beschäftigt, in ihm lebe und webe ich."[713]

Pater Theodosius auf dem Schiff, gezeichnet von einem unbekannten Mitfahrer (IKO PAL)

Er war den Schwestern auch ein Lehrmeister des Gebets. Er übergab ihnen die Übung des Stundengebets, um ihnen die Beständigkeit des Betens anzugewöhnen: „In Mariens Herz und in Jesu Wunden empfehlen wir uns jetzt und zu allen Stunden."[714]

In einer rasch hingeworfenen Skizze hat uns ein Künstler das Bild des Wanderapostels hinterlassen, wie er im Wartsaal eines Bahnhofs oder auf einem Schiff den Rosenkranz betet. Nicht immer betete P. Theodosius so ruhig. Wie rang der allzu Geschäftige oft im nächtlichen Gebet um den Segen Gottes!

---

711 Solothurn 1948
712 Vgl. Fürer, Leben und Wirken 225
713 Gadient, Bewegende Liebe 17
714 Ebd.

Gemeinschaftlich verfasster Glaube in der Kirche
Oben wurde die Verwurzelung des P. Theodosius in der Kirche dargestellt. Die Sailer-Bewegung trat ein für eine Verbindung von mystischer Frömmigkeit mit Kirchlichkeit, für einen gemeinschaftlich verfassten Glauben in der Kirche. Die Erneuerung des christlichen Glaubens sollte aus einer lebendigen Kirchlichkeit herauswachsen Wir finden bei P. Theodosius eine grosse Dankbarkeit für die Eingliederung in die kirchliche Gemeinschaft: „Es ist eine unaussprechliche Gnade, ein Glied der katholischen Kirche zu sein." Sein ganzes Tun und Wirken ist Ausdruck dieser Liebe zur Kirche.

3. Glaube an die Gestaltungskraft der christlichen Liebe

Zentrale biblische Grundlage für die Spiritualität von P. Theodosius war das Hauptgebot der Gottes- und Nächstenliebe. Wahre Liebe zu Gott verbindet sich mit wahrer Nächstenliebe. In den Problemen und Bedürfnissen der Zeit offenbart sich nach seiner Anschauung die Stimme Gottes nach dem bekannten und tausendfach wiederholten Wort: „Was Bedürfnis der Zeit, ist Wille Gottes." In den Anliegen der Zeit wird Gottes Wille sichtbar und greifbar. Für P. Theodosius war diese Aussage Anruf und Anspruch. Das Eingehen auf die Bedürfnisse der Zeit wurde so zu einem Massstab für die Gottesliebe.

Bei P. Theodosius handelt es sich nicht um eine rein humanistische Menschenliebe. Die von ihm gelebte und geforderte Liebe ist Nächstenliebe im biblischen Sinn. P. Theodosius spürte, dass christliche Nächstenliebe und Humanität und Philanthropie im Grunde genommen keine sachlichen Gegensätze sind. Peter Conradin Planta schrieb von ihm: „Wohl gab es und gibt es in der Schweiz viele Menschenfreunde, aber keinen, der so wie Theodosius, alle Klassen der Hilfsbedürftigen … mit Liebe umfasst und keinen, der für sie so viel geleistet und geopfert hätte wie er."[715]

Ganzheitliche Liebe
Nach P. Theodosius ist die christliche Liebe ganzheitlich, umfasst alle Dimensionen des Menschseins: Körper und Geist, auch die religiöse Dimension. Zum Fest des Hl. Theodosius am 13. Januar schrieb er einen „Unterricht" über die Nächstenliebe, hinter dem wir ohne weiteres seine Ideale erkennen können. Wir lesen dort: „Der Hl. Theodosius hat wahre Liebe gegen Arme und Kranke geübt. Er

---

715 Planta, Pater Theodosius 108

sorgte für selbe nicht bloss aus natürlichem Mitleiden, sondern aus höherer, christlicher Liebe; er sorgte nicht nur für den Leib, sondern auch für die unsterbliche Seele; er sorgte endlich werktätig, durch alle geeigneten Mittel, selbst durch Gründung von Armen- und Krankenhäusern, durch Anstellung von geeigneten Persönlichkeiten, auf die uneigennützigste Weise. Das ist wahre christliche Nächstenliebe. Ihr Grund ist der Glaube, ihre Seele göttliche Liebe, ihr Gegenstand jede Art der Hilfsbedürftigkeit ohne Unterschied der Personen, ihre Mittel universell, wie sie selbst, ihr Endzweck Linderung der Übel, aber vor allem Rettung der Seelen."[716]
Oder im „Unterricht" für das Fest der Hl. Perpetua und Felicitas schrieb er: „Die Liebe ist eben deshalb innig, demüthig, uneigennützig, opferwillig und allgemein; sie liebt und wirkt, soweit die Kräfte reichen, für Alle, ohne Unterschied der Person; sie umfasst den ganzen Menschen nach Körper und Geist, und nicht blos den einzelnen Menschen, sondern die Familie, die Menschheit."[717]

Gekreuzigte Liebe, unermüdlich sich hingebende Liebe
P. Theodosius sieht die Welt mit ihren Nöten und Auswegslosigkeiten, Rissen und Brüchen unter dem Vorzeichen des Kreuzes Christi und schaut auf sie mit dem Blick der erlösenden Liebe Jesu.
Jesus Christus opferte das Leben, um alle zu retten. In den Konstitutionen der Barmherzigen Schwestern von 1860 schrieb er: „Jesus Christus würdigt sie, an seinem Werke der Erlösung und Heiligung des Menschengeschlechtes mitzuarbeiten."[718]
Was Kreuzesnachfolge für die Schwestern nach P. Theodosius bedeutet, erklärte er am 15. Januar 1851 in einem Flugblatt, das für die Öffentlichkeit bestimmt war und das ein Stück Geschichte enthält. Er schreibt u.a.: „Sie nannten sich fortan Schwestern zum Zeichen inniger gegenseitiger Liebe, und zwar Schwestern vom heiligen Kreuze zu steter Erinnerung an die Liebe, Aufopferung und Ausdauer, die sie gleich ihrem göttlichen Meister in ihrem Berufe bewähren sollten."[719]
Im Neujahrswunsch von 1852 schrieb er an die Novizinnen: „Eure Liebe werdet Ihr am besten beweisen, wenn ihr euch bemüht, wahre Schwestern zu sein...Jesus, den Gekreuzigten innig, über Alles, in Allem liebet. Alles und Alle in ihm betrachtet, durch alles Euch zu Ihm erhebet, aus Liebe Ihm gleichförmig zu werden

---

[716] Leben der Heiligen I,88-90
[717] Leben der Heiligen I,519; Fest am 5. März
[718] Kap. 4,5
[719] Zit. bei Gadient, Caritasapostel 106

suchet, besonders in Leiden, Dulden, Ergebensein. Die Liebe macht alles möglich und leicht. Betrachtet nur Euren heiligen Vater, betrachtet alle Heiligen."[720]
Zum Fest des Hl. Paulinus am 22. Juni schieb P. Theodosius über Nächstenliebe und Kreuz: „Wenn die Ausübung der Nächstenliebe dir auch manchmal schwer vorkommt, wenn sie deine Bequemlichkeit stört, so musst du dennoch nichts scheuen, dich durch nichts zurückhalten lassen, sondern Gott zulieb das Opfer, das die Liebe dir abverlangt, freudigen Herzens darbringen.... Der Gottmensch hat, um die Menschen zu erlösen, das Opfer seines Lebens am Kreuzesholze dargebracht. Willst du ein Glied Jesu Christi sein, so muss auch deine Liebe eine Opferliebe sein. Eine solche Liebe aber muss, soll das Opfer gefallen, uneigennützig sein. Wir müssen dem Nächsten Gutes erweisen wegen Gott, und nicht, um von den Menschen gelobt, oder belohnt zu werden".[721]
Zum Fest der heiligen Lidwina am 14. April führte P. Theodosius einen „Unterricht vom Nutzen des Leidens Jesu" an und schreibt: „Dass Lidwina mit solch unerschütterlicher Standhaftigkeit all' die Leiden ertragen konnte, die Gott in seiner unendlichen Weisheit ihr zuzuschicken für gut fand, kam vorzüglich daher, dass sie sich angewöhnte, das Leiden Jesu des Tages oft zu betrachten, und sich mit dem leidenden Heiland auf's innigste vereinigt zu erhalten. Darin hatte sie ihr Vorbild, fand sie ihre Kraft... Das Leiden Jesu Christi des Gekreuzigten war und ist das Vorbild im Leiden, der Beweggrund zum Leiden, die Kraft zum Ausharren im Leiden. Aus Jesu Wunden fliessen zu allen Stunden Segen, Heil und Kraft."[722]
Bekannt und häufig zitiert ist der Ausspruch des P. Theodosius: „Schwestern brauche ich, die das Kreuz verstehen, mit ihnen erreiche ich alles."[723] Kreuzesliebe hat bei Theodosius zunächst vor allem zu tun mit einem Einsatz mit allen Kräften. Nach dem Wort des Apostels Paulus sollte der Glaube durch eine tatkräftige und unermüdliche Liebe gelebt werden.

Vorzugsliebe für den armen und arbeitenden Menschen - „Christo in pauperibus"
P. Theodosius wurde „Vater der Armen" genannt. Das „Bedürfnis der Zeit" weist auf die Bedürftigen, Armen der damaligen Zeit hin. P. Theodosius hat tief in jede Art von Menschenelend hineingeschaut und hineingehört und klug überlegt. Un-

---

720 Zit. bei Jud Hildegardis, Mutter Bernarda Heimgartner 1822-1863, Freiburg CH 1944,90
721 Leben der Heiligen II,639
722 Leben der Heiligen II,107f.
723 Zit. bei Rutishauser, Liebe erobert 41

zählig sind die Zeugnisse dafür, dass seine Vorzugsliebe den armen und arbeitenden Menschen galt. P. Honorius Elsener schrieb : „Wer hat ihn gesehen, den ehrwürdigen vor der Zeit mit Silberhaaren geschmückten Mann... ohne etwas Anderes zu verrathen, als ein liebevolles, demüthiges, für alle Bedrängten, Armen, Kranken und Trostbedürftigen offenes Herz, wer hat ihn gesehen und kann ihn vergessen?"[724]

Eine Schwester sagte: „P. Theodosius konnte den Schwestern nicht genug einschärfen, dass sie in den Armen den göttlichen Heiland betrachten sollen. Dann werde manches Opfer leicht. Er sagte: Gebt den Armen die Kost so gut ihr könnt und dürft. Denkt nie, dies oder jenes ist gut genug für die Armen. Müsstet ihr euch nicht schämen, dem lieben Heiland eine schlecht bereitete Suppe zu geben, währenddem ihr die bessere esst."[725]

An der Generalversammlung des schweizerischen Piusvereins 1862 in Solothurn sagte er: „Es liegt im Wesen des Christentums und im Wesen der katholischen Kirche, deren Glieder wir sind, dass wir Brüder derjenigen seien, die leiden und hilfsbedürftig sind."[726] In den Konstitutionen der Barmherzigen Schwestern von 1860 schrieb er im Abschnitt über die Krankenpflege: „Ein Theil der Lebensaufgabe der Schwestern ist die Krankenpflege... Die Schwestern sollen sich insbesondere jene Liebe, Sanftmuth, Geduld aneignen, welche Alles trägt, keine Mühe scheut, Alles opfert, selbst das Leben, sich durch nichts entmuthigen lässt, sondern ausdauert bis an's Ende.... Der Kranke, selbst wenn er reich ist, bedarf des Trostes und liebevoller Pflege; wie sehr mehr bedarf dessen der arme, verlassene, verwahrloste Kranke?"[727]

Zur Liebe zu den Armen gehört die Motivation zur persönlichen Armut, Bedürfnislosigkeit, Einfachheit. Der „fabrikbesitzende Bettler" lebte selber arm. P. Magnus Künzle schrieb: „Tausende und hundert Tausende Geldes sind durch seine Hand gegangen und keiner seiner Mitbrüder war für seine Person ärmer als Theodosius. Alles gab er den Armen. Kam er in ein Kloster, hatte er noch um dieses und jenes Kleidungsstück zu bitten."[728]

---

724 Ebd. 58
725 Aus alten Aufzeichnungen, in: Theodosia 56 (1941) 24
726 Zit. Gadient, Caritasapostel 357
727 Kap 20,3.1
728 Gedenkblätter 6. Seit dem Zweiten Vatikanischen Konzil ist das Leitwort „Auf der Seite der Armen sein" eine wichtige Dimension der evangelischen Armut geworden. Es wird versucht, auf neue Formen der Armut in und ausserhalb der Gemeinschaft einzugehen.

Universale, offene, Grenzen überschreitende, alle und alles umfassende Liebe

P. Theodosius strebte eine offene, alle und alles umfassende Liebe an. Im Unterricht zum Fest des Hl. Paulinus: „Die Nächstenliebe muss allgemein, d.h. ohne Unterschied in der Ausdehnung sein. Wir dürfen keinen Menschen, mag er Freund oder Feind sein, von unserer Liebe ausschliessen. Der Beweggrund der Liebe erstreckt sich auf alle Menschen, welche die Wohlthat des irdischen Lebens noch geniessen; Alle sind das Ebenbild Gottes; Alle sind fähig, durch Erkenntnis und Liebe Gottes zu seiner Verherrlichung beizutragen; Alle sind für den Himmel geschaffen. Christus machte bei der Erlösung keine Ausnahme; er ist für alle gestorben… Unsere Liebe muss sich daher auf alle erstrecken, sei er Katholik, ein Irrgläubiger, oder Heide, sei er Freund oder Feind. .. Wer unserer Hilfe am meisten bedarf, dem muss sie auch zuerst erwiesen werden."[729]

Katholische Kirche – Gesellschaftliche Entwicklungen
P. Theodosius wollte die katholische Kirche für die „Bedürfnisse der Zeit" öffnen. Diese bildete einen eigenen katholischen Kosmos und integrierte sich nicht in die moderne Gesellschaft. P. Theodosius widersetzte sich dem damaligen Katholizismus, wirkte bahnbrechend für einen christlichen Sozialismus, öffnete die katholische Kirche für die sozialen Fragen und half ihr, sich in den modernen Staat zu integrieren.

Orden – Welt
Für P. Theodosius wirkten Ordensleute nur glaubwürdig, wenn sie sich im Geist der Askese in den Dienst der Gesellschaft stellten. Er hatte keine Berührungsängste. Die jüngere Intelligenz im Kapuzinerorden empfand ebenso.
Auf der Seite der Frauenorden entschied er sich für ein Modell von Ordensleben, das den Frauen einen Dienst in der Welt ermöglichte. Schwestern werden in den Schulen, Spitälern, Armenhäusern, schliesslich sogar in den Fabriken eingesetzt. Er schrieb am 23. August 1856 an den Bischof Karl Arnold von Basel über die Ordensgemeinschaften, die er gründete: „Ich wollte diese Kongregationen so einrichten, dass sie überall hinpassten, überall Aufnahme finden könnten, in alle Verhältnisse eindringen möchten. Es sollte nichts an ihnen sein, was abschrecken könnte, sie anzustellen."[730]

---

[729] Leben der Heiligen II,639; Fest am 22. Juni
[730] Zit. Gadient, Caritasapostel 516

Katholiken - Protestanten
Im Übergang von der geschlossenen, weltanschaulich einspurigen Gesellschaft in die moderne, offene und pluralistische Gesellschaft bildete sich in den Reformbewegungen des 19. Jahrhunderts ein neues Bewusstsein. P. Theodosius trat ein für eine ehrliche Toleranz und erfuhr selber: Wer vor notleidenden Menschen steht, wen Ungerechtigkeiten erschüttern, wer konkrete Aufgaben an Menschen sieht und den Anruf verspürt, etwas Tapferes zu unternehmen, in dem verblassen die konfessionellen und ideologischen Unterschiede.

Aufgenommen in die Galerie berühmter Schweizer der Neuzeit
1868 wurde P. Theodosius würdig befunden, in die „Galerie berühmter Schweizer der Neuzeit" aufgenommen zu werden. Darunter steht der Text: „Ein Welscher von Geburt und von Erziehung ein Deutscher; eine überreich ausgestattete Natur, die über alle ihre glänzenden Gaben die unscheinbare Kapuzinerkutte wirft; gestern gebrandmarkt als fanatischer Zelot, heute gepriesen als ein aufgeklärter Philanthrop; abwechselnd sitzend im Piusverein neben den eifrigsten Wortführern des Ultramontanismus und an der Seite von Protestanten und Freidenkern; des Morgens umgeben von Klosternonnen, des Abends im Kreise munterer Sangesbrüder; ein Kapuziner, der heute Klöster und morgen Fabriken stiftet; ein Bettelmönch, der mit Bankdirektoren verkehrt und über Hunderttausende frischweg verfügt, als wären es Heiligenbildchen: ist dieser Mann nicht für die Mit- und Nachwelt ein psychologisches Rätsel? ... Viele verehren ihn als Heiligen; einige wenige nennen ihn als Heuchler. War er nicht viel eher ein Mensch, reich ausgestattet wie wenige mit Tugenden, aber nicht ohne menschliche Schwächen?"

Quellen
Andachtsübungen für die Schwestern vom heil. Kreuze, Ingenbohl 1869
Autobiographische Aufzeichnungen „Gewissensbericht" von Mutter M. Theresia Scherer
Briefe von P. Theodosius Florentini, Mutter Bernarda Heimgartner, Mutter M. Theresia Scherer und anderen Persönlichkeiten
Constitutionen des Institutes der Lehrschwestern vom III. Orden des hl. Franziskus von Assis unter dem besonderen Titel „Schwestern von hl. Kreuze", Einsiedeln 1852
Constitutionen der Barmherzigen Schwestern vom heiligen Kreuze aus dem Dritten Orden des hl. Franziskus von Assis, Ingenbohl 1860
Die Memoiren der alten Schwestern des Instituts der Lehrschwestern vom hl. Kreuz. Erinnerungen von sechs Schwestern aus den ersten Zeiten des Menzinger Instituts mit Einleitungen und Anmerkungen herausgegeben von P. Andreas Sampers CSSR. Menzingen 1970
Die Chronik des Instituts der Lehrschwestern vom hl. Kreuz, 1844–1854 (sog. „Tagebuch"), verfasst und geschrieben von der Dienerin Gottes Frau Mutter Bernarda Heimgartner, mit einer Einleitung und Anmerkungen herausgegeben von Andreas Sampers CSSR, Menzingen 1970
Handbüchlein für Pädagogik und Unterricht zum Gebrauche der Elementar-Schulamts-Kandidaten. Ingenbohl 1863
Leben der Heiligen Gottes. Gesammelt und bearbeitet v. P. Theodosius Florentini, 4 Bände. Ingenbohl 1888 (3. Aufl.)
Lebensabriss von P. Theodosius bis 1855
Pater Theodosius Florentini, Erziehung und Selbsterziehung. Herausgegeben von P. Rufim Steimer, Luzern 1911
Reden von P. Theodosius Florentini im Piusverein und in der Schweizerischen Gemeinnützigen Gesellschaft
Schulorganisation von P. Theodosius Florentini 1853

Seligsprechungsakten
Canonisationis Servae Dei Bernardae Heimgartner Confundatricis Sororum Docentium a S. Cruce e Tertio Ordine S. Francisci Assis. Positio ex Officio Super Vita et Virtutibus Vol 1, Romae 1990 (In italienischer Sprache)
Summarium. 1. Teil der Positio über Leben, Tugenden und Ruf der Heiligkeit der Dienerin Gottes Bernarda Heimgartner. Übersetzung des italienischen Originals durch Sr. Paulus Maria Kälin, Menzingen, Luzern 1994 (hrsg. Unter dem Titel „In cruce salus" von Sr. Paulus Maria Kälin und Sr. Alfonsa Egloff)
Canonisationis Servae Dei Mariae Theresiae Scherer Confundatricis Sororum et Primae Moderatricis Generalis Congregationis Sororum a Caritate S. Crucis ab Ingenbohl, e Tertio Ordine S. Francisci. Positio super Virtutibus Vol I,2, Rom 1991 (In italienischer Sprache). Deutsche Übersetzung von Sr. Cornelia Göcking in 4 Bänden.

Ausgewählte Literatur
Bättig Josef, 150 Jahre Kollegium Schwyz: eine Mittelschule und ihre Reaktionen auf die Bedürfnisse der Zeit / Schwyzer Hefte Bd. 88, Schwyz 2006
Betschart Marlis, Sozialarbeit um Gottes Lohn? Die Ingenbohler Schwestern an Anstalten im Kanton Luzern, in: HF 31/2 2002,121-183
Binotto Thomas, Durch alle Stürme. Bernarda Heimgartner - Ordensgründerin und Kämpferin für die Bildung der Frauen, Luzern 2003
Bischoff Claudia, Frauen in der Krankenpflege. Zur Entwicklung von Frauenrolle und Frauenberufstätigkeit im 19. und 20. Jahrhundert, 3. Aufl. Frankfurt 1993
Brülisauer Richard, Die Inländische Mission 1863-1913. Institutionalisierte Diasporahilfe in der Schweiz, Lizentiatsarbeit Freiburg/Schweiz 1993
Bünter Adelhelm, Die industriellen Unternehmungen von P. Theodosius Florentini 1808-1865. Eine soziologische Studie über Voraussetzungen und Grenzen der Sozialreform, Freiburg 1962
- Pater Theodosius Florentini. Wegbereiter aus christlicher Leidenschaft, Freiburg 1985
Businger Lukas Kasper, Dreissig Blätter aus meinem Tagebuch 1855-1905, Solothurn 1906
Conzemius Viktor, Es müssen die Fabriken zu Klöstern werden!" Die sozialen Initiativen von Theodosius Florentini in ihrer Zeit, in: Theodosius Florentini (1808-1865), Vir famosus. Festschrift zum 200. Geburtstag, HF 38/1 25-42
Decurtins Caspar, Pater Theodosius Florentini, Freiburg 1908 („Der Löwe von Trun")
Doka Sr. Maria-Crucis, Das Schulwesen der Lehrschwestern vom hl. Kreuz in Menzingen Kanton Zug 1844-1874, Freiburg Schweiz 1963
- Pater Theodosius Florentini. Sein Beitrag zur Gründung der Schwestern vom hl. Kreuz Menzingen, Baar 2003
Elsener Honorius OSFCap, R.P. Theodosius, Kapuziner, Generalvikar, Luzern 1865
Fromherz Uta Teresa, Bernarda Heimgartner und Theodosius Florentini, in: Vir famosus. Festschrift zum 200. Geburtstag, HF 38/1 2009,165-190
Fürer Cornelia SCSC, Leben und Wirken des Hochwürdigen Pater Theodosius Florentini O.Cap. Ingenbohl 1878
- Geschichte des Institutes der barmherzigen Schwestern vom heiligen Kreuze, Ingenbohl 1878/ 1888
Gadient Veit OSFCap, Der Caritasapostel Theodosius Florentini, Luzern 1946 (Zweite, verbesserte Auflage)
- Bewegende Liebe. Die Frömmigkeit im Wirken des Caritasapostels P. Theodosius Florentini, Solothurn 1948
Henggeler Rudolf OSB, Das Institut der Lehrschwestern vom Heiligen Kreuze in Menzingen (Kt. Zug) 1844-1944, Menzingen1944
Hürlimann Gisela, Versorgte Kinder. Kindswegnahme und Kindsversorgung 1912-1947 am Beispiel des Kinderheims Marianum Menzingen lic. Phil I, Zürich 2000
Kälin Paulus M., Mutter Bernarda Heimgartner 1860-1863, 8 Hefte, Menzingen 1981 (Manuskripte)

Krauthahn Cajetan OFMCap, Pater Theodosius. Sein Leben, sein Wirken und seine letzten Lebensstunden, St. Gallen 1865

Künzle Magnus OFMCap, Gedenkblätter zum 50. Todestag von P. Theodosius Florentini, Beilage zum „Fidelisglöcklein", Schwyz 1915
- Am Aufbau der Diaspora, in: Die Schweizerische Kapuzinerprovinz. Ihr Werden und Werken. Einsiedeln 1928, 243-272
- Der Kapuzinerpater Theodosius Florentini und die Zürcher Katholiken, in: Diaspora-Kalender 33 (1933) 23-30

Meiwes Relinde, Religiosität und Arbeit als Lebensform für katholische Frauen, in: Goetz von Olenhausen Irmtraud, Frauen unter dem Patriarchat der Kirchen. Katholikinnen und Protestantinnen im 19. und 20. Jahrhundert, Stuttgart/Berlin/Köln 1995, 69-88

Mesmer Beatrix, Ausgeklammert – Eingeklammert. Frauen und Frauenorganisationen in der Schweiz des 19. Jahrhunderts, Basel / Frankfurt a. M. 1988.

Moos Carlo, Zukunft aus dem Glauben. Bernarda Heimgartner und die Gründung des Menzinger Lehrschwesterninstituts im historischen Kontext, Kriens 2002

Müller Martin, Theodosius Florentini in Diaspora und in Volksmissionen, in: Theodosius Florentini (1808-1865), Vir famosus. Festschrift zum 299. Geburtstag, HF 38/1 75-93

Mürb Marzella SCSC, Geschichte des Institutes Ingenbohl bis 1933, 2 Bände, Ingenbohl 1935 (Manuskript)

Planta Peter Conradin, Pater Theodosius ein menschenfreundlicher Priester, Bern 1893

Ries Markus, Religion als Herausforderung für die frühe Bürgergesellschaft. Theodosius als Beispiel, in: Theodosius Florentini (1808-1865), Vir famosus. Festschrift zum 200. Geburtstag, HF 38/1 11-24

Rümmer Gisèle, P. Theodosius Florentini (1808-1865). Ein Mann der christlichen Caritas und der sozialen Tat, lic ZH 1984

Rutishauser M. Clarissa SCSC, Liebe erobert die Welt. Mutter Maria Theresia Scherer. Leben
und Werk, Ingenbohl 1967 2. Aufl.

Samson Lothar, Pater Theodosius Florentini. Das Reformwerk des grossen Erziehers. 2005 (Manuskript)
- Theodosius Florentini und das Kollegium Schwyz. Der Lehrplan eines Kapuziners als Fundament für die Neugründung des Kollegiums Maria-Hilf, in: HF34/1 2005, 9-90
- Theodosius und der Geist christlicher Mystik: Ein Beitrag zur Rezeption Johann Michael Sailers in der Schweiz, in: Theodosius Florentini (1808-1865), Vir famosus. Festschrift zum 200. Geburtstag, HF 38/1 105-163

Schweizer Christian, Theodosius Florentini und die Schweizer Kapuziner, des 19. Jahrhunderts, in: Schweizer Christian/ Ries Markus (hrsg.), Theodosius Florentini (1808-1865), Vir famosus. Festschrift zum 200. Geburtstag, HF 38/1 2009, 43-74

Segesser Philipp, A. v., P. Theodosius Florentini, in: Sammlung kleine Schriften Bd. 2 (1847-1879), Bern 1879 443-445

Stäger M. Josepha SCSC, Die pädagogischen Grundsätze von Pater Theodosius Florentini und die Pädagogik seiner Zeit. Maschinengeschriebenes Manuskript, Ingenbohl 1973

Stüssi Heinrich Die industrielle Versorgungsanstalt in Rüti, in Glarner Neujahrsboten 37 2002

Tuggener Heinrich, Schoch Jürg, Wehrli Daniel, Aufwachsen ohne Eltern: Verdingkinder, Heimkinder, Pflegekinder, Windenkinder: zur ausserfamiliären Erziehung in der deutschsprachigen Schweiz, Zürich 1989,79

Vorburger-Bossart Esther, Theodosius Florentini und die pädagogische Idee: Das Beispiel Ingenbohl, in: Theodosius Florentini (1808-1865), Vir famosus. Festschrift zum 200. Geburtstag, HF 38/1 2009,191-220

Abkürzungen

GenArchiv SCSC	Generalatsarchiv Institut Ingenbohl
Gewissensbericht	Autobiographische Aufzeichnungen von Mutter M. Theresia Scherer
HF	Helvetia Franciscana. Beiträge zur Geschichte der Brüder und Schwestern des hl. Franz und der hl. Klara in der Schweiz
PAII-MpCH	Provinzarchiv Institut Ingenbohl – Mutterprovinz Schweiz
Positio 1990	Positio zum Seligsprechungsprozess von Mutter Bernarda Heimgartner
Positio 1991 dt	Positio zum Seligsprechungsprozess von Mutter Maria Theresia Scherer, deutsche Übersetzung in 4 Bänden von Sr. Cornelia Göcking
Sampers, Memoiren	Die Memoiren der alten Schwestern des Instituts der Lehrschwestern vom hl. Kreuz
Sampers, Chronik	Die Chronik des Instituts der Lehrschwestern vom hl. Kreuz
SKZ	Schweizerische Kirchen-Zeitung: Fachzeitschrift für Theologie und Seelsorge: amtliches Organ
SGG	Schweizerische Gemeinnützige Gesellschaft
Summarium dt	1. Teil der Positio von Mutter Bernarda Heimgartner, deutsche Übersetzung von M. Paulus Kälin
Theodosia	Mitteilungen für die Barmherzigen Schwestern vom hl. Kreuz, Ingenbohl 1886ff.